白井聡対話集

ポスト「戦後」の進路を問う

Satoshi Shirai

孫崎　享
水野和夫
中島岳志
中村文則
信田さよ子
佐藤　優
岡野八代
栗原　康
内田　樹
島田雅彦
馬奈木厳太郎
猿田佐世

かもがわ出版

はじめに

白井　聡

本書に収められるのは、二〇一三年三月に『永続敗戦論―戦後日本の核心』（太田出版、二〇一六年に講談社プラスα文庫に収録）を上梓して以来、さまざまな媒体において機会をいただいた対話の記録である。『永続敗戦論』には、多くの識者が注意を払ってくれ、四つの賞（いける本大賞、石橋湛山賞、角川財団学芸賞、岡倉天心記念賞）もいただいた。私としては著者冥利に尽きる。

しかしながら、同書がいまもなお「現役」であるという事実は、苛立たしいものである。『永続敗戦論』は二〇一二年末の総選挙、すなわち第二次安倍政権の成立を横目に執筆されたが、そこで打ち出した悪い予測はことごとく的中した。実に、同書一冊で、安倍政権がどのような政権であるかを基本的にはすべて説明できる。同政権は、本来の意味で「戦後」を清算することができず、土台を失った「永続敗戦レジーム」を手段を選ばぬやり方で維持している。そしてまた、『永続敗戦論』は、同政権を五年間にわたって選択し続けている日本国民がどのような状態にあるのか、その歴史意識の中核がどのようなものであるかを説明するものでもある。安倍政権が長期政権化するなかで、現代日本社会を永続敗戦が岩盤のごとき強さで規定している事実を指摘せざるを得ない。

だが、まずは誰かが気づき、それを指摘し、その認識を広めてゆくほかないのである。かく言う私とて、例えば一〇年前に、「我が国は事実上米国の属国である」という現実をどれほど認識していたかといえば、それはさして切実なものではなかったわけで、不明を恥じるほかないし、他人のことをとやかく言えた義理ではない。

幸いなことに、多くの識者が私の問題提起を正面から受け止めてくれた結果、本書にはまことに多彩で豪華な面々が登場してくれることとなった。さまざまな業界の、それぞれ第一線で活躍する方々が私との対話に応じてくれたことは、感謝に堪えない。いずれの機会においても、私にとって刺激的な時間を過ごさせていただいた。その雰囲気を読者にも味わっていただきたいと願っている。

また、『永続敗戦論』の直接的な延長線上にある「戦後を問う」といったテーマが対話の内容の多くを占めているが、いくつかの対話は全く異なる話題をめぐるものとなっている。無論私とて、「日本の特殊な対米従属」の問題だけを考えているわけではないし、むしろ現実が許すならば、一刻も早くこのテーマから解放されたい。このテーマから一時的に解放されたかたちでなされた対話を含むことで本書には多様性が具わったことを、私は嬉しく感じている。

最後になってしまったが、この場を借りて、孫崎享氏、水野和夫氏、中島岳志氏、中村文則氏、信田さよ子氏、佐藤優氏、岡野八代氏、栗原康氏、内田樹氏、島田雅彦氏、馬奈木厳太郎氏、猿田佐世氏に、心からお礼を申し上げたい。

そして、対話の機会を与えてくれた関係者諸氏に、また今回一冊の本としてこの対話集をまとめることを提案してくれた、かもがわ出版会長・三井隆典氏に深く感謝する。

二〇一七年一二月八日

〈白井聡対話集〉ポスト「戦後」の進路を問う◆もくじ

装幀　菅田　亮

〈対話者〉孫崎　享

Ⅰ　暴力としてのアメリカ

――ポスト「戦後」の進路を問う時代へ

孫崎享（まごさき・うける）

一九四三年、当時の満州生まれ。外交官、評論家。城西国際大学大学院人文科学研究科講師、東アジア共同体研究所理事・所長。ハーバード大学国際問題研究所研究員、ウズベキスタン駐箚特命全権大使、外務省国際情報局局長、イラン駐箚特命全権大使、防衛大学校人文社会科学群学群長、筑波大学国際総合学類非常勤講師などを歴任した。退官後は評論活動や執筆活動などを行っている。著書に『日米同盟の正体―迷走する安全保障』（講談社現代新書）、『戦後史の正体』（創元社）、『アメリカに潰された政治家たち』（小学館）、『独立の思考』〈共著〉、『日本を疑うニュースの論点』（以上、角川学芸出版）、『小説外務省　尖閣問題の正体』（現代書館）など。

孫崎さんは二〇一二年『戦後史の正体』を上梓され、二〇万部を超えるベストセラーとなりました。この本では歴代の首相・外相を「自主派」と「対米追随派」に分類し、戦後をめぐる歴史観に「米国からの圧力」という観点を呈示されました。さらに近著『これから世界はどうなるか』では、「米国衰退」というテーマを掲げ、今後の日本を取り巻く世界情勢についても豊富なデータを参照しながら論じられています。

白井さんは二〇一三年に太田出版より刊行された『永続敗戦論』で、戦後日本のレジームの核心を「永続敗戦」として定式化し、これを導きの糸としながら日本の抱える諸問題（原発事故、領土問題、日米関係など）を論じていらっしゃいます。

今日はおふたりに、戦後日本の抱える外交的諸問題およびその構造的要因について、お話しいただければと思います。

敗戦の否認

白井　三・一一の原発事故のあと、僕にとっていちばんの衝撃は、日本の権力機構や社会構造がこれほどまでに腐敗しているのかという事実に直面したことでした。杜撰と無責任の挙句こういう事故を起こしてしまった。これだけの大惨事が起きた以上、当然、しかるべき人たちがしかるべき批判をするだろう、と思っていました。ところが、全然そうならない。国家も財界もアカデミズムも、驚くほど不自由で、批判が許されない世界だった。自分はこんな恐ろしい国に住んでいたのかと、思い知らされました。「戦後民主主義」というけれど、そんなものは実際どこにもありはしない。このような衝撃から、『永続敗戦論』を書いたんです。

さかのぼって考えてみると、「永続敗戦」という少し耳慣れない概念を着想するに至ったきっかけは、鳩山由紀夫政権の退陣のプロセスでした。その点については本で詳しく書きましたし、『戦後史の正体』のなかでも言及されていますが、要するに、「日本国民の願望」と「アメリカの意向」のどちらかをとってどちらかを切らなければいけないという構図になったのが、普天間基地の県外移設問題[1]だったということです。「最低でも県外」と鳩山さんは言ったけれども、最終的にはできないということで断念した。つまり、アメリカの要求のほうをより重く受け止めなければならないという結論に達するわけです。

客観的には、いま言ったような構図で鳩山さんは退陣せざるを得なくなった。にもかかわらず、そのことに対する日本社会の議論は「鳩山さんは変な人だ」というふうに、政治家の個人的資質の問題に話題が収斂していきました。退陣劇の当初、僕も自覚できていなかったのですが、あとから考えれば考えるほど、これはまことに異様なことだったと思うようになりました。日本国民よりもアメリカの意向を重要視せざるを得ない日本の国家権力という客観的な構図を見ないようにすることを目的として、政治家の手法や性格の問題に関するおしゃべりばかりが続くということが起きたんじゃないかと。

これは八月一五日をどう呼ぶかという問題と、ストレートにつながってきます。八月一五日は「終戦記念日」と呼ばれています。つまり、戦争は「終わった」というふうに受け止められている。しかし、当たり前ですが、自然に戦争が終わったわけじゃない。「負けを認めて終わった」わけです。ところが「敗戦」の日のはずが、「終戦」の日としか呼ばれなくなっている。この構造が、鳩山さんの退陣劇で反復されていると気づいたわけです。僕たちは「負けた」という事実を見ないようにしてきた。これを『永続敗戦論』のなかでは「敗戦の否認」と呼びました。

この精神構造というか歴史意識が、「戦後」という時代を最も強く規定してきた要因なんではないかと思い至ったわけです。そこをはっきり認識できたとき、日本が抱えている三つの領土問題が、出口の見えないかたちでなぜこんなにこじれているのかということも見えてきた。原発事故を必然的に引き起こすような権力の構造が実際の事故発生を通じて露呈してしまったなかで、なぜ、脱原発という方向性がいまなし崩しに変えられようとしているのか。こういったことも「永続敗戦」という視点から見れば、非常にクリアに見えてきた気がしています。

そこでどうしても考えなければならないのは、アメリカとの関係です。アメリカという存在が、この「永続敗戦」の体制とどういう関係を持っているのか。日本ではアメリカの姿が見えないようになっています。吉見俊哉さんなどが描き出していますが、正確に言えば、暴力を帯びたもの（端的には世界最強の軍事力）としてのアメリカの姿は戦後段々と縮小していく一方で、日常生活のなかにアメリカ的なものが深く侵入していく。それは暴力を脱色された、豊かさの象徴としてのアメリカ、文化的なものとしてのアメリカです。もちろん、こうした構図の例外が沖縄です。まさに沖縄の基地問題を通して、そこで躓《つまず》いた鳩山政権の退陣劇を機に、「暴力としてのアメリカ」が見えてきた。あとで話題になると思いますが、TPP問題も同じことです。ここでも「暴力としてのアメリカ」がはっきりと姿をあらわしてきています。

なぜこのことが見過ごされてきたのか。言うまでもなく、戦後の日米関係はGHQによる占領政策からはじまります。そこを見る際、問いのたて方自体がズレていたんじゃないのかと思うんです。米国が日本に対して行なった戦後処理について、「そこに正義はあったのか」ということが第一義的に問われてきた。原爆の投下に関してもそうです。大学時代、「国際政治史」という講義で半年間「アメリカの原爆投下は正義と言えるか否か」というテーマを先生が講じていました。僕はそこに、得体のしれない違和感を覚えたんです。アメリカの観点に立てば原爆投下は正しかったとも言えるし、やられた側からすれば反人道的で絶対に許されないものだったとも言える。どちらとも論証できる問題を延々と議論しているように思われて、何か意味があるのかなという疑問がずっとあった。

こういうふうに「正しいか正しくないか」という道徳の言語で戦後日米関係の初発の部分を論じよ

うとしてきた歴史があるように思います。もちろん、この問いに答えようとする過程で色々な歴史的事実が究明されたわけで、無意味だったわけではありません。しかし、そもそも国家と国家の関係に、本来的な意味での「善」だとか「正義」というものはあり得ようがない。アメリカは、最初は非常に厳しい対日政策をとって、戦後日本の生活水準を決して中国や朝鮮やインドネシア以上のものにしてはならないという方針もあったのに、日本が貧しさのために共産主義に走りかねないと見るや、方針は変更された。つまり、占領政策は道義的な正しさの追求ではなく、冷戦構造のなかでアメリカが日本をどう位置づけるかというところで決まっていたわけです。政治なんだから、ある意味で当たり前のことです。

このような視点からアメリカの対日政策をとらえる研究者が続々出てきています。孫崎さんがよく言及されるマイケル・シャラー[2]もそのひとりです。日本ではアメリカの正義の有無を問うという研究方針が多かったわけですが、それが変わりつつあると思っています。そしてもちろん、同様の視点は、現在の日米関係を見る際にも自覚的に設定されなければなりません。アメリカの対日政策を最終的に決定づけるのは、善意でも悪意でも、好意でも嫌悪でもありません。国益の計算と、米国内での権力闘争の帰趨によって決まります。しかしまあ、なんでこんな当たり前のことをわざわざ言わなければならないのでしょうか？「トモダチ」なんて言われると、すぐそこに「好意」を見たがるのが日本人の習い性になってしまっているからです。

もう少し歴史の話をすると、アメリカの最初の対日政策では、絶対に二度とアメリカに歯向かわない「無力な日本」が最初は必要とされたわけです。戦争直後ですから、アメリカにとっても「恐ろしい日本」というトラウマがある。「憲法九条」もそこから構想された側面があるわけです。その段階が過ぎたあと、「親米的日本」、つまりアメリカに対して親しみの気持ちを持つ日本が必要になってくる。冷戦構造のなかでの弟分としての日本ですね。

ところが「絶対に歯向かってこない日本」と「親米的な日本」を両立させるのはけっこうたいへんです。日本国民をずっと窮乏した状態にすれば歯向かってこない日本になるわけですが、日本人がアメリカに対して「恨み骨髄」になってしまって、親米的日本と両立させるのはむずかしい。この「ふたつの日本」の両立という難題を解決する目途が立ったのが、一九六〇年の安保改定だったのだろうと思います。六〇年安保闘争にはさまざまなファクターがあったと思いますが、ひとつの仮説として、この本来並び立たないはずの「ふたつの日本」を両立させるというプロジェクトを日米の支配層が企んでいる、そこには何かおかしなもの、欺瞞があるはずだという大衆の感覚があったと言えるかもしれない。日本の保守政権がこの危機を乗り越えたことによって、日米関係は安定期に入った。このふたつの命題を両立させることに成功したわけです。

孫崎 非常に驚きなんですが、言葉の使い方は別にして、私は白井さんとほとんど同じことを考えています。日本の学界で有力だと言われる人たちは、白井さんのおっしゃられたような考え方を持たないんですよね。学校はどこですか。

白井　学部は早稲田大学を卒業しまして、大学院は一橋大学です。

孫崎　なるほど。日本の日米関係を研究している東大の先生は、白井さんのようなことは言わないでしょう。東大にいる生徒は優秀であればあるほど、そのような発言はしないだろうと思います。

学界のなかで期待される発言があるんですよね。彼らは学界のなかで生き延びていくことを考えているわけだから、白井さんのような考えは困る。とくに日米関係を研究する人は、こういう考え方ができないような育て方をされています。にもかかわらず、私とまったく同じ考え方をしている人が出てきたのは驚きました。

白井　僕は政治学を一応専門にしていますが、日米関係の専門家ではなく、日本史の専門家ですらないんです。もともとレーニンの思想についての研究をやっていました。

孫崎　私もソ連からはじめていますから、私たちはつながっていますね。要するに、ソ連を研究するとき、「間違っている国」としてスタートするわけです。白井さんもレーニンを研究するときに、一〇〇パーセント正しいと思ってないでしょう。

白井　そうですね。僕の大学時代、レーニンなんて全然流行っていませんでした。いまも流行っていませんけど(笑)。だいたい、「レーニンは終わった」「マルクス主義思想を堕落させた諸悪の根源である」みたいな言われ方をされていました。昔は「レーニンは神様だ」と言っていた学者さんたちが、ソ連が崩壊したあとにそもそもどこからおかしくなったのかと考え出す。で、スターリンが悪かったのは当然だけど、どうやらレーニンもおかしかったようだ、ついにはマルクスもおかしい、とかいうことを論じていたのをチラチラ見聞きしてうんざりしていたんです。そもそも一〇〇パーセント正しいというようなおかしな考え方で入るから、その後で幻滅して「ぜんぶダメだ」となる。ついでに世の中が資本主義にますます支配されていくのも仕方がない、という話になる。

その点、世代的に僕は精神の自由があったということでしょうね。ソ連に憧れた体験がないし、レーニンがすべて正しいなどと思ったこともなかった。ソ連に憧れた体験はないけれど、資本主義がこのままいくとやばいということは言いたい。だったら一瞬であっても突破してみせたレーニンはやっぱりすごいんだということを証明してやろうと考えて、レーニンに関する本を二冊出したんです。簡単に言うと、レーニンの革命思想を再評価する。ネオリベラリズムが支配する現代において、レーニンが残したメッセージは大事なんですよとアピールするような著作を書いたわけです。

孫崎　一〇〇パーセント正しいというかたちで受け入れる勉強をしなかったということですね。これは、対米関係の研究者とまったく違います。彼らは、基本的に日米関係を正しいものとして受け入れる。二〇パーセントぐらいおかしいところはあるかもしれないけど、八〇パーセント正しいんだからごちゃごちゃ言うなという雰囲気なんです。そういうところで育った人たちは、その二〇パーセントを研究することに罪悪感を抱くところがある。

だから、三五歳と七〇歳で歳は倍違うにもかかわらず、まったく同じ考えを持っていることにびっくりしました。白井さんの問題提起には、何の異論もありません。名前を変えて、ちょちょっと表現を柔らかくすれば、私の論になる（笑）。

私はあなたたちの世代に非常に絶望していたのです。何も考えないわりに場所だけを求める。学界でも、正しいこととポストを比べて、ポストを求める。そこには、ポストを求めるための論理があります。その論理を受け入れないとポストをもらえないという傾向が強く出ている世代が、白井さんたちの世代だと思っていたんです。

白井　たしかに、日本的な「空気を読む」ということのまずい部分がますますひどくなっているというのはあると思いますね。

孫崎　そう。山本七平さんの『「空気」の研究』には「空気を読んではいけない」と書かれています。それなのにいまは、「いかにして空気を読むか」ということになっている。

白井　しかし、僕の冒しているリスクの大きさなど、たいしたことはないと思っています。先日原発事故報道への批判をしてＮＨＫを事実上クビになった堀潤アナウンサーなど、ちょうど僕と同学年です。僕らの世代でも「空気を読む」能力を幸いにも持っていない人はけっこういるようです（笑）。

なぜ『戦後史の正体』を書いたか

孫崎　ここで、なぜ『戦後史の正体』を書いたのかをお話しさせてください。自分の視点を明確に打ち出した最初の著作が『日米同盟の正体』なんですが、なぜイラク戦争に日本が参加したかを調べようというのが、本を書いたモチベーションだったんです。なぜ日本が日米同盟を結んだのかは、非常にわかりやすい。「アメリカの言うとおりにしろ」。それだけで説明できる。では、なぜアメリカはイラク戦争のようないい加減なものを起こしたのか。

戦後史まで戻って考えなければならないと思ったきっかけは、白井さんと同じく鳩山政権の退陣劇だったんです。鳩山さんと小沢さん、両者とも人物破壊でやられているわけです。普天間問題をしっかり議論しなければならないのに、鳩山さんの人格がめちゃくちゃだから、その人がやっている政策はおかしいというかたちにいつのまにかなっていく。これは日米協調とは違うかたちの方向性をとろうとすると必ず出てくる現象なんです。政策論で議論しないで、提言している人物を破壊する。

普天間の問題で鳩山さんは「最低でも県外」と言い、このことを政権交代の論点にしました。しかし、内閣発足後の二〇〇九年九～一〇月には、当時の岡田克也外務大臣と北澤俊美防衛大臣は、アメリカから「おまえの考えていることは間違っている。それを言い続ける限り、おれのパートナーではない」という圧力をかけられてつぶれたわけです。

グレグソン国防次官補（アジア・太平洋安全保障問題担当）に対して北澤防衛大臣は当初、「普天間ももちろん大切だ。だけど、日米関係にはもっと重要なことがある。この普天間の問題は少し横においておこう」と提案しました。これはひとつの見識です。けれども、このときグレグソンは怒り狂って外に出てしまう。あるいは岡田外務大臣はゲーツ国防長官に、一度はセッティングした夕食をキャンセルされる。「あなたがいままでのような普天間基地に対する考えを維持するのだとしたら、私の交渉相手ではない」というかたちで圧力をかけたわけです。

こういうことがあって、当初の段階で北澤さん、岡田さんともに折れているわけです。けれども、鳩山さんは翌年の五月までは持ちこたえている。普天間基地の移設をやりとげようとする立場をとったのは実は鳩山さんだったのに、「あの人には信念がなく、おぼっちゃんで何もわかっていない」というイメージがつくられてしまった。

小沢さんの場合も同じです。カレル・ヴァン・ウォルフレン[3]は、アメリカは一九九四年ぐらいから「anybody but ozawa」(小沢以外)と、小沢さんへの徹底的な人物破壊をやってきたと述べています。ウォルフレンの『人物破壊』はしっかりした本なんですが、大手出版社が広告を拒否したということがあったそうです。なんでこんなことを知っているかというと、ウォルフレンとの対談集を五月に出すからなんですが。

いずれにしても、鳩山・小沢のふたりに共通するのは、基地と中国の問題を提示したことです。この問題を提示するとき、アメリカからそうとう厳しい圧力がかかる。これを歴史的に理解していかないと、鳩山問題・小沢問題がわからない。

『戦後史の正体』に関して出版社からの最初の依頼は、冷戦の終結以降の歴史を書くことでした。だけど、冷戦の終結以降の問題を理解するためには、一九四五年のポツダム宣言から考えないと日本はわからない。そう思って、『戦後史の正体』を書いたんです。「永続敗戦」という言葉を使うかは別にして、思想的には同じだった。

残念なことに、例外を除けば、基本的に米国が望まない人物は日本人が排除してしまうんです。ここがいちばんの問題なんです。「米国にとって望ましくない、だからこれを排除する」ということであればわかるんですが、そういったことは、米国はよほどのことがないとやらない。たとえば、米国が日本人を殺すといったことはほとんどなかった。世界各地を見れば、米国が望ましくない人間を殺している事例はあるんですよ。日本の場合はそこまでする必要がない。どうしてかというと、この人間は望ましくないと伝えれば、日本社会のほうで排除するシステムができているからです。

白井 そうなんですよね。『戦後史の正体』がアメリカ批判をしているのではなく、日本の支配層に対する批判というスタンスで書かれていることに、僕は感銘を受けました。だから、『永続敗戦論』のなかでは、「反米」というスタンスをとるのはダメだ、ということを強調しました。たしかに圧力をかけてくるアメリカはおっかないし、帝国主義的です。だけど、「あくどいアメリカがぜんぶ悪い」

と言っていても仕方がないんです。アメリカだけでなく国家はどれもあくどいに決まっているのですから。

だから、問題はわれわれの社会の側にある。本のなかで、若手の防衛・外交関係者が「先輩たちのようにアメリカの言いなりじゃダメだ」と言って、「アメリカの言いそうなことの言いなりにならなければならない」と主張しているという話を紹介しましたが、この奇怪なスタンスはちっとも新しくないんですね。「アメリカが殺したくなるような人」を先回りして社会的に抹殺してしまうということをやってきた。こういうふうに自立的に思考し行動しようとする人を排除しておいて、「こうするのが結局は日本のためになるのだ」と考えて卑屈な行為を合理化する。この考え方は、アメリカが日本に対して無条件的な好意を持ってくれているということを前提にすることによってのみ正当化されます。しかし、当たり前ですが、そんなことはあり得ない。

孫崎　なぜ小沢さんがこんなに叩かれるのか。ウォルフレンの話が興味深いんです。小沢さんは、日本の社会改革をしようとしているわけです。小沢さん自身、反米的な言動はしていないし、このことが反米につながっていると思っていない。ところが、日本の現行の制度をすべてひっくり返してしまうと、アメリカ隷属の体制がしっかりできているのに、自分たちで勝手に望ましくない人物を排除してしまうというシステムを壊してしまう。それが問題だから、小沢さんが叩かれる。

白井　要するに属国というか、植民地支配のようなものだということですね。非常に特異な支配形態です。間接統治されていることを意識していない植民地です。ただし、戦後レジームの主役としての保守勢力は、自らの立ち位置をよくわかって行動してきたのでしょう。つまりは、宗主国の代官なのです。現地人が代官をやっている。代官は何をしても基本的に許されるけれども、主体性を持つことだけは絶対に御法度だと。小沢さんが恐れられる理由はそこではないですか。ほんとうにそうなるのかどうかわかりませんが、小沢さん主導で改革が行なわれると日本社会が主体性を持ってしまうかもしれない。その主体性が親米的なものであれ何であれ、主体性そのものが許容できないものだということでしょう。

孫崎　そうです。日本社会が主体性を持ってしまうと、アメリカはその主体性を壊すためにもう一回工作しなきゃいけない。そんなたいへんな作業に比べれば、ひとりの人物を排除したほうがいい。

樋口レポート[4]というレポートがあります。細川護熙《もりひろ》政権時代、冷戦終結後の世界で、日本は国連や国際的な関係を強化していくという、アメリカ一辺倒でない戦略を提言したレポートです。これは日米関係の一ページを刻む可能性がありました。それを受けて米国は、日本が日米関係から離れるのではないかと危惧したわけです。細川内閣はアメリカにつぶされました。ちなみに実質的な責任者だった西廣整輝《にしひろせいき》元防衛次官と畠山蕃《はたけやましげる》防衛次官は、両方とも癌で亡くなっています。彼らふたりが生きていたら、日米関係は変わっていました。

この問題の深刻さは、細川さんがそれについて一言も話していないということにあらわれています。

細川さんの首相時代の回顧録『内訟録』は分厚い本で、何があったかを細かく書いています。だけど、日米関係については一言も書いていません。細川さんは、書けないとわかっているんです。

白井　一言も書いていないとは……。政権をとるところまでたどり着いて対米自立を目指した政治家たちの弱さはここにあるのだと思うのです。鳩山さんも、最後には「知れば知るほど海兵隊が沖縄に居ることによる抑止力が大きいのだとわかった」という迷言を吐くに至りました。このことは断固批判されるべきことだと僕は思います。最近ようやく、当時受けていたプレッシャーについてほのめかすようになりましたけれど、なんでそれを当時言わなかったんだよ、というのが僕の感想です。退任会見での言葉もわけがわからなかった。率直に「圧力を跳ね返す力がなく私は敗れました」と言えばよいのに。国民は多くのことを学ぶことができたはずです。細川さんも同様ですね。いちばん書かなきゃいけないことを書いていない。陶芸にふけっている場合ではないですよ。「これを言っちゃうと殺されるかもしれない」という恐怖感があるのかもしれない。だけどあえて言いますが、そこに踏み込むのがノブレス・オブリージュというものでしょう。

ポツダム宣言に何が書いてあるかを知らない

白井　ここで領土問題と外務省という問題についてお聞きしたいと思います。なぜこの問題が三つともこじれにこじれて解決の見通しが立たないのか。しかも日中では武力衝突まであり得るのではないかという事態まで生じてきてしまった。歴史的経緯と日本政府の現在の態度を見るに、どうもおよそ問題を解決する意思がないのではないかと感じざるを得ません。じゃあなぜ解決しようとしないのか。そこが敗戦とその否認という問題、つまり永続敗戦レジームの根幹というところに関わってくるのではないかと思ったのです。

孫崎　白井さんのおっしゃる、敗戦を見たくないという傾向が領土問題に直結しているというのは、そのとおりです。私は領土問題について講義することが多いのですが、聴衆の方に「みなさん、ポツダム宣言を守るべきだと思いますか。守らなくてよいと思いますか」と聞くと、二〇〇人中三人ぐらいは守らなくていいという人が出てくるんですよ。そのあと「ポツダム宣言に領土問題についてどう書いてあるか、知っている人は手をあげてください」と言っても、私の本を読んでない人は誰もわかりません。

「ポツダム宣言は受諾したから守りましょう」とはみんな言う。「何が書いてありますか」と聞くと、「えっ」と思う。「カイロ宣言は順守する。日本の主権は、本州、北海道、九州、四国とする。その他の島々は連合国側が決めるものに局限する」[5]と言うと、はっとするんですよ。連合国側が局限するということは、歴史的な経緯があるからかならずしも北方領土・竹島・尖閣を排除するものではないけれども、論理的に「固有の領土」であるから自分のものだという言い方はそこでは通用しない。ところが、この論理を日本人の七、八割は受け入れていません。

この問題は複雑です。世界史の教科書はだいたい山川出版なんですが、そこにポツダム宣言の領土問題の記述はありません。それだけじゃない。サンフランシスコ講和条約[6]で千島列島を放棄した記述も書いていない。満州、台湾、澎湖《ほうこ》群島のごとき日本が中国から奪ったすべてのものは中華民国に返すというカイロ宣言[7]の記述もないんです。ということは、偶然ではない。領土問題は教科書の重要な項目ですから、忘れて載せなかったわけではなく、意図的に載せていないということになります。

日本人の多くは自分たちに与えられる情報が客観的であって、中国や韓国はいい加減な情報でマニュピレーション（操作）していると思っています。ところが、日本社会はそういうことが実際に行なわれている。それは、原発に対して自由に批判できないという体制ともつながっています。基本的には発言の場をなくしてしまえばよくて、肉体的に抹殺する必要がない。異なった意見を持っている人が、影響力のある発言をできる場にいかないようにする。

これまでの日本社会は巧妙にそれができていましたが、原発推進派は詭弁であったとわかったわけです。審議会や企業の研究費によって、抱き込まれる構造がある。原発だけではなくほかのところもそうであって、日米関係もまた実はそうなんだということもほんの少しわかってきた。そうして、『戦後史の正体』は特殊な本なのに、二二万部をすぐに刷るぐらいには関心が出てきています。

白井　まさに情報操作が行なわれています。領土問題に関して、国民に対して大事な情報を隠し、誤った信念を与えようという組織的で体系的な努力が存在すると見なさざるを得ません。なんでこんな不毛な努力をこの国の政府はしなけりゃならんのかということを考えたときに、「敗戦の否認」ということに思い至りました。

領土問題はぜんぶ、とどのつまりは敗戦処理ですから、ちゃんと思い出したくないんですよね。それをやっちゃうと現政権というか政界そのもの、政府そのものの支配の正当性がぜんぶ揺らいでしまう。なぜなら、「あの戦争」を国民に強いたのに「負けたんじゃない、終わったんだ」と言って責任をろくすっぽとらなかった人々の政府が、基本的に継続しているからです。だからどんなに馬鹿げていても情報操作をやめるわけにいかない。「終わったんじゃなくてほんとうは負けたんじゃないか」ということがわかってしまいますからね。この操作をやっている端的な主体はいったい誰なんでしょう？　外務省にだって、こんなことを続けているのは不毛だという考えが出てきてもよさそうな気がするのですが……。

孫崎　外務省の若手と某大学のゼミ生が討論会をやったことがあります。私は審査員として参加したんですが、ゼミ生が討論に勝ってしまった。そのことに私は苦言を呈したのですが、それを聞いた元次官の方が「孫崎、それは酷だよ」と言ったんですよ。「北朝鮮問題や日米安保問題について、わかっていいのは課長と局長と次官だけなんだ。だから、そのほかの人間はわからない。わからない人間でディベートしたんだから、勝たなくたっていいんだ」と言うわけです。

これが外務省の基本なんです。外務省内部で情報共有がないから、問題のポストにいた人間とポストにいない人間は議論ができない。縦系列の人間だけがわかればいい、それ以外の人間の知恵はいらないというのが外務省の伝統で、いまも変わりません。課長と局長と次官の三人だけが知っていればいいとなると、情報の共有化が起こらない。とくに深刻なのは、年代的な情報の共有がないことです。

私が国際情報局分析課の課長だったとき、外務省で情報改革をやったことがあります。当時、全世界から集まってくる情報があまりにも大量で見られない。仕分けするだけで時間がかかる（笑）。そこで、検索できるようなしくみをつくったんです。そのときに幹部から、「外務省のことをなんにも知らない人間が、情報改革をしようとするとはおこがましい」と言われました。「情報というのはおれだけが知っていればいい。ここにいるやつらは知らなくていいんだよ」という開き直りが堂々と言えてしまう。

ポストは二年で交代するんですが、着任しているときにいちばんいい情報が集まるわけです。あとからファイルをひっくり返せば過去の情報はわかりますが、基本的にそのほかのことはわからない。北朝鮮・アメリカ・中近東のように、転々と官僚は場所を変えていきます。一般的なキャリアだと「ジェネラリスト」と呼ばれて特定の分野に特化しないので、昔のことがわからないということが起こるんです。

白井　ちょっと確認させてください。『永続敗戦論』で領土問題に関する基本的な経緯について書きました。僕は政治理論を研究してきた人間ですので、日本の領土問題にたいして興味を持っていませんでした。これだけの騒ぎになってきたので、自分の見解を持たねばと思って少しばかり勉強してみたら、政府の言っていることがおかしなことだらけだとわかってきました。それでどうおかしいのか書いてみたわけなんですが、この程度の説明は、研究などと呼べる大層なものじゃなくて初歩の初歩だと思うんです。この本に書いたような事柄は、外務省で働いている人々には知識として共有されているのですか？

孫崎　共有されていません。ポツダム宣言も読んでいない。あるポストについたら、そのポストを全力でやるという意識なんです。そのポスト以外の広い知識は持っていない。外務省員の問題は、あるビルディングに入った途端に自分は知っていると思ってしまうことですね（笑）。けれども、重要な情報は共有しないから知識が薄い。むしろ、関心を持っている人たちのほうが知っている。これは昔よく言った冗談ですが、「フルシチョフはバカだ」と言うとふたつの罪で捕まるというものがありました。ひとつは侮辱罪で懲役一週間、もうひとつは国家機密漏えい罪で一五年（笑）。だから外務省の人間には、『日米同盟の正体』に対してきちんとした反論はできません。

安保村の存在

孫崎　学界もそうです。学界では、若いときは大きなテーマができずに小さなこと、細かなことをやっていく。私は重要なことばかりをやっていますが、普通はそうなんです。原発が重要なら原発、TPPが重要ならTPP、普天間が重要なら……とやっていくでしょう。学者の先生は、そんな考え方では動かない。

日本の学界の最大の問題は、現在起こっていることに対していかに貢献できるかということが学問なのに、そういう考えを持っている人がいないということです。

白井　そういう人は例外になってしまいます。

孫崎　自分たちの領域である象牙の塔のなかでいかに秀でているかということになってしまって、社会と関係がなくなってしまうんですよ。現在の重要な問題に対して、学界のいちばん叡智のある人たちが関わらないから、その分野は強くならない。たとえば、いま日米関係で最も重要な普天間問題をやらなきゃいけないはずなのに、普天間問題を研究している日米関係の研究者はほんのわずかです。

白井　『戦後史の正体』と同じシリーズの第二弾である『日米地位協定入門』を『永続敗戦論』を書き上げたあとに読みました。これもたいへんな本だと思います。衝撃的です。この本の編著者の前泊博盛さんは沖縄国際大学の先生ですが、ジャーナリスト出身でアカデミズム出身じゃないですよね。

孫崎　そうです。前泊さんが出されたような本は、学者が出さないといけない。けれども、学者は出せない。

白井　アカデミックな世界における「安保村」ですね。「原子力ムラ」とまったく同じ構図なんでしょう。同じシリーズで豊下楢彦さんの『安保村の論理』という本が出版されるようです。『安保条約の成立』を書いた豊下さんはアカデミックな世界から出てきた方ですが、例外的な人です。

『永続敗戦論』を書く過程でネットを検索していたら、防衛省関係の研究所でポストを得ている若い人が書いたペーパーが出てきました。若くして安定したポストについている方なんだからきっとすごく優秀なんだろうなあと予測して読みはじめてみたら、驚きのあまり気が遠くなりました。元駐米大使の人たちへのインタビューをやっているのですが、まるきり内容がないんです。「何時いつ駐米大使をつとめた誰それさんは日米関係が重要だとおっしゃった」というようなことが延々と書いてある。そりゃあまあ、日米関係は重要に決まってます……。大学出身で国際政治学をやっていると、こういう人が若くしてちゃんとした職を得られてしまう。このアカデミック・ポストの超就職難の時代にね。「安保村」のフォーマットに従ってものを書いているからだとしか思えないです。

孫崎　豊下さんがおっしゃるのは、「原子力ムラ」よりも「安保村」のほうがすごいということなんですよ。そのなかで、白井さんが出てきたことは非常に驚きでした。

白井　僕はまるきり利権というものに関係がないんで（笑）。

孫崎　学界でソ連（ロシア）を研究している方たちは、その利権の構図に完全にはまってしまった。文書を見ていけば、北方四島は日本のものだと主張できないはずです。だけど、ソ連・ロシア関係学者は四島返還論を唱えないと、村八分になる。この「ロシア村」というのは「安保村」の亜流です。ロシアを研究する過程でそういう考えに至った「ロシア村」とだったらいいのですが……。北方領土問題は実は日米関係から出てきていますから、その論理に合わないロシア関係者は排除されているんです。

中国関係の学者でも同じことが起こっています。中国を研究して、そこから対中政策がどうあるべきかということを考えるチャイナスクールであればいい。ところが、外務省だけでなくジャーナリストのチャイナスクールも、アメリカの対中政策の流れに沿ったものなんです。だから、尖閣諸島の問題は「棚上げ」なんて合意はなかったと言って、平気な人たちばかりです。「棚上げ」というのは事実あるのに。アメリカが中国を敵視するかたちで東アジア政策を行なっているなかで、チャイナスクールは生き延びるために中国を批判する。死んだ人のことを言ってもしょうがないけれど、中嶋嶺雄さんのような人たちはみんなこの流れにいます。

白井　「ロシア村」にも、そういう大物学者がいますね。北方領土問題が解決すると利権がなくなって一番困るのはこの人たちです。ですから、絶対に解決されないよう不断に努力しています。「四島一括返還」などと言っている限り半永久的に還ってこないことは、専門家である彼らが知り尽くしているはず。
孫崎　中国関係だと拓殖大学総長の渡辺利夫さんですね。この人も中国はけしからんという論理です。こういう人たちは、アメリカとの関係から出てくるんです。中国を勉強してそういう考え方になっているわけではない。渡辺さんがおっしゃっているのは「海洋国家論」なんですよね。中国を勉強していて、海洋国家論なんて出てくるはずない。それは、ジャーナリストも同じです。中国で飯を食っていく人たちは、米国の亜流の人でないと、きちんとした地位を得られない。

世界の変化についていけない日本

白井　ところが、世界が変わってきています。アメリカはいま、中国を別に敵視していない。
孫崎　そうなんです。ただ、ジャパンハンドラー[8]は違うんです。ここが私にとって、これから世界がどうなるかのいちばんのポイントであって、いまの安倍政権の問題にも関わってくるところです。
　安倍さんは、ジャパンハンドラーに言われたとおり、対中強硬論・集団的自衛権の行使・防衛費の増大などを実行すれば受け入れられると思って、訪米したんですよ。アーミテージ[9]やマイケル・グリーン[10]に歓迎されると言われたのに、オバマ大統領の対応は全然違ったわけです。いま、アメリカは東アジアについて中国を基軸に考えているので、少なくとも日米関係から米中関係に悪影響を及ぼすことはするなよと釘をさされてしまった。大きな流れから日本が浮いてしまったわけです。日本の輸出における米国のシェアは、二〇一一年で一五・三パーセントです。一方、中国・台湾・香港・韓国をあわせると三九・一パーセントですよ。日本の輸出対象は現実として東アジアに移っているにもかかわらず、依然として日本国民はアメリカに依存しないと日本の繁栄がないと思っている。

PEWという研究所が「中国は超大国として米国を追い抜くか」という質問をしたときに、日本だけが「追い抜けない」の回答が過半数を上回っているんです。二〇〇九年のアメリカは「追い抜けない」が過半数を超えていましたが、二〇一一年には「追い抜く」が逆転しました。二〇〇九年と二〇一一年のあいだの変化を世界は知っています。変わらないのは日本だけなんです。日本の中国に関する本は櫻井よしこさんが全盛です。好き嫌いは別にして、中国が将来的に世界の超大国になったときどうするかという問いを立てている本はないんですよね。

白井　書店にいくと中国関係書籍でたいへん目立つのは中国脅威論と中国崩壊論です。これは矛盾以外のなにものでもない。一方で「強大化してやばいよ」と脅威を煽っておきながら、一方で「あれはもうつぶれそうだ」と言って騒いでいる。いったいどっちなんだよと思ってしまいます。これはもう人格の分裂ですね。こういう歴然たる分裂を起こしながらそのことを自覚できないのは、中国そのものを見ているのではなく、アメリカというメガネ、もっと正確に言えば、「永遠に日本の友人であり続けるに違いないアメリカ」というフィルターを通して対象を認識しようとしているからです。もちろん、このようなアメリカ像は完全なる幻想です。

ここのところは政治的な価値観の問題が関係してくるので、たいへんややこしくかつ重要だと思います。結論から言えば、今後、アメリカが手のひら返しをするということが十分あり得ると思うんです。中国共産党の一党支配体制は民主主義的でないという点で、日本とアメリカは、いまのところ価値観を共有している、ということになっています。しかし、とくに尖閣問題をめぐって日本が現実的な対応をとる能力がないとアメリカが判断すれば、手のひら返しをされる。つまり、価値観を共有しているのは、アメリカと中国のほうなんだということになる可能性があります。

どこかでアメリカは、中国共産党の体制を中国的合理性のある体制なんだと言いだす可能性がある。そのときには、「第二次大戦のときの「連合国」ってどの国だったたんだっけ?」、「反ファシズム戦争では誰と誰が一緒に戦ったんだっけ?」という歴史が持ち出されるでしょう。こうなると歴史認識の問題が焦点になります。あの戦争に対してより正確な、もっと厳密に言えば、アメリカに近い歴史認識を持っているのは日中のどちらなんだ、と。たしかに政治体制をめぐっては、米中間に価値観の懸隔があることは否めず、日米対中国という構図になると思いますが、日本で永続敗戦レジームが支配的である限り、歴史認識という価値観に関わる別の領域では、米中対日本という構図になっても全然不思議ではありません。

あるいは、アメリカが民主主義という観念に対して持っているフェティシズムからすれば、現体制を根本的に肯定するのはむずかしいかもしれない。けれども、逆に中国の側が複数政党制を導入するかもしれない。それこそ中国は、ある意味日本の歴史に学べばいいわけです。伊藤博文が行政権力の強力さを維持したままどのように立憲政友会をつくったかを学べば、議会政党をつくることなんて中国にとって決して不可能でないし、間違いなく指導部はそうしたプランを考えているでしょう。そうなると、アメリカが中国と政治体制に関する価値観を共有していないと言い続ける理由はまったくなくなっていく。それが起きたときに、日本の、アメリカを通したチャイナスクールのような中国の見方は完全崩壊することになりますよね。

孫崎 アメリカでは、そういったことが現実問題として起こっています。その中心にいるのが、一九六〇年代以降、民主党の外交問題顧問をつとめる古参のズビグネフ・ブレジンスキー[11]です。オバマ大統領の外交顧問（二〇〇八年）もつとめましたから、現在のオバマ政権にも強い影響力を持っています。ブレジンスキーは、東アジア政策は日米同盟一辺倒をやめるべきで、中国との枠組みをつくるべきだと主張をしはじめています。

白井 布石を打ちはじめているわけですね。

外務省の変質

白井　孫崎さんは一九九三年に中公新書から『日本外交　現場からの証言』を出版されていますよね。いろんな歴史的事例を参照しつつ、日本の外交官たちの発言やエピソードが豊富に盛り込まれています。それを読むと、日本の外交にもある時代までは多様で柔軟な発想があったのだという印象を受けました。

孫崎　『日本外交　現場からの証言』を復刻しようという話があるんですが、政策決定のところは書き直さないといけないと思っています。外務省が政策的にベストだと思うものをつくりだす努力をしてきたと思って、政治家ではなく官僚主体でやらなければならないと書いていたんです。ところが、いまやそういう発想で仕事をしてはいないと思います。いまの外務省で、安倍総理の外交方針がダメだと考えている人間はいない。

外務省の考えが変わってきたのは、湾岸戦争の頃だと思います。そのとき非常に強いアメリカ追随への圧力がかかった。八九〜九〇年のパナマ侵攻[12]の際、米国の行動に疑念を持つべきだという意見が当時ありました。しかし、外務省のある幹部が「パナマごときで日米関係を壊してなるものか」と言ったんですよ。この論理です。イラク戦争も同じなんですよね。イラク戦争がおかしいものだということは、だいたいみんなわかっているんですよ。だけど、日米関係のためになるという理由で容認されてしまった。

パナマ侵攻と対比的できるものとして、フォークランド紛争[13]があげられます。不思議なことにそのとき日本はイギリスを完全に支持してないんですよ。どちらかというと、アルゼンチン側についた。そのときの中南米局長は省内で腕力があると言われていた方で、どちらかというとアルゼンチン支持でした。私は「それはあなたが中南米局長のポストにいたからであって、外務省にとってマイナスじゃなかったのですか。もしも欧亜局（現・欧州局）長でイギリス担当だったら、違った選択をしていたかもしれないと疑問を持たなかったか」と聞いたことがあります。彼は「自分は正しいと思っている、なぜならイギリスとの関係はいろんな問題があるからいつでも修復できる。だけど、もしあのときアルゼンチンを理解するという立場をとらなかったら、もう中南米との関係を修復するチャンスはないと思った」と答えたんですよ。

だけど、そういう発想はもうありません。いまであれば、アルゼンチンとイギリスだったらイギリスだ、となります。それぞれの問題でどうあるべきか、というロジックが通用しない外務省になってしまった。パナマ侵攻というのは大きな意味を持っていて、たぶん日米関係よりは国際的な正義や公正さを考えるべきだという論があった最後の時期でした。いまの外務省の職員は空気にすごく敏感だから、これは空気と違うとなるとそういったことはやらない。

『日米同盟の正体』を書いたときに慶応大学にある交詢社に呼ばれました。そこでの議論に外務省の先輩がいて、「あなたはどう考えるんですか」と聞いたんです。そうしたら、「私たちはそれを考えないことにしています」という回答をよこしたんです。

白井　原発の全電源喪失と同じで「想定外」ということですね。最も都合が悪いことは決して起こらないものとして考えないこととする。

孫崎　結局、考えてしまえば私のような結論になる。つまり、良心との戦いになってしまうので、生きるためには考えないということなんです。

白井　先ほどの外交官がポツダム宣言の条文を知らないという話とか、いまの「想定外」という話を伺うと、やはりもう、権力の内部がスカスカになっているんだなという印象を禁じえません。

外務省の外からの視線からすれば、大きな変質が国民の目に印象づけられたのは、小泉純一郎政権時代の鈴木宗男・佐藤優さんの事件であったように思います。『国家の罠』が出版されたとき、こんなことが国家の中枢で起きているのかと衝撃を受けました。外務省というものは、大局観ではなく外交官各々の自己保身を動機として動いているのでは、という不信が国民のあいだに広がったわけです。

そして、問題は司法当局に及んできた。佐藤優さんが名づけた「国策捜査」が、どうやら横行している。元福島県知事の佐藤栄佐久さんの件[14]もそうだし、最近では厚労省の村木厚子さんの事件[15]など、検察の特捜部がとんでもない証拠の改ざんをしたりしている。

こうして官僚機構の腐敗が激烈になってくると同時に、官僚の世界のなかからいまの日本国家体制に対する強烈な批判者が続出する状況が生まれてきました。孫崎さんもそのひとりでいらっしゃいますし、経産省でいえば中野剛志さんなどです。端的に言って、国家権力が不安定になって揺らいできているという気がするんですね。

孫崎　検察批判は非常に大きいできごとでした。検察機関という、暴力装置を持っているような機構が批判されたわけです。いままではみんな怖くて、そんなことできなかった。昔から外務省批判はいっぱいあるけれど、外務省を批判したからといって危ないということはない。検察はできないだろうと思っていたら、批判されたわけです。

民主党の政権交代で、場合によってはこれまでの秩序が変わるかもしれないという期待がありました。これまでの民主党と検察はつながってないから、検察を批判しても、政治は検察と一体には動かないかもしれないと思われていた。特捜部というのはGHQ管理下でスタートし、敗戦直後の旧日本軍関係者が隠した「お宝」を摘発してGHQに差し出していたようなところです。あそこで検察の特捜部がなくなっていたらほんとうによかったと思いますけど、また息を吹き返しました。

ウォルフレンは、日本の法体制は政治家のお金の問題を、意図的にあいまいにしていると指摘しています。政治にはお金が必要なんです。自分と敵対するような人たちあるいはライバルと同じぐらいの選挙資金を集めなくちゃいけない。そうすると、相手のやっていることは自分でも許されると思って、お金を集めようとする。ところが、誰をチェックするかは検察が決めるんですね。ウォルフレンは、どうも戦前からそうだったという言い方をしています。

白井　車のスピード違反と同じですね。速度制限が一〇〇キロのところを一二〇キロで走って捕まったとき、「ほかの人も一〇〇キロ以上出しているだろ」と言っても、「たしかにそうかもしれない、でもおまえが違反であることに変わりないよ」と警察官はいいますね。

鳩山さんの脱税問題も、国税局はずっと前から把握していたんじゃないかと思います。普通の人であれば牢屋にいかされるぐらいの脱税をわざと放置しておいた。それは鳩山さんが首相になる可能性があったからです。だからこそ、放置していつでもこれをバラせるという状態を意図的につくっていたと思うんですよ。

安保条約という安全神話

――『永続敗戦論』で白井さんは、日ソ冷戦期の戦略上、日本国土が例外であり、沖縄こそがほんとうの姿だった。日本のデモクラシーは、韓国などの周辺諸国の軍事政権が砦になったからこそ可能だったもので、日本本土は「デモクラシーごっこ」に興じていたに過ぎなかったと述べていました。

孫崎　私も白井さんと同意見です。以前、沖縄のふたつの新聞(琉球新報と沖縄タイムス)は、どうしてそれぞれに独自路線がはれるのかと琉球新報の社長に聞いたことがあります。そのとき、沖縄の新聞は二紙あるということが重要だとおっしゃっていました。一紙だったら、攻撃されたときに持ちこたえられない。だから、創始者からは絶対に一紙に統合するなと言われているそうです。

ふたつの新聞は、同一資本ではありません。琉球新報のほうが資金があるから、統合しようと思えばできるんでしょう。社長は、この体制で事業を続けていくことが結局は沖縄の人への支援なんだとおっしゃっていました。アメリカによる支配体制を許さないという思いがあるわけです。

白井　当然ですよね。沖縄から出ている根本的な疑問というのは、「われわれは日本なのか」ということです。本土の人間は現に、われわれを日本人と見ていないと。

孫崎　今度の「主権回復の日」[16]で、かなり火がつくと思います。沖縄の新聞を見ると、まったく違う国の新聞に見えます。二紙とも一面トップで「主権回復の日」の問題がドーンと出ている。日本本土の新聞には、ほとんど報道がない。そういう意味で、格差があります。

白井　「主権回復の日」……。まったくのお笑い草です。永続敗戦レジームの真骨頂というべき発想ですね。一九五二年四月二八日は独立を回復した日だというけれども、その日は日米安保条約が発効した日でもあります。その日をナショナリスト（自称）がお祝いする！　これはもう正気の沙汰ではありません。このことに敏感に反応しているのが沖縄の人たちであって、本土の人間はおおかた気づかない。どれほど巧妙に「暴力としてのアメリカ」が本土の人間にとっては不可視化されているか、ということの証左だと思います。

ところで、沖縄の基地問題について、沖縄人脈でアメリカとのルートはないんですか？

孫崎　あります。場合によっては、本土よりも強いかもしれない。だけど、追い出す主力にはなれません。日本政府がアメリカにとって都合のいいことを認めてくれているのに、なんで沖縄の言うことを聞かなきゃいけないんだということになりますから。アメリカからすれば、それは日本政府の問題です。

以前「沖縄独立論[17]」という原稿を書いたことがあります。別に独立しろと言っているわけではありません。グローバル化が進んで、国同士の関係性が、宗主国的な関係だけじゃなくてもよくなってきた。典型はスコットランドです。昔は大英帝国の一員としてしか生きていく道がなかったけれど、いまはもうヨーロッパとの連携が可能です。そうすると、沖縄も中国や韓国との連携を求めはじめる。

白井 沖縄は中国と近くなってくる可能性が十分にあると思います。ざっくり言えば、東京と組むのか北京と組むのか、どっちが有利かを選ぶということです。江戸時代までは実際両方と関係していたわけで、そうした歴史が呼び起こされることもありうるでしょう。そこまでいかない限り、本土の人間は気づかないのではないでしょうか。

僕が「永続敗戦」と呼ぶ構造は崩壊過程に入ってきていると思うんですが、現象的には安倍政権が成立して現在「テルミドール[18]」の真只中にいるのだと思います。鳩山さんは永続敗戦の構造に手をつけようとして葬られた。そうすると今度は、逆に永続敗戦の構造を純化するような動きが生じて、菅・野田政権、そしてついには自民党に政権が戻ってしまった。けれどもあくまでこれは表層的な運動だと思うのです。もっと大きくて強力な歴史の趨勢を止めることは誰にもできないわけで、永続敗戦レジームが崩壊過程を突き進んでいること自体はたしかだと思います。

前泊さんの著作を読んでいて、戦後の日本には二大安全神話があったんだという主張に強く共感しました。ひとつは原発安全神話で、これは崩れ去った。もうひとつは日米安全保障条約の安全神話です。これは孫崎さんの著作でも立証されていることですが、端的に言えば、尖閣紛争が起きた場合、アメリカが参戦しない可能性がある、というかおそらく参戦しないということです。このとき、「いざとなったらアメリカは日本を守ってくれる」という神話が崩れます。だから、アメリカは「いい加減にしなさい」と日本に自制を求めている。紛争が起きてしまったら、まさに後者の安全神話が崩壊するからです。そのとき、いったい何が起こるのでしょう。

孫崎 いまは紛争になった場合の準備をしているわけです。日本人が自分で血を流して守らないところを、なぜわれわれアメリカ人が血を流す必要があるのかという言い方をしはじめていますよね。

白井 まったく正論というほかありません。なんで尖閣諸島でアメリカの青年が死ななきゃならないのか。孫崎さんがご著書で示しているような安保条約の条文の厳密な理解も大事ですが、そんな専門的な知識がなくたって、常識の観点に立てば誰でも見当がつくと思うのです。まるで必然性のない、外国の政治家や官僚が愚かにもハンドリングを誤った結果生じた外国の紛争にアメリカの青年が飛び込んで命を捨ててくれるなどということを、いったいどうして期待できるというのか、常識的に考えて、ありえないですよね。「永続敗戦」レジームの主役たちはその辺りをどう考えているのか。もし尖閣紛争が起きても、アメリカは出てこないんじゃないかと彼らだってほんとうはわかっていると思うんですよ。

孫崎　岡本行夫[19]さんは、われわれは従属の仕方が弱かったという論理ですよね。従属する日本に価値があると思ったら、当然助けたはずだ。助けなかったのは、従属が少なかったからだということです。

非常に不思議なのは、エスタブリッシュメントにいけばいくほど考え方が硬直していることです。結論部分で体制の主流に乗っかっているか乗っかっていないかが価値判断なんです。自分で納得できるようなロジックが見つかればそれでいい。どこかに正当化できる論点がひとつかふたつあるわけだから、それを見つけるわけです。

白井　もう呆然とせざるを得ないような見解です。そこまで従属を極めるべきだというのなら、なぜ主権の自発的放棄を断固主張しないのか不可思議です。論理的に突き詰めれば、日本はアメリカに併合してもらうべきであるという結論が、当然出てくるはずです。ただしそれを実行すると外交そのものが存在しなくなりますから、外交評論家である岡本さんは失業します。だから突き詰められないのかなと思いますが、実に情けない理由です。

孫崎　そういう意味で、三五歳の白井さんが『永続敗戦論』を書いたということに勇気づけられていますよ。

TPPの参加表明について

――孫崎さんは『戦後史の正体』で、とくに一九八五年のプラザ合意以降のアメリカの対日経済政策が日本の産業を空洞化させ、日本市場をアメリカ式に変えることで、アメリカ企業の参入を容易にすることにあったと指摘されています。また、TPPへの加盟をアメリカが日本に要求している理由として、日本が中国と接近することを恐れていること、TPPの真の狙いは農産物などではなく、日本のサービス分野への参入であると指摘されています。TPPはプラザ合意やBIS規制に準ずる意味があるように思います。この点についてはいかがでしょう。

孫崎　プラザ合意以降のアメリカの対日政策は、アメリカへの日本の輸出を止めることを目的としていました。その副次的な問題として、日本の産業の空洞化が起こったんです。円はドルに対して高くなりましたが、アジアの通貨はそのままでした。このため、日本製品はアジア各国の製品に対して競争力を失っていきました。中国や韓国の企業が優位に立ち、日本の企業もASEAN諸国などに進出するようになっていきました。

アメリカが危惧しているのは、日本と中国が接近することによって、中国から日本のサービス分野への参入が生じることです。いちばんは生命保険ですね。五〇年ほど前の米国の生命保険は、GDPに占める割合がそんなに大きくない。ところが、いまは軍産複合体を超えるぐらいに大きくなっています。米国にとっては巨大な市場であって、たとえばアフラックは日本での利益が全体の七割以上になっています。しかも、長期的にさらに日本での需要が伸びると予測しています。日本での生命保険、医療保険のパイをとるというのがいちばん大きい問題です。

安倍政権を支えるいちばんの基礎はアメリカとの関係がよくなる政権だということですが、集団的自衛権や防衛費の増強でOKをとろうとしたら、それができなかった。そうなると、日米関係が強固だと言うためには、TPPに参加するしかない。本来TPPは参議院議員選挙のあとのシナリオでしたが、前倒しするしかないと、慌てて選挙前にTPP参加ということになったんです。

いま、TPP反対論者がみんな安倍さんのほうに擦り寄りはじめているんですよね。農協の下のほうは反対と思っているんですが、中央のほうは立場を微妙にしてきていて、医師会も微妙に立場を変えてきています。市場的な判断ではなくて、日本社会でどう生き残るかという意味での「勝ち馬」に乗りたいということでしょう。

白井　いくら「勝ち馬」に乗るといっても日本社会全体としていつか茹で蛙になるほかないですね。けれどもいまはなんとか先延ばしにして、自分が生き残ればいいと考えているんでしょう。安倍首相のTPP参加表明前後、農協関係者が大きな集会を開いて断固反対と言っていました。テレビでそれを見ながら考えたのは、昨年の総選挙でここにいる方々はみんないったい誰に投票したのかということです。自民党には入れなかったというのならば納得できますが、自民党に入れた人もいたことでしょう。

自民党は無条件な関税全廃はしないという公約を掲げて選挙にのぞんだけれど、実際こういう状況になったわけです。けれども、こうなることは見え透いていました。自民党が公約を守るわけがない。そんなことは歴史を見ればわかりきっています。とくに、安倍政権のような、歴代自民党政権のなかでもとりわけ対米従属的な性格が強い政権が、ＴＰＰに参加しないわけがない。

ＴＰＰと農業に関して言えば、国としてもテコ入れとして補助金を出すということでＴＰＰを呑んでもらうという方向に進みそうです。こうして、農業の根本的な立て直しはどうするのかといったことや、国土の保全をどうやって行なうのかといった本質的な問題が、結局は補助金のぶんどりあいに変わって矮小化されていきます。そのお金のうちの多くが借金ですから、いつか配れなくなります。ですから、財政破綻したときにリアルなものがあらわれてこざるを得ないという感じがします。

新自由主義の不思議

――アベノミクスについてはどのように見ていますか？

孫崎　私はアベノミクスをかならずしも正確に理解していませんが、インフレ目標二パーセントと設定したことによって物価が上昇すれば、私のような年金生活者は明らかに二パーセントお金が減るんですよ。たぶん、多くの国民の賃金もあがらない。大多数の人は二パーセント物価が上昇することにマイナスを感じるべきですよね。それでも国家のためなら我慢しようと判断しているならいいのですが、これも自分がマイナスになることに気づかないふりをして、支持しているという印象を受けますね。

新自由主義的な政策は、本来そうなったらマイナスになる人が支持しているという不思議さがあります。自分が損することを気づいていない、あるいは気づかないふりをしている。農協の人たちも同じで、冷静に考えればわかるんだけどだまされたい。だまされないと自民党の体制の方向に乗っかれない。

白井　アベノミクスは短期的にはよく見えたりする瞬間もあるんでしょうけど、長期的にはうまくいかないと思います。短期的には資産バブルに帰結する可能性が高いでしょう。そうなると資産を持っている人は得をしますね。持っていない人はもちろんその逆です。

いま孫崎さんがおっしゃったように、みんな自分の利害がわからなくなっている。これは新自由主義全般にいえることだと思います。デヴィッド・ハーヴェイ[20]の定義によれば、新自由主義というのは資本家階級からの労働者階級に対する階級闘争です。ですから、大部分の人は資本家ではないので、新自由主義が支配的になれば損するに決まっている。

階級の観点から見ると、新自由主義というのはブルジョワジーの、それも上層部のイデオロギーです。そうした人々が新自由主義の本来の階級的基盤なんですが、実際の社会的基盤はもっと下へ広くなっているわけです。しかしヨーロッパやアメリカでは、いい加減このカラクリにみんなが気づきはじめています。ですから「新自由主義いい加減にしろ」という大衆的な覚醒が起きてきているわけですが、日本ではまだこうした声があまりに小さいように思います。

孫崎　日本の社会は、一九八五年ぐらいがターニングポイントになっています。中曽根政権時代、労働組合がつぶれていきました。それまでの組合は、国鉄と電電公社を中心とした総評系（日本労働組合総評議会）でした。こういうところに対抗するのが、ナショナルのような企業の労働組合なんです。ぜんぶじゃないですが、企業の労働組合は経営者と手をつなぐ。そうすることで、労働組合側にものすごい強固な企業協力者がいるようになる。だから、労働組合側も米国と関係ないというわけではありません。実はライシャワー[21]ぐらいから、必死になって労働組合側の切り崩しをやっていました。

大きな戦略を一〇年も二〇年もかけて実施していく。日米の安全保障について言えば、八〇年代後半ぐらいから日本の軍隊を海外で使うため、「人道支援」というところから慣らしていく。それを継続して、いま「集団的自衛権」として花咲かそうとしている。大きな戦略をぶれることなくやっていく。

白井　なるほど周到ですね。第二次大戦中も、アメリカは敵国研究がすごいんですよね。どうやって戦後統治するかということをプランニングするために、徹底的に調べていく。ルース・ベネディクトの『菊と刀』もその副産物です。

孫崎　『菊と刀』では、日本人は真面目だけれども地図は描けない国民だと言われていましたね。戦後になってマッカーサーは、日本は所詮奴隷国だと言うわけです。だから、アメリカというのは奴隷の扱い方を心得ているんですよ。主人に都合のいいかたちを奴隷に与えて、かつ奴隷が満足するかたちで使っていく。

白井　結局、大日本帝国憲法の体制で作り上げることができた国民のレベルはその程度だったということなのでしょう。戦前の天皇制の権力の二重性、つまりエリートにとってはお飾りの立憲君主で、一般庶民にとっては神同然の絶対君主としてあらわれるということに支えられた統治の構造が、戦後では敗戦の受け止め方を核として受け継がれていきました。言い換えれば、明治憲法レジームと似たようなものがずっと継続しているということです。すなわち、一般庶民にとっては「敗戦」じゃなくて「終戦」だったのだという歴史意識が刷り込まれる一方、統治エリート層は「敗戦」をどこまでも深く内面化する。なぜなら、彼らは敗戦の責任をとることをアメリカの助けによって免れることができたのだから、その恩を永遠に忘れるわけにいかないからです。この構造こそが戦後の「国体」であり、壊さなくてはいけないと『永続敗戦論』で書きました。それは何のためかというと、主体性をつくり変えるということです。国民全体のレベルをアップしなくてはいけない。

孫崎　ところが、その基本となる教育がこれまたひどい。

白井　人々の歴史意識を問い直すためには、地道にやるしかないと思います。実際、日米関係に関しておもしろい研究が増えてきていることもたしかなんです。たとえば僕の師匠である加藤哲郎先生は、象徴天皇制が戦中からアメリカの情報機関のなかでどのように立案されていったのかということを検証しています。

ポイントは、米国の公文書の機密解除です。それを見れば、日本の戦後がいったいどのようにできてきたのかということがわかる。むしろそこを見ないとわからない。僕ぐらい、もしくは下の世代の研究者がこれからどんどんそうした方向に向かっていくということになれば、戦後史の見取り図が大きく変わっていく可能性があると思います。

孫崎　砂川事件[22]で安保条約が違憲であるとした伊達判決に対して、それをどうするかと当時の最高裁判所長官の田中耕太郎がアメリカ大使と話し合ったことがあるんです。このできごとに対して、それを裏づける補強材料が出てきたんです。政治家がアメリカと協力してというのはわかるのですが、司法の分野でもやっていた。

白井　司法もどうしようもないと、前泊さんの著作で言及されていましたね。アメリカがえらいのは、こういった文書の機密解除をかなり行なっているところです。通常二〜三〇年ぐらいで解除して出す。ほんとうにぜんぶ出しているのか怪しいところはあって、たとえば岸信介に関する文書は機密解除されていないんですが。それに引き換え、日本の機密文書解除の体制は、比べるべくもありません。

孫崎　尖閣に関して「棚上げ」という問題がありますが、日本側は文書を一切出していません。鄧小平と園田直外相とのあいだで何が語られたか、文書を出してない。それでいて「棚上げ」合意はないと言っている。ところが中国側は、外務省ではないんですが、そのときの責任者がこういう話し合いがあったということを出している。北方領土についても同じです。文書を開示しないことによって、ゆがんだ政策をそのまま維持しようとしている。程度は中国よりも悪い。

白井　そうなのですか。そのくせ、中国は独裁体制だとか、非民主主義的だとかよくもまあ言えたものです！　中国政府にとっても、「棚上げ」合意は「文句なしにうちの領土だ」といういまの公式のイデオロギーとは対立する不都合な話なんですよね。

孫崎　日本側で文書を出している人は誰もいない。日本のほうがある意味で、情報操作をしています。文書を捨てたかどうかはわからないけれど、絶対あるべき文書がないというケースはあります。しかし、誰がやったかわからないから、追求しようにもしようがない。文書は課の書棚にあって課員なら誰でも入れるんです。

白井　情報開示の閉鎖性はひどいんですが、文書をなかったことにできるかというと、やはり人はそれをなかなかできないと思うんですよ。それを思い知らされたのは、沖縄核密約の佐藤栄作の文書が自宅で「発見された」ことです。捨てることだってできたはずだけど、やっぱり捨てられなかった。人間なぜかできないらしい。

孫崎　でも、あの当時の政治家にはモラルがあったんです。正しいかどうかわからないけれど、国のためという信念を持っていた。いま、政治家も官僚もそういうものを持たなくなってきた。

白井 なるほど、いまの政治家だったら簡単に捨ててしまうかも、ということですね……。つまり、『永続敗戦論』で書いたような「犠牲を強いるシステムとしての国体」は、はっきり言ってどの社会層においても実質的に消滅してしまっているわけですね。だからこそ、僕は永続敗戦レジームがすでに崩壊しつつあるということを確信します。それはもう確固たるものとしてそびえ立っているのではないのです。スカスカのもぬけの殻になっている。粉々に砕かれるのを待っているわけです。

日本のナショナリズム

白井 最後にナショナリズムの問題についても少し話す必要があるかと思います。いま現在、「在特会」のような病的な排外主義としてのナショナリズムが噴出しつつあることは周知のとおりですが、親米保守という「戦後ナショナリズム」の本流がそもそも実に転倒した成り立ちをしています。「保守」のくせに米国が大好きで、その顔色ばかり窺っている連中が「我こそは愛国者なり」と名乗ることがまかり通ってきたわけです。この一見奇怪な構造は、「戦前的なるもの」がアメリカの力の介在によって存続することを許されたという歴史的経緯を考えれば、まことに必然的ではあるのですが、その結果、「そんな姿勢はもういい加減やめようよ」というナショナリズムの観点からすればまったく普通の主張が、売国的だなどと罵られる。一言でいえば、戦後日本のナショナリズムにおいては、愛国者が売国奴と呼ばれ、売国奴が愛国者と呼ばれる。

孫崎　まさに私がそうです（笑）。

白井　いまの日本社会には、ナショナリズムの不足とその過剰の両方によって苦しんでいるという状況があると思うんです。ナショナリズムは、非常に暴力的なものになる危険性がある一方で、一部の金持ちや外国の手先に動かされる政府じゃなくて国民の総意を反映する政府をつくるんだという運動でもある。デモクラティックな原理を含んでいるわけです。いま、日本は、とにかく素晴らしいんだとか、外国になめられてたまるかという「愛国的」スローガンに溢れているという意味では、ナショナリズムに満ちている。他方で国民の意志を実現するような政府をつくらなきゃいけないという意味でのナショナリズムはまったく不足しています。ナショナリズムという観点から見ると、不足しているということと過剰にあるということの二重の桎梏が社会を覆っています。

孫崎　日本の政策が新自由主義的でひと握りの人間のためのイデオロギーでありながら、広い支持基盤を持ってしまっている。社会が矛盾していく、あるいは多くの人にとってマイナスの政策に切り替わっていくとき、ナショナリズムは強く出てくるんじゃないかと思うんです。鈴木邦男[23]さんがおもしろいことを言っています。われわれは自分の妻を、素晴らしい妻ではなく愚妻と言う。それが人間関係のありようなのに、国になるとなぜ「美しい国」と言ってしまうのかと。つまり、彼は「愛国」

が持つ欺瞞性を語っている。

ナショナリズム的な興奮状態が顕著なのは、サッカーですね。みんなが立ち上がってわーわー応援する姿は、われわれの世代ではありませんでした。ナショナルチームをこんなふうに応援する雰囲気はなかった。オリンピックもそうです。

これは、ナショナリズムを意識的にプレイアップするような流れだと思います。自信があった時代は、とくにナショナリズムをプレイアップしなかった。社会がおかしくなっていく過程とナショナリズムがプレイアップされていく過程は、並行しているんじゃないですかね。

白井　国際的な威信も低下していくばかりだと、それを観念的に解決しようとするわけですね。ただ、世界資本主義の大局的構造からいけば、ナショナリズムは解体へ向かう方向にあると思います。国民国家が政治の基本単位だったという時代は終わりつつあって、ネグリ／ハートが〈帝国〉と呼んだような構図ができてきている。こうした過渡期において、勝ち組負け組の分裂がはっきりしてくる。負け組になりそうな人たちが一度に国民国家に庇護を求めるというかたちで、ナショナリズムが燃え上がる。これがいちばんしっくりくる構図なんです。だけど不思議なのは、ナショナリズムに回帰する人々がその人たちの目的を達さないで、むしろ新自由主義に同一化してしまうことです。この傾向はさまざまな国で多かれ少なかれ観察できるように思われますが、とくに日本ではそれが顕著です。

先ほど述べた戦後日本のナショナリズムの倒錯性ということも含め日本のナショナリズムは世界的

にも特異なものとして現象しているように思われます。その特異性は、日本の近代がたどった歴史そのものの特異性から生じているのだから、そう簡単に片付かないのでしょう。その特異性というのは、まず最初に欧米帝国主義勢力によって植民地化される危機を乗り越え、今度は自らが帝国主義勢力の一員になった。そしてその路線が劇的に失敗したあと、最強国の属国であることに満足して長年すごしてきたわけです。おそらくは、このような近代史を経験した国はほかにありません。

その結果戦後の日本のレジームは、ある側面ではほかのアジアの親米自由主義諸国、すなわち韓国とかフィリピンといった国々に似ているけれども、ある側面では似ていない。似ていないというのは、直接的な植民地支配をされた経験が大多数の国民にとって占領期を除いてない点にあります。そのため、「民族の独立」や「民族自決」という理念が実感できなくなってしまっている。そこには、幕末・明治にかけて独立を保つことが例外的にできてしまったがゆえにそうなったという歴史の皮肉があります。

いまわれわれはきっとアジア諸国の歴史に学ぶべきなのでしょう。ベトナムは欧米の勢力を追い出すのに一〇〇年以上の月日をかけた闘争を行ないました。あるいは中国史を見れば、アヘン戦争から中ソ論争まで約一二〇年の歳月が流れています。いずれも壮絶な闘争の歴史です。おそらくはこうしたスパンで歴史を見なければならない歴史的地点にわれわれはいるのだろうと思います。これから目指されるべき解放の行き着く先がかつての「民族自決」というようなナショナリズム的理想に収斂するのかといえば、それは多分に違ってくることになるでしょうけれども、「帝国主義からの民衆の解放」を目指すという点では共通性があります。

孫崎　この対談の初めに申しましたが、私と白井さんの主張点にはほとんど差がない。私たちの時代はベトナム戦争の時代であるから、米国に批判的な目を持っても不思議はありません。しかし、今日は違う。日本社会中が「米国と一体になることが日本の利益」という空気が社会全体を覆っています。そのなかで、白井さんのような考え方を持てる人が、学者の世界から生まれてきたのは驚きです。

しかし世界情勢はいま大きく変化しています。米国追随で日本の繁栄が保障されるという時代ではない。その意味で数年後、日本の針路が真に問われる時代が来ます。そのときには、白井さん、あなたは日本にとって必要不可欠な人になると思います。今日あなたのような意見を持つことは決して容易ではない。そのなか、今後のご健闘を祈ります。

白井　過分な評価をいただいて恐縮の至りです。

今日、主体性という話が出て、日本社会が主体性を決して持たないようアメリカは工作してきたという話が出ました。たしかにそのとおりなのですが、結局のところその工作に日本人の多くが自ら進んで引っ掛かってきたのだと思います。ほんとうの問題は、外国の介入なのではなくて、それを進んで受け入れる日本の社会のほうにあるのだ、ということについて孫崎さんと僕の見方は一致しています。この見地に立つとき、主体性を否定しているのはアメリカではないのです。日本人自身が主体性を持つことから逃避している。つまり、奴隷であり続けたいと願っているということです。

今後、永続敗戦レジームが崩壊してゆく過程でさまざまな対立・闘争が表面化してくる、というか脱原発運動に代表されるようにもう表面化しつつあると思うのですが、その際のほんとうの対立軸は、人間性の本質に関する永遠の問題にあるのかもしれません。それはつまり、主体性を持とうとする人間とそれを拒む人間との対立、より具体的に言えば、リスクを負ってでも自由を求める人間と安定さえ得られるなら隷属をよしとする人間との対立です。前者の立場に立とうとする共通の意思を今日この場で確認できたことをたいへんうれしく思います。ありがとうございました。

1 普天間飛行場は名護市辺野古への移設が決定していたが、二〇〇九年に発足した鳩山政権が移設案の見直し、県外移設を検討したものの、翌年五月には断念。鳩山由紀夫首相（当時）はその迷走ぶりを批判され、六月に辞任した。

2 一九四七年生まれ。アメリカの歴史学者。専門はアメリカ外交史。著作に『マッカーサーの時代』、『「日米関係」とは何だったのか』など。

3 一九四一年生まれ。オランダのジャーナリスト、政治学者。著作に『日本人だけが知らないアメリカ「世界支配」の終わり』、『もう一つの鎖国』など。

4 正式名称は『日本の安全保障再定義と防衛力のあり方——二一世紀へ向けての展望』。一九九四年細川内閣政権下に設置された私的諮問機関・防衛問題懇親会（座長、樋口廣太郎）が提出したレポート。日米同盟の重視した「冷戦的防衛戦略」から国連を中心とした「多角的安全保障戦略」への防衛政策の転換を説いている。

5 「「カイロ」宣言ノ条項ハ履行セラルヘク又日本国ノ主権ハ本州、北海道、九州及四国竝ニ吾等ノ決定スル諸小島ニ局

限セラルヘシ」（ポツダム宣言第八条）
6 「日本国は、千島列島並びに日本国が千九百五年九月五日のポーツマス条約の結果として主権を獲得した樺太の一部及びこれに近接する諸島に対するすべての権利、権原及び請求権を放棄する」（サンフランシスコ講和条約第二条c項）
7 「右同盟国ノ目的ハ日本国ヨリ千九百十四年ノ第一次世界戦争ノ開始以後ニ於テ日本国ガ奪取シ又ハ占領シタル太平洋ニ於ケル一切ノ島嶼ヲ剥奪スルコト竝ニ満州、台湾及膨湖島ノ如キ日本国ガ清国人ヨリ盗取シタル一切ノ地域ヲ中華民国ニ返還スルコトニ在リ」（カイロ宣言）
8 日本の政策決定に影響力を持つといわれるアメリカの政治家、官僚、知識人の呼称。
9 一九四五年生まれ。元国務副長官。知日派として知られ日米外交に大きな影響力を及ぼしている。
10 一九六一年生まれ。アメリカの政治学者。専門は日本の安全保障政策。
11 一九二八年生まれ。アメリカの政治学者。元国家安全保障問題担当大統領補佐官。
12 アメリカがマヌエル・ノリエガ将軍を麻薬密輸容疑で逮捕するため一九八九年から九〇年にかけてパナマに侵攻した事件。
13 フォークランド諸島の領有をめぐって、一九八二年に起きたイギリスとアルゼンチン間の紛争。チリを除く南米諸国がアルゼンチンを支持した。日本はイギリスに要請されていたアルゼンチンに対する経済制裁をおこなわなかった。
14 佐藤栄佐久元福島県知事が二〇〇六年一〇月に収賄容疑で逮捕され、二〇一二年最高裁が上告を棄却し、懲役二年、執行猶予四年の高裁判決が確定した。
15 二〇〇九年に村木厚子局長（当時）が虚偽有印公文書作成、同行使容疑で逮捕されたが、担当主任検事による証拠改ざんが発覚し、二〇一〇年に無罪確定。大阪地方検察庁の特捜部部長をはじめとする三人が証拠隠滅罪等でその後起訴された。
16 サンフランシスコ講和条約の締結から六〇周年を記念し、二〇一三年四月二八日に政府主導による主権回復・国際社会復帰を記念する式典を開催することを安倍内閣が閣議決定した。条約発効後、米国施政下に置かれた沖縄県に対する配慮が欠けていると批判されている。

17 「孫崎享チャンネル」、三月一七日「沖縄独立論」http://ch.nicovideo.jp/magosaki/blomaga/ar161551

18 一七九四年に恐怖政治を施いていたロベスピエール派がテルミドール派のクーデターで倒れた事件（テルミドールの反動）。その後反動政治が始まり、フランス革命は実質的に終焉した。

19 一九四五年生まれ。元外交官。親米派の外交評論家として知られる。著作に『知の超人対談』（佐藤優との共著）、『日米同盟の危機』（森本敏との共著）。

20 一九三五年生まれ。アメリカの地理学者。ネオリベラリズムを分析した『新自由主義』は世界的なベストセラーになった。著作に『資本の〈謎〉』、『反乱する都市』など。

21 一九一〇―一九九〇。元駐日大使。東洋史研究者。核持ち込みの密約があったと証言した「ライシャワー発言」が有名。

22 アメリカ軍立川基地拡張の反対運動をしていたデモ隊が基地内に立ち入ったと起訴されたことを契機に日米安保条約の違憲性が問われた事件。東京地裁第一審では違憲判決が下されたが、最高裁は「司法審査の対象外」とし、一審判決を破棄した。

23 一九四三年生まれ。七二年に右翼団体「一水会」を創設し、代表を務めた。現在は名誉顧問。著作に『右翼は言論の敵か』、『遺魂』など。

（2013年3月31日、太田出版会議室にて）

II　資本主義の死の時代を生き抜く

〈対話者〉水野　和夫

水野和夫（みずの・かずお）
一九五三年、愛知県生まれ。エコノミスト。日本大学国際関係学部教授。早稲田大学大学院経済学研究科修士課程修了。三菱UFJモルガン・スタンレー証券チーフエコノミストを経て、内閣府大臣官房審議官（経済財政分析担当）、内閣官房内閣審議官（国家戦略室）を歴任。著書に『人々はなぜグローバル経済の本質を見誤るのか』（日経ビジネス人文庫）、『世界経済の大潮流　経済学の常識をくつがえす資本主義の大転換』（太田出版）、『資本主義という謎』（共著、NHK出版新書）、『資本主義の終焉と歴史の危機』、『閉じてゆく帝国と、逆説の21世紀経済』（以上、集英社新書）など。

資本主義の終わりの始まり

白井　いわゆるアベノミクスが始動して一年あまりが経ちました。しかし、水野さんが以前から主張なさっていたように、金融緩和や成長政策といった手段では、今日の世界的経済危機は解決できないことがますます明らかになってきた。現にアメリカが量的緩和を縮小する局面に入っただけで、株価の乱高下は激しくなり、新興国の経済が危うくなってきています。アベノミクスの三本の矢にしろ、アメリカの量的緩和にしろ、解決どころか、危機の本当の姿を覆い隠すことにしかなっていません。

水野　そのとおりです。リーマン・ショックのときの金融危機は、国家に債務を肩代わりさせて乗り切りましたが、こんなことはいつまでも続けられるわけがない。

　いまや世界経済が先進国の量的緩和を与件としてできあがってしまっています。そうなると、たとえ一時的に緩和を縮小したとしても、どこかでバブルが弾けて経済が低迷すれば、量的緩和を再開せざるをえない。そのツケは、結局、公的資金というかたちで国民が支払わされるわけです。

白井　そんな状況を単なる長期停滞だと認識してはならない、これは資本主義の終焉の始まりなんだというのが水野さんのご主張ですよね。

水野　資本主義の死期が近づいてきているとしか思えないのです。

　国際利回り二パーセント以下が一六年続く日本を筆頭に、先進国で超低金利状態が続いています。

金利はほぼ利潤率に一致しますから、超低金利というのは、資本を投下しても利潤を得ることができない、という状況です。資本を自己増殖させることが資本主義の本質ですから、つまり、この超低金利状態から抜け出せないということは、資本主義の終焉を意味するのです。

その資本主義の終焉と同時に、資本主義とともに発展してきた国家や民主主義といったものも、大転換期を迎えているのではないか。政治思想がご専門の白井さんに今日はそのあたりを、ぜひうかがいたいです。

白井　近代そのものの終わりという世界史上の巨大な転換期にいるのではないかと私も感じています。まず、国家の変質という点から、資本主義と近代の終わりについて考えてみようと思います。

ブラック国家化する現代

白井　水野さんは近刊『資本主義の終焉と歴史の危機』（集英社新書）をこう始めていらっしゃいますね。資本主義にはどうしても、フロンティアが必要である。中心がフロンティアを広げながら利潤率を高め、資本の自己増殖を推進していくものだと。しかし、グローバル化が進んで地理的な意味でのフロンティアは消滅し、バーチャルな「電子・金融空間」でも利潤を上げることはできなくなった。もう外部に利潤を上げるフロンティアはなく、そうなると、内側でフロンティアを作るしかない。つまり、国内の国民から巻き上げていくしかない。

水野 そうです。アメリカでいえばサブプライム層への収奪的貸付であったり、日本でいえば低賃金で働かされる非正規社員であったり。日本でもアメリカでも、景気が回復しても労働者の賃金は増えず、中間層の没落ということが明らかになってきました。そして、中間層が没落すると、国民の同質性が失われるので、民主主義が成り立たなくなるのではないかと思うのです。

白井 ご本を読んで、この指摘はすごく重要だと思うと同時に、新鮮な論じ方だと感じました。おそらく、水野さんの民主主義の定義はカール・シュミットを参考にしていると思うんです。シュミットは、民主主義は同質性を前提とすると言った。ほとんどの読み手は、シュミットの言う同質性を、民族的な同質性として読んできたと思います。水野さんは、それを経済的な同質性として読んでいる。昨今、熟議民主主義の議論が盛んですが、それは最低限の同質性がなければ成り立ちようがないことを示唆する議論です。

水野 日本の金融資産ゼロ世帯を見ると、七〇年代半ばから八〇年代後半にかけての十数年はおおむね三〜五パーセント

日本の富裕層(上位5%)の所得が国民総所得に占める割合

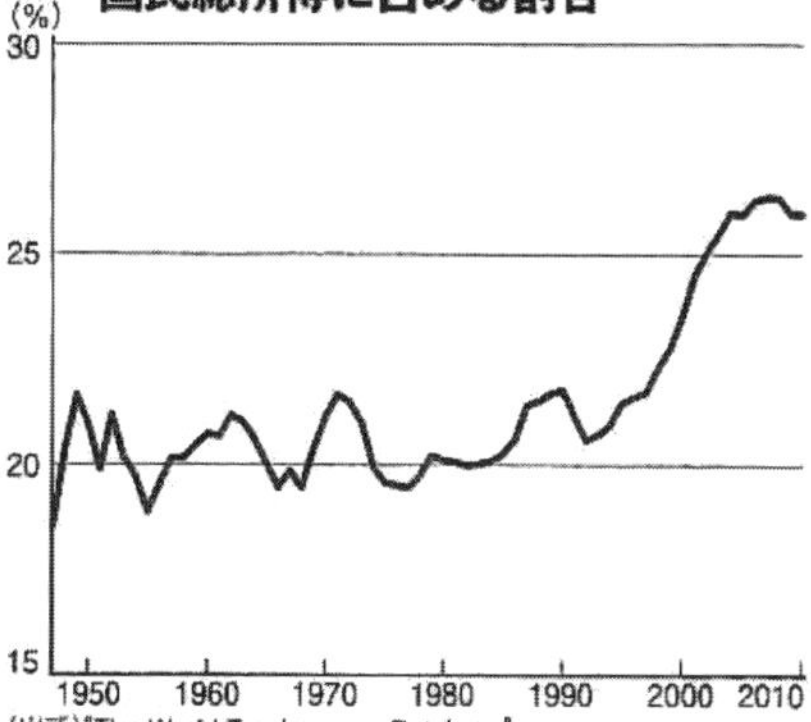

(出所)"The World Top Incomes Database"

で推移していたんです。ところが、いまや三世帯に一世帯が金融資産ゼロという状況になってしまった。彼らにとってはなんのための国家なのかという話になるんです。

一方で、前頁の図が示すように、ごく一部の富裕層の所得の国民総所得におけるシェアが増加してきている。日本の上位五パーセントの所得シェアの推移をまとめたものなのですが、九〇年代以降は急上昇しています。

白井　確かに、八〇年代までは、同じ国民の中では経済的な同質性を実現させようという、フォーディズム的な資本主義の発展の歴史があったわけです。その同質性をもとに議会制民主主義も機能してきた。二〇世紀後半の先進諸国は、国民国家の最も成熟した形態にまで達した社会だったと言えます。

ところが、資本主義が行き詰まり、国内の同質性の追求は放棄されてしまった。となると、それは国家のあり方そのものの変質につながると議論されている。この議論はアンソニー・ギデンズやロバート・ライシュの提唱した「第三の道」の破綻を論証するものです。彼らは、生産様式が変化した中で中間層を再建する方策を考案し、政府に採用されましたが、上手くいかなかった。水野さんのご本の中で「国家が資本の足手まといになっている」という記述がありましたが、これをより踏み込んで言うと、足手まといになっているのは国家というよりも、国民なのではないかと。

かつてマルクスは近代国家とは全ブルジョア階級の共同事務を処理する委員会だと言いましたが、まさにそのような状態が出現している。その国家にとって最大のお荷物はなんですかといったら、国民です。だから、国民国家の黄昏とは何かというと、国民と国家が分離する状態だと思うのです。つまり「国民なき国家」という状況になってきているんじゃないでしょうか。

水野 おっしゃるとおりで、現代のグローバル資本主義は中間層を没落させるという意味で、どんどん粗暴になってきています。これは、資本主義の「退化」とも言える出来事です。国王と結託したかたちの資本主義、一六世紀あたりの資本主義の姿に「先祖返り」を起こしているのです。

白井 同感です。そもそも、国家がなぜ多額の借金をすることができるかといえば、徴税権があるからです。言うまでもなく、税金は国民の労働を源泉としています。つまり、国家は国民の労働を担保に借金をしている。しかし、一方で、もうお荷物だから、国民の面倒など見たくない。働けるだけ働かせて、面倒は見ない。つまるところ、国家の借金は国民の借金であり、国民の未来の労働が借金のカタにとられたということです。いまや国民は債務奴隷なのです。

水野 ブラック企業どころか、ブラック国家です。

白井 株価は上昇しても、賃金が上がらず、労働時間も減らない。しかも不安定な非正規雇用だけが増えている。これは、完全にブラック国家ですよ。非常に皮肉な話ですけども、資本主義というのは奴隷制や身分制を否定して、自由な主体として人々が労働や生産をするところから始まったのに、なんと資本主義の完成は、奴隷制の完成に帰結しつつある。現代はそういう状況にあるんじゃないかと見ているのです。

中間層が没落するとファシズムが台頭する

水野　資本主義の終焉を考えるときに、もうひとつ大事なことは、もはや多くの人々の中で、資本主義を支持するモチベーションがなくなってしまった、という点です。そういう意味でも、資本主義は危機に瀕している。

そして、国家が「国民なき国家」になっているとしたら、先祖返りしているのは資本主義だけじゃなく、民主主義もそうなのかもしれません。

白井　中間層が没落し、同質性が壊されていく。同質性が壊れたところで無理やり民主主義をやろうとすると、どうなるか。これはファシズムになるんだと思うんですね。

水野　同質性のない人々を束ねるためには、ファシズムが台頭してこざるをえないと。

白井　はい。誰かを排除する身振りによって同質性を捏造するのです。ナチスが台頭したときというのは、まさに没落する中産階級が一番の支持基盤となって、ナチズムのイデオロギーが受け入れられていったという流れでした。翻って最近の日本を見ると、同様の構図が見て取れます。在特会（在日特権を許さない会）の跋扈《ばっこ》など、「モップの支配」（ハンナ・アレント）そのものでしょう。彼らは自分たちの活動が為政者から暗に推奨されていることを知っている。アベノミクスならぬアベノクラシーについて考えなきゃいけません。

水野　そのとおりだと思います。

白井　そんな情勢だからこそ、ゾッとしたのが安倍首相のダボス会議での発言です。「一〇〇年前、英独の経済は大きな相互依存関係にあったが、それでも第一次世界大戦が起きた」と発言したでしょう。情勢分析として正しいがゆえに、一国の首相があいう発言をしたことは非常に危険です。中国側はこう受け止めたでしょう。「日中の衝突が不可避だと日本の中枢は考えている、であれば、その準備が必要だ」と。

水野　中国は当然、そう思ったでしょう。そうならないように努力するのが政治や外交の役割だというのに呆れるばかりです。ところで、日米同盟があるから日中衝突は避けられると考える人もいますが、白井さんはどのように見ていらっしゃいますか。

白井　実は今まさに、日米同盟についても、アメリカは日本を「お払い箱」にしようとする気配があります。というのは、対中戦争のリスクが日に日に現実味を帯びてきているような状況で、アメリカとしてはそんなものには巻き込まれたくないわけです。でも万一、日中衝突が起きてアメリカが無視を決め込んだりしたら、アメリカの他の同盟諸国にも激震が走ります。じゃあどうするか。あらかじめ、国際世論を仕立てておくのですよ、日本はまともな国ではないと。第二次世界大戦の反省もない「おかしな国」なのだから、いざとなったときに助けてもらえないのもしかたがないという雰囲気を作っておこうと考えるはずです。

水野　なるほど。

白井　問題発言を繰り返す日本国内の歴史修正主義者たちは、日本をデモナイズ（悪魔化）する国際世論作りに加担しているようなものですよ。しかし、歴史修正主義よりも根が深い問題は、日本異質論が海外から出てくることです。先日、突然、キャロライン・ケネディ駐日大使がツイッターで和歌山県太地町のイルカ漁を非難した。あの唐突な発言に、どこまで政治的な意図があったかはわかりませんが、潜在的にたいへん危険です。政治の問題と違って、文明観、自然観の対立となった場合、それは非和解的なものとなります。

アメリカの次に中国が覇権を握るのか？

白井　いずれにしろ、日中の経済的な力がGDPでいえば逆転し、米中の力も差が縮まってきた。さて、こうなると次なる世界の覇権国は、やはり中国なのか、ということが議論の的になります。もう二〇年以上前のことですが、アメリカの歴史社会学者ウォーラーステインは「次は日本だ」と言い、見事にはずれました。

水野　日本は経済的な意味で、主権国家として成立しているかどうかも怪しい。そんな国が、世界の覇権を握れるわけがありませんから、振り返れば、もはや笑い話ですね。いや、でも日本人自身が、世界第二位の経済大国だと驕っていたわけですから、ウォーラーステインの間違いを笑っている場合ではありません。

白井　冷戦構造が続き、アメリカの保護下にあったからこそ、第二次世界大戦に負けたにもかかわらず、日本の経済大国は成功した、ということを日本人自身が直視できていません。敗戦した事実からすら日本人は目をそむけてしまっている。

水野　そのことをお書きになった白井さんの『永続敗戦論』（太田出版）を私も読み、大きな衝撃を受けました。「敗戦を否認しているがゆえに、際限のない対米従属を続けなければならず、深い対米従属を続けている限り、敗戦を否認し続けることができる」と書いていらっしゃいますね。

白井　経済的な繁栄が、敗戦の事実を否認する構造を完成させたのだと思います。その一方で、アメリカへの従属も続きます。経済の世界でも日本の従属構造ははっきりしているわけですよね？

水野　一九八五年のプラザ合意しかり、現在のTPP（環太平洋経済連携協定）交渉しかりですよ。

いまや安倍首相のスピーチ・ライターになり、「影の総理」ではないかとも言われる谷口智彦さんはかつて『通貨燃ゆ』（日経ビジネス人文庫）の中で、日本のバブルについても米国追従と切り離せないと言っていました。冷戦末期のアメリカは軍事費の増大による財政赤字に悩まされており、日本のバブルは、その赤字をファイナンスするためのものだったと。ザ・セイホをはじめ、日本の機関投資家のマネーは米ドル債購入によってアメリカに流れていったわけです。だから、冷戦が終わってしまえば、日本の投資家なんてお払い箱で、事実、冷戦終結とともにバブルは弾けました。

白井　なるほど。レーガン政権の軍拡にファイナンスすることで、自分たちの繁栄を支えてきた冷戦構造をわざわざ壊してしまったのですから、無残な限りです。覇権変動に関する議論に戻りますが、水野さんは今回の新刊の中で、実に重要な指摘をなさっている。アメリカの次に、中国が覇権を握るわけではない、と。

水野　中国が覇権国になるとは考えられません。成長率はそれなりに高くとも、中国は過剰な生産設備という大問題を抱えている。その過剰な生産を消費できる所が、世界中にほとんど残っていない。もう需要がないとわかった瞬間に、世界中からの投資が集まった中国のバブルは破裂するわけです。となれば、世界中がデフレ化します。資本主義の終焉です。

白井　そして、アメリカの次に覇権を握る国は現れてこないのだと。これは非常に重要な指摘です。

水野　覇権国とは何か、というところから話せば、私は近代的な覇権国には、二つの経済的な条件が必要だと考えています。

一つは、資本を集める能力です。一七世紀のオランダ、一八世紀以降のイギリス、二〇世紀のアメリカと推移してきた覇権国の金利を見ると、それぞれ絶頂期には金利が非常に低い。金利が低いというのは、世界中から資本を集める能力に長けていて、十分資本を蓄積できた結果、起きることです。

現在のことを言えば、中国など新興国に資本は集まってきていましたが、あれはアメリカの量的緩和のせいで行き場のないマネーが流れ込んでいただけです。アメリカが量的緩和を縮小すると言っただけで、資本は引き上げられてしまう。市場は大荒れです。

そして覇権国の条件として、もう一つ挙げたいのは、資源価格を低くコントロールする能力です。産油国の資源ナショナリズムが勃興し、オイル・ショックが起きた後も、原油を先物取引の対象にすることで、アメリカは資源価格をコントロールしてきました。しかし、グローバル化が進み、新興国も工業化することで需要は膨らみ、しかも量的緩和によって流れ込んだマネーで、価格は高騰するばかりです。だから、二つめの能力はもうアメリカにありません。いや、アメリカだけでなく、中国であれ、どこの国であれ、資源価格をコントロールすることはできないのです。

白井　もう近代的な覇権国は成り立たないんですね。近代という枠組み自体が壊れてしまった以上、一七世紀オランダから続いていた覇権の変遷の歴史も終わる、近代資本主義はもう終わるから同じような歴史の繰り返しはないということですね。

定常状態が豊かさを取り戻す道

水野　だからこそ、次の時代の準備をしなければならないのに、ゼロ金利の先進国ですら、量的緩和政策などで、近代を延命させようとしています。近代を延命させる成長主義はバブルを生み出すだけですから、逆に近代の死、資本主義の死を早めてしまうんです。

白井　成長を前提とする近代経済学に対して、水野さんが根源的な批判を繰り返してきた論拠は、ここにありますよね。つまり、水野理論の最大のポイントは、資本主義が駆動するためには、「自然からの贈与」の必要性を論証していることだと思います。近代資本主義で言えば、自然からの贈与とはずばり石油です。石油をタダ同然で手に入れられたからこそ、先進国はオイルショックまで成長を謳歌できたとおっしゃっている。しかし、その「贈与」はもはやない。主流派の経済学は等価交換の世界を描き出し、そこからはみ出すものをたかだか「外部性」としか位置づけできません。実際は、等価交換の世界が等価交換ならざるものの上に乗っかっていることを水野理論は明らかにしました。

しかし、依然として「成長教」はとどまる気配はありません。そういう現状を見ると絶望的になりますが、水野さんはその中でも今後の展望をなんとか描き出そうとしています。そのポイントは何かというと、「余剰の収奪がない」ということだと思うのです。封建制と資本制はシステムこそ違いますが、「余剰の収奪」という点ではモデルチェンジにすぎませんでした。

しかし、水野さんが主張している今後のあるべき経済社会の「定常状態」というのは、「余剰の収奪がない」状態ですよね。

水野　そのとおりです。定常状態は、すなわちゼロ成長ですから、純投資をしないということになります。純投資をしないということは、余剰を使って拡大再生産をしないんですね。イメージしやすくいえば、これはある意味で、豊かな時代の家計に近い状態です。身の回りにモノが溢れている時代において家計は将来を心配せずに消費を行います。正常なあり方ですよね。無理に利潤を上げたり、ストックを増やしたりする必要がない状態です。それが私のイメージする定常状態です。

白井　その考え方には、どこかジョルジュ・バタイユの気配を感じます。バタイユは、資本主義というのは余剰を上手く処理できない唯一の経済様式であるというふうに言っているんです。どの社会にも余剰はあるわけですね。その余剰にどう対処してきたかというと、未開社会などではポトラッチや祭りをやって蕩尽《とうじん》してしまう。そういうかたちで人類は余剰に対処してきたんだけれども、資本主義が特異なのは、余剰が出るとそれを拡大再生産に向けるんですね。

水野　はい、資本が自己増殖していくわけです。

白井　水野さんはそれにストップをかけようと言っていますが、ただ定常状態の社会であっても、余剰はどうしたって出ます。「今年は作りすぎた」みたいなことがあるわけです。だから定常状態を実現するためには、余剰が出たら、それを何がしかのかたちで「蕩尽」しないといけない。つまり贈与なのか自分で使うのかはわかりませんが、使い切ってしまうということが定常状態では重要になってくるのです。

これは豊かさを取り戻すことでもあると思うんですね。資本主義というのは、マックス・ウェーバーが分析したように、非常に禁欲的になって豊かさを断念しないといけないわけですから。

水野　禁欲であると同時に強欲ですよね。白井さんが今おっしゃった「蕩尽」とは正反対に、とにかく「蒐集」するのが資本主義の原理ですから。

白井　定常状態や脱成長というと、おそらく一般的には非常に後ろ向きの議論だと見なされやすい。それこそ禁欲的なイメージが強いと思うんです。でもバタイユを参照すれば、定常状態は決して禁欲的な社会ではなくて、余剰分は使い切ってしまう豊かさがあるということになる。

水野　確かに脱成長、ゼロ成長は非常に誤解されやすい言葉です。まずマイナス成長と同義だと思われてしまうのですが、マイナス成長は貧困社会ですから、違うんですね。そして、現在の粗暴な資本主義下では、成長を求めるとマイナス成長を呼びよせてしまう構造ができあがっています。

ゼロ成長を実現するには、財政、人口、エネルギーといった経済・社会政策だけでなく、それを支える哲学・思想が必要とされます。金融緩和や財政出動をすれば世の中よくなるという単純思考に比べてよっぽどチャレンジングなんです。

白井　その反論にたいへん勇気づけられた気がしました。いまや成長主義に固執することこそが反進歩主義にほかならないということですよね。

（構成・文＝斎藤哲也　２０１３年冬）

〈対話者〉中島　岳志

Ⅲ　「戦後レジーム」をどう終わらせるか

中島岳志（なかじま・たけし）

一九七五年、大阪府生まれ。政治学者、歴史学者。北海道大学大学院法学研究科准教授を経て、現在、東京工業大学リベラルアーツ研究教育院教授、週刊金曜日編集委員。専攻は南アジア地域研究、近代政治思想史。著書に『「リベラル保守」宣言』（新潮社）、『血盟団事件』（文藝春秋）、『岩波茂雄　リベラル・ナショナリストの肖像』（岩波書店）、『アジア主義　その先の近代へ』（潮出版社→潮文庫）、『下中彌三郎　アジア主義から世界連邦運動へ』（平凡社）、『親鸞と日本主義』（新潮選書）、『世界が決壊するまえに言葉を紡ぐ』（金曜日）など。

辺野古移設、首相の靖国神社参拝、ＮＳＣ設置法と特定秘密保護法の成立……「戦後レジームからの脱却」を掲げる安倍政権は、対米従属の戦後レジームを皮肉にも、逆に強化している。だとすれば、日本はアジア諸国からの孤立をさらに深め、破局的な終焉を待つしかないのか——二人の気鋭の学者が語り合う。

中島　「戦後レジームからの脱却」を掲げた安倍内閣ですが、発足以来「戦後レジームの強化」をしているようにしか見えない。そんな中、昨年、白井さんが上梓された『永続敗戦論』が、広く読まれ、また、さまざまな反響を呼びました。今の日本を白井さんはどう見ていますか。

白井　普通に考えれば、「戦後レジーム」の核心は対米追従的な構造のことですよね。でも、現実は、「脱却」を唱えながら「強化」の方に進んでいる。（この矛盾を抱えたまま）「戦後レジームからの脱却」は歪《ゆが》んだ形で実現されると思います。

中島　ご著書で日本における対米従属という名の「永続敗戦」の継続は、「敗戦の否認」[1]と表裏一体だったという逆説を示されていますよね。米国に対しては敗戦国として従属し、しかし一方で戦前のアジアに対する支配的な構造を継続するだけでなくそれを強化していき、（米国との戦争には敗れたけれども）アジアとの戦争に敗戦したということは受け入れない。アジア諸国に対してはつねに否認してきた。その大きな矛盾が「日朝平壌《ピョンヤン》宣言」を巡って現れたというくだりは興味深く読みました[2]。今の特定秘密保護法の背景に米国があり、さらに集団的自衛権に日本が進んでいこうとする背景にも対米従属がある。一方でヘイトスピーチには「敗戦の否認」が現れています。

歴史観を共有する米中

白井　国際的な関係が変化した結果、もはや「敗戦の否認」をしきれなくなっているのにまだ否認し続けたい。そのため、今、軋轢《あつれき》が生じている。昨年末に安倍首相が靖国神社を参拝しましたが、安倍さんとしては気持ちよく参ったわけですよね。韓国には南スーダンで弾薬を提供して口を封じ、沖縄の普天間飛行場移設問題では仲《なか》井《い》眞《ま》弘多《ひろかず》知事を屈服させて「平成の琉球処分」にも成功。沖縄の問題を片付けたからには米国に文句は言わせない、と。

中島　基地問題では主体である沖縄よりも米国を優先しました。そしてそれとセットとして「敗戦の否認」という靖国参拝を行なう。まさにご著書で書かれたテーゼ通りのことが昨年末に起こった。一方、米国は靖国参拝に対して「失望」を表明しましたが、日本と中国が適度な緊張関係を保っていた方が米国にとってはいいんですよね。米国がもっとも望んでいないのは日中の同盟関係です。かつて英国がインド支配で行なったような「分割統治」で、日中の対立が高まれば高まるほど、米国の存在意義が増し、利益になる。ただし、それが軍事衝突までいくと困る。

白井　日米安保は日本を守るため、という虚構が崩れてしまいますから。

中島　しかも、歴史認識が問われれば、米国は日本と共同歩調などとれるわけがなく、中国と共に、日本に対する対抗軸をたてるわけですよね。日本は中国を含む連合国に敗戦したという事実を理解しなければいけない。

白井　自民党の保守政治家たちは、米国は何だかんだ言っても最後は日本の立場を理解してくれると思っているようですが、根本的に認識が甘いですよね。第二次世界大戦の帰結を考えれば、靖国や歴史修正主義の問題に関して価値観を共有しているのは日中ではなく米中なんです。

中島　さらに昨年は、米中の接近がはっきりと見てとれた年でした[3]。そもそも米国は二〇世紀におけるアジア戦略の中心に中国を置きました。なぜなら同じ連合国だから。(旧)ソ連の南下を阻止する防共線を中国との国境に置き、蒋介石を軸に信頼に基づくアジア外交を展開するつもりだった。米国にとって最大の誤算は一九四九年の中国の共産化です。そして、朝鮮半島の分断、北朝鮮の建国によって米国の戦略は崩れたわけですよね。その時に、たまたま都合のいい(対共産主義の)拠点として日本があった。つまり「棚から牡丹餅《ぼたもち》」で作られたにすぎない(日本が繁栄する)構造を日本人は抱きしめ続けてきた。そしてこの構造があたかもずっと続いていくかのように思っている愚かさ。中国が十分に対話できる対象となった現在、米国は当然の帰結として、政治的にも、経済的にも、その中心を中国へシフトしているのです。

白井　米国のアーミテージやジョセフ・ナイらジャパンハンドラーと言われる人たちは、「われわれは日本の側に立つ」と言いますよね。で、彼らと今のホワイトハウス（米国政府）との間には温度差がある。一〇月三日、日米安全保障協議委員会のために来日中のケリー国務長官とヘーゲル国防長官が千鳥ヶ淵戦没者墓苑を訪れましたよね。これは非常に計算された行動で、一つのメッセージだった。

中島　もう一つは、橋下徹大阪市長の「慰安婦発言」。あの時、米国は橋下市長に対して非常に強いプレッシャーをかけた。あれは、安倍さんや自民党に対する一種の見せしめですよね。同じような発言をしたら「こうなりますよ」と。でも、日本はそのことに気付かないかのように「秘密保護法」とか「集団的自衛権」とか、必死にプレゼントをあげている。米国も日本にはまだまだ都合のいい相手でいてほしいから、適当にあしらってつなぎ止めておくけど、本命は中国。そういったことを安倍さんはどこまで理解しているのか。そこを読み違えて、米国にストーカー化することが一番危ない。

白井　米国としては、日中が軍事衝突することは何としても避けたい。それでも日中が衝突した場合、米国はどう動くのでしょうか。戦後七〇年近く経っても東京や神奈川といった首都圏に多くの米軍基地が存在しています。その意味がだんだんとあるいは劇的な形で明らかになると思います。

中島　おっしゃる通りです。横田基地の制空権の問題は非常に重要で、端的に言えば、何かあればすぐに首都が抑えられ、日本は占領されるということ。日本は、首都の首根っこを抑えられている国だということです。この意味を考えなければならないと思います。

戦前と変わらない構造

中島　また、日米安保は「片務性」を前提にしてきました。日本が他国から攻められたら米国は助けるけれども、日本には米国の防護義務はない。で、安倍内閣が考えているのは、これを双務性にして、日本も米国を守る形、集団的自衛権に変えることです。それが対等のパートナーだという。これはおかしな話で、片務性の状況だけをとれば米国が不利ですが、その代わりに日本は、米軍基地のために土地を差し出し、地位協定で米軍に特権的な地位を与え、さらに年間一八〇〇億円を超える思いやり予算までつけてバーターにしている。米国との集団的安全保障体制を考えるのであれば、まずはこれら全部をなくさなければ不平等でしょう。それなのに安倍内閣は喜んで不平等条約を結ぼうとしています。

白井　米国内のさまざまな政治勢力がせめぎ合った結果、「米国の意思」というものが出てくるわけで、それも常に一枚岩ではない。その過程はブラックボックス。でもブラックボックスであるがゆえに、ある意味では何でも代入できる。だから、「これが米国の意思だよ」と巧妙に提示できた人間が日本国内では権力を持つという構造があります。実は戦前と変わらないのです。美濃部説（天皇機関説）が否定された時、昭和天皇は不快感を表していますが[4]、昭和天皇自身は立憲君主制の君主という自覚を持っていた。そこには責任回避的な側面もあるのですが、それでもやはり専制君主であってはならないという自覚はあって、そういう意味で、昭和天皇は積極的に自分の意思を明確にすることに一定の歯止めをかけていたと思うのです。とすると「天皇の意思」はわからない。ブラックボックスなわけですよね。だからそこを輔弼《ほひつ》していく。「天皇の意思」に何でも好き勝手に代入することができる。敗戦の結果、「天皇の意思」が、今度は「米国の意思」に変わったということです。いわば日本の国体の上位にワシントンがある。そういう意味で変わっていない。

相互過剰忖度の帰結

中島　僕は、安倍さんが目指している統治形態は、最終的には「忖度《そんたく》」だと思います。特定秘密保護法で言えば、最大の問題はこの忖度と自主規制です。どういうことかといえば、秘密保護法では何が秘密なのかがわからない。そこで、たとえばツイッターの発言で二、三人の逮捕者が出る。でもその発言自体に秘密が含まれているわけですから公表はされない。とすれば、なんで逮捕されたのかもわからないから、みんな怯《おび》えて、そこで忖度が拡がる。そしてみんなの中に萎縮と自主規制が入り込んでくる。これが権力にとっては最もローコストで、一番いい統治の形態です。

白井　自発的隷従ですね。日本はもともと過剰忖度社会ですが、秘密保護法は、それをさらに加速させます。さらにいうと同法の成立経緯自体が忖度に基づいている。米軍と自衛隊を一体的に運用するからには、米軍から機密管理の強化を要請される。でも、米国がこれこれこういう法律を作れと細かいところまで指示するわけじゃない。実際には日本の政治家や官僚が作るわけですから、「米国の意思」を忖度してうまく利用したということです。永続敗戦の「米国国体」という典型的な事例だと思います。

中島　さらに今は、相互過剰忖度になっています。佐藤優さんは、自身も標的になった検察の国策捜査は、司法権力の忖度によるもので、〝犯人〟がいないことが問題だと言っていますよね。忖度する具体的な中身がわからないまま忖度しあって、最終的には何が権力なのか見えなくなる状態が生まれると思います。それが一番危うい。この過剰忖度の空気のようなものが蔓延していくことを批評していかなければならないと思うのですが、そこが難しい。

武力衝突の可能性

白井　でも一方で、今、日本は米国に対する忖度の方向性を誤っているわけですよね。ソ連の崩壊で冷戦が終結した。で、仮想敵国がなくなると米国が支えてくれないから、代わりに中国をはめ込もうとする。まさに「冷戦脳」と僕は呼びたいのですが、だけども、そのゲームに米国は乗ってくれないわけですよね。独裁国家で人権も保障されない中国のことを米国は嫌っているし、敵視してくれるはずだと日本は期待する。でも、それは米国の国益なり、国策の主流と合致しなくなっている。他方、国内政治は明確に日本を「戦争のできる国」にしようと動いていますよね。秘密保護法は日本版NSC（国家安全保障会議）設置法とセットです。今は、集団的自衛権の問題を脇に置いたとしても、尖閣諸島においては偶発的な衝突が十分ありうる状況になってきている。中国がどう出るかにもよりますが、もし中国が本気で尖閣の実力支配を目指して行動を起こすならば、武力衝突の可能性もある。小競り合い程度のドンパチですめばいいけど、大きくなっていくと中国は中国における日本人、日本企業の資産を凍結すると思います。とすると、どうなっていくのか。

中島　二〇一〇年に尖閣諸島沖で日本の海上保安庁の巡視船と中国船籍が〝激突〟したようなことが起きたら、おそらく安倍内閣は強硬な対抗策をとるでしょう。そういった部分的な爆発は十分に考えられる。中国も国内世論をコントロールしきれていないから、何が起きるかわからない。もし何かが起きた時、ここで止めようというのではなく、むしろ日本も中国も、お互いに引き下がれないような状況に、世論がなっていますよね。

白井　そこでたとえば、軍事衝突ということになったら自衛隊員が最前線で命を落としかねない状況になるわけですけれども、では現場にいる自衛隊員が、ある種のブレーキになるかと言ったら、僕は逆だと思う。実際に戦争のできる体制になるための整備ができていく中で、士気を高めてしまう人もいると思う。単純な話で、たとえば学校の部活で練習ばかりで試合がなかったらつまらないですよね。一生懸命練習しているからには、試合（本番）がほしい。これが軍隊であれば、戦争という話だと思う。石破茂さんなんかは、「自民党内の若い議員を見ても、怖い」と八年前に日本の右傾化を批判していました[5]。彼自身は、まともな自分が中に入ってブレーキをかけなければならないという自己認識かもしれませんが、彼が現実政治の中で果たしている役割はむしろ、最近の「デモはテロ」発言にみられるようにこの一連の流れを促進している。

公明党の理屈も一緒ですよね。自民党を支えているという批判に対して、公明党ならびに創価学会の人たちは、「私たちがブレーキになっている」と言う。でも会員世帯は八二七万と言われる創価学会の組織票がなくなったら、自民党は選挙で勝てないはずですよね。結局ブレーキだと言いながら、その屋台骨を支えてしまっている。右傾化の流れのなかでは、こんなの馬鹿らしいと思っていたとしても、とりあえず自分も威勢がいいように振る舞わないといけない。そうでないと権力ソースに全く与《あずか》れないという状況も出てきていると思います。

中島　自民党と公明党の政策は真逆です。リスクを巡っては、自民は個人化、公明は社会化。価値観においては、自民はパターナル、公明はリベラルという。この二つの大きな軸をとっても真逆の政党と公明党はくっついている。公明党には二つの行動原理があると思うのですが、一つは純粋に「平和と福祉」の政策を重視したいということ。そしてもう一つは「与党性」。創価学会には戦時中、権力に弾圧された歴史があって[6]、それを避けるためにも、政治に着手しなければならなかった。さらに彼らにとって長年の懸念は池田大作会長（当時）の国会への証人喚問問題だった。これも阻止しなければならなかった。今はこの二つが完全に引き離された状態で、かつ与党性に足を置いている。結局、公明党は政策実現よりも、与党性を重視しているわけだからブレーキにはならない。今、秘かに進んでいるのは、公明党と創価学会の対立です。靖国神社に参拝する安倍政権なんかに票は入れないと創価学会の方が反旗を翻すべきなんです。

破滅へと向かう、のか

中島　世論の問題も問わなければいけません。靖国神社参拝に象徴されるような、懸念や反対を押し切って、場合によっては、盟友である菅義偉《すがよしひで》官房長官の助言すら聞かないで安倍さんが行動する背景には、「決断主義」があると思う。民主党政権時代には、大手メディアをはじめ、みんなが煽った「決められる政治」という問題。さまざまな事柄を簡単には決められないように制度設計するのが民主主義。二院制にしても、委員会の設置にしても、中身について議論を重ね、調整をしつつ、場合によってはずっと決まらないかもしれない。でも、その民主制のまどろっこしさに耐えきれなくなった状況が「決められる政治」という大合唱の背景にはあった。それが今、安倍さんの政治に直結しているといえる。ワイマール共和政を批判したカール・シュミットが言うように「決断主義」では、中身ではなく、決断すること自体が重要。ここに安倍さんが味をしめてしまった。この背景にあるわれわれの世論とは何か。そのことを反省しなければならないし、問わなければならないと思います。

白井　「失われた二〇年」で何が起きてきたかというと、政権交代もありながら、教育、雇用、司法制度などさまざまな分野で改革が行なわれましたが、結局は、最悪の選択肢ばかり選んできています。とすると、今後、対外関係においても最悪の選択が続くと考えるのが合理的ではないでしょうか。では、その最悪の選択とは何か。今年、来年と安倍内閣が続く場合、まず戦争の現実性を第一に考えるべきだし、もっと言えば、戦争後のことを考えた方がいいのではないかとすら思っています。米国からもはっきりと安倍政権は危ういと見なすシグナルが出てきている。結局、従来のレジームの悪いところを強化するようなことをやり続けた結果、自己破壊してしまうことになるのではないでしょうか。今、そういう道を歩んでいるように思えます。本当の意味で戦後レジームが終わりに近づいているという実感があるし、かつ本当の意味で、きちんと終わらせなければいけないと思っています。

1　精神分析学の用語としての「否認」は、本人がその事実を知覚しているけれども、それを認めてしまうと不安を引きおこすので認められないという無意識の働きをいう。

2　「そもそも『戦後』とは要するに、敗戦後の日本が敗戦の事実を無意識の彼方へと隠蔽しつつ、戦前の権力構造を相当程度温存したまま、近隣諸国との友好関係を上辺で取り繕いながら――言い換えれば、それをカネで買いながら――、「平和と繁栄」を享受してきた時代であった。この状態を承服しなかった唯一の近隣国が北朝鮮にほかならなかった」（『永続敗戦論』一一五ページ）

3　二〇一三年六月オバマ大統領と習近平主席の会談は、首都ではなくカリフォルニア州の保養地で、二日間食事を共にしながら話し合うという異例の形をとった。
4　一九三五年、貴族院本会議で菊池武夫議員が美濃部達吉氏の天皇機関説を「緩慢なる謀叛であり、明らかなる叛逆になる」として非難した。その時の昭和天皇の心中を、外交官出身で、戦後すぐ昭和天皇の御用掛（通訳）となった寺崎英成氏が『昭和天皇独白録・寺崎英成御用掛日記』（文藝春秋）で明らかにした。
5　二〇〇六年九月、『毎日新聞』（鳥取版）に石破茂元防衛庁長官談として「自民党内の若い議員を見ても、怖い。……国は戦中、言論統制により新聞など批判勢力を排除し、従わなければ『非国民』と斬り捨てた。なぜ同じことを繰り返すのか……」が掲載されたことが、ネットで話題になった。
6　創価学会は創立者の牧口常三郎初代会長と戸田城聖第二代会長（当時理事長）をはじめとする二一人の幹部が第二次大戦中、宗教思想の統制を図った政府に反対し、捕えられた。牧口会長は獄死。

課題はアジア主義と〝社会の体力〟米国型システムを直輸入し、構造改革を断行した結果がいまの日本だとすれば、われわれの課題は自ずと見えてくる。右、左のイデオロギーを超えてその課題に向かうことが、安倍政権への力強い批判となりうる――。二〇一四年、注目の両氏による白熱の議論の後半。

中島　「戦後を認識の上で終わらせなければいけない」という問題ですが、「永続敗戦」から脱却するためには、米国から距離を取り、アジアとの友好的な連帯関係を築くことで、その過程が日本の主体性の回復と一体化すると思う。昨年のシリアに対する国際社会の対応は、米国の国際社会における地位の低下、また国内の弱体化を顕在化させました。スーパーパワーが警察的役割を担った時代は終わり、世界は今、中国、インド、ラ米らが台頭し、ひしめき合う多元化に向かっている。ではその中で日本はどう振る舞うのか。

僕は、離米し、新しいアジア主義を実現することこそが現実的だと思っています。

白井　僕もそれが必要だと思います。その時、新しいアジア主義の実質となるものは何なのか。また、アジアに通底する価値をつくれるのか。欧米型の資本主義と結びついた世界観ではなく、何か別の構想が必要になると思います。少なくとも米国型システムを直輸入し、構造改革を推し進めた国では社会破壊が起こっている。

アジアに通底する価値

中島　たとえば、EU（欧州連合）という共同体構想は、ギリシャ財政危機などで「もう終わった」と言われますよね。でも、EUはなくなっていません。とりあえず残っていて、時に一致団結して米国に対抗したりする。元欧州委員会委員長のジャック・ドロールはEUをUFOならぬUPO（未確認政治物体）と言っていましたが、同僚の遠藤乾《えんどうけん》さんがその辺を『統合の終焉―EUの実像と論理』（岩波書店）で解き明かしています。ＥＥＣ（欧州経済共同体）から続く五〇年余の歴史の中で信頼が醸成されうるし、その経験値の中に何かが生まれうる素地があるということだと思う。またその背景にはヨーロッパとは何かという文明論的な問いがあり、根底にはキリスト教の価値観がある。では、共通の宗教がアジアにはあるのかといったら、バラバラですよね。しかし、差異を超えた「一なる価値」の共有を目指したのが一九世紀末から二〇世紀初頭のアジア主義だったと思うんです。日本はそこでアジアの連帯と言いながら、それを侵略に変えていきました。

僕は、あの戦争を「大東亜戦争」と呼ぶべきだと思っています。それはあの戦争が「聖戦」で「解放戦争」だったと言いたいわけではなくて、その侵略という誤謬を含む戦争で日本人は負けたということをどう引き受けるかが重要だと思うからです。それを「太平洋戦争」という言葉で語ることが「敗戦の否認」と直結している。まさに「永続敗戦」と「敗戦の否認」というパラダイム（認識の枠組み）にピッタリと当て嵌《は》まる都合のいい言葉だと思います。

白井　太平洋戦争という言葉によって米国だけに負けたというイメージになってしまいました。

中島　侵略という誤謬を含めて「大東亜戦争」という言葉を使わなければ、複雑なものを引き受けられない。そこから逃げてきたのが戦後です。戦前のアジア主義がいかに帝国主義に転化していったのか。その顛末を鋭く見つめ、日本の帝国主義を徹底的に反省することを通じて、アジア主義の価値の原石を掘り起こすことがこれからのアジアの枠組みを作る過程になる。

たとえば、岡倉天心[1]や大川周明[2]が目指したアジア的視座、同時期にインドではタゴールやガンディーが同様のことを言い、また、戦前の思想家や活動家たちが中国の孫文、韓国の金玉均《キムオッキュン》らと親交を深めるなど、そこで繰り広げられたアジアを巡る思想的な問いは終わっていないと思います。

白井 戦後、公式には、アジア主義は死んだことになっていますよね。しかし、日本が経済復興、経済成長していくなかで、アジアを、〝草刈り場〟にしていいと米国からお墨付きをもらいながら再進出していった。大川周明が育てた若い人たちも商社マンなどになってアジアで活躍したわけなんですよね。ここはとても両義的です。ある種の収奪をともないながらもしかし、発展を助けたいという志を持った人々もいました。漠然とですが、アジア独自の発展の途《みち》を見出すのだというイメージがあったのかもしれない。ところが九〇年代のアジア通貨危機の際、日本（の資本）は、マネーゲーム化した金融市場の中で欧米と一緒になってアジアを収奪し、利益をあげています。

主流派の社会科学にも似たような問題があります。西洋近代由来の概念を分析枠組みとして直にアジア社会に適用するから、「この国にはあがれない、これがない」という断罪に傾きがちになる。内在理解のためには別種の知の体系が必要なことに思い至らない。アジア通貨危機の際には、こうした「知の暴力」が現実の経済的力に転化して猛威をふるったわけです。「あいつらの社会はおかしいから資本を引き揚げよう」と。本当におかしいなら、そもそもなぜ投資していたんだ、と。

中島 竹内好《たけうちよしみ》[3]はアジア主義を三つの位相に分けています。一つ目が、石油資源の確保といった功利主義的なアジア主義。二つ目は、民間右翼が持ったような抵抗としてのアジア。欧米の帝国主義の圧迫に対し、アジアが連帯して抵抗する。三つ目に、リアルポリティクスを超えた思想としてのアジアがあり、岡倉天心が問うたようなアジア的な存在論、認識論によって西洋近代をどう乗り越えるのかという「近代の超克」にまで至る射程をもった思想的な課題があった。

そこで竹内はこう言います。

「(岡倉)天心と(宮崎)滔天《とうてん》は出会わなかった」と。岡倉天心は思想としてのアジア、宮崎滔天[4]は抵抗としてのアジアで、この二つがバラバラに存在し、いつの間にか、現実の政治、国家に飲み込まれたという構造。そして戦後に何が残ったかというと岸信介に代表されるような功利主義的なアジア主義だった。岸のアジア外交は、アジアと和解すると見せかけた「賠償」という名のアジア進出でした。彼はインドネシアの開発独裁体制と手を結び、日本のゼネコンを売り込んだ。賠償が支配関係と裏表の構造を持っていたということです。

白井　功利主義的なアジア主義は、思想的な基盤がないから結局は脆弱なものでしかない。たとえば、日本の財界はなぜ石原慎太郎氏を政治的に〝抹殺〟しないのか、僕には不思議でならないんです。一昨年の尖閣諸島購入表明後には、在中国の日系企業は直接的に多大な損失を出したし、不買運動も起きた。今回の安倍首相の靖国参拝も不買運動などに発展する可能性があります。これって商売という功利主義すらうまくいかなくなるということですよね。

中島　それも「敗戦の否認」に答えがあります。つまり、戦後の岸的な手法が今でもアジアで通用すると思っているが故に、石原氏のような強権的な物言いとアジアに対する支配的ビジネス関係が連続する。財界にとっては、アジア相手に一時的な損失を被っても、石原氏を擁護することが論理的に矛盾しない。

国民主権の外部化

中島　それからもう一つ、きちんと考えなければならないのがグローバル化という問題です。グローバル化という名の下での米国支配が今、ＴＰＰ（環太平洋戦略経済連携協定）で顕在化している。ＴＰＰの問題は民主主義が危機にさらされることにあります。民主主義の基礎は、主権者である国民が選挙を通じて、場合によっては団結して政治家に圧力をかけながら、自分たちの要求を立法化という形で実現していくことにあります。でも、ＴＰＰを批准したらおそらく政治家はさまざまな問題でこう言うと思うんです。「そんなことを国会で立法化したらTＰＰで訴えられます」と。つまり主権の外部化が起こる。民主主義の制度基盤は国民国家の枠組みと密着して作られています。だからこの枠組みを超えたシステムに主権が移譲されると人民主権は解体されていく。グローバル化と国民主権という概念は非常に相性が悪いんですね。

白井　国民国家にもさまざまな問題はある。だけどもＩＭＦ（国際通貨基金）やＷＴＯ（世界貿易機関）のような機関に直接的に支配されるよりはマシということですよね。ＴＰＰの本質は企業権力の肥大化です。多国籍企業は米国を本拠としている場合が多いので米国の政策に見えるわけですが、実際、企業の利益が大多数の米国民の利益になっているか怪しい。そう考えると新しい世界は企業権力の削減、より正確に言うと、あらためて〝反独占資本〟を掲げなければならない。古典的標語ですけれど。かつそれは、今後の民主主義を構想するにあたって、イロハのイでなければならないでしょう。

中島　資本主義に対して最も歯止めとなるものが国民国家です。市場を中心とした経済活動で、非市場的価値をもった最大のプレイヤーが国家。富の再分配をしたり、取引に関税をかけたり、規制をかけたり、極めて非市場的行為を行なうわけですから。そこで国によって社会を安定させるためのさまざまな調整弁（制度）がある。これが重要。

でも僕が学生の頃、左派の先生たちに「国民国家が重要だ」という話をしたら「君は古くさい」と言われたんです。「これからはグローバル化の時代だ」と。九〇年代は左派の人たちが「規制緩和」とか「構造改革」とまで言っていた。

白井　おそらく丸山眞男や大塚久雄が展開した近代化論の言説が小泉改革的なものを後押ししかねない形で利用可能だったということですよね。彼らの論理を都合よく切り取って、恣意的に応用しようと思えばやれてしまう。規制緩和による既得権の打破は日本の封建遺制を解体し、近代化するために必要な手段なんだ、と。ソ連崩壊を受けてマルクス主義を忘れた結果と相まって、そういう無残なことになったのです。

中島　そういった九〇年代の総括とともに新しいパラダイムを作っていかなければならないと思います。僕は保守主義者ですが、結果的に出てくる政策的なビジョンは、近年の社民主義者とほとんど同じです。象徴的に言えば、レーニンを研究してきた白井さんと福田恆存《ふくだつねあり》[5]やエドマンド・バーク[6]に影響を受けた僕が、今回こんなに話しても、目指す社会の方向性がほとんど一緒だということ。この相反するように見えた思想が今もしぶとく残っていて、それが新自由主義やグローバル化と対峙《たいじ》するようになった。近代理性主義から脱却した新しい左派の論理と、社会の分厚さを重視してきた保守の論理が手を結べる時代がやってきたと思います。

レーニンとバークから

白井　これからのキーワードは「社会の体力」の維持、もしくは再生、そして増進ということだと思うんです。これは下からわき上がってくる民衆の力でもある。日本の高度経済成長を可能にした強みは、現場の力だった。製造業で言えば、現場の労働者たちの良い仕事をしたいという内発的意思や高い職業倫理が日本製品の高い品質を支え、それが物作りにおける強みだった。こうした人々の内発的意思こそが社会の体力の根源だと僕は思います。けれどもこの二〇年間は、グローバル化の名の下に社会の本当の力を壊すようなことばかりをやってきている。コンプライアンス（法令遵守）などという形式主義など、その典型です。形ばかりをとりつくろうために労力が浪費されて、内容はどうでもよくなった。現場は疲弊し、もしかしたらもう体力が残っていないかもしれない。それが一番怖い。

中島　みんな自分の場所で自分の果たすべき役割がある。そのトポス（場所）がどんどん失われている時代です。非正規雇用が典型ですが、あなたでなくてもいい、AさんでもBさんでもCさんでもいいですよ、と代替可能性を突きつけられれば、高い職業倫理なんて生まれようもない。残念ながら日本はもう経済成長はしないんです。とすると成長モデルではなく、成熟モデルを求めていかなければいけない。企業であれば、拡大することが価値であった時代は終わり、場合によっては縮小しながらも継続することに意味がある。そういった別の価値を見出し、転換していかなければならない。

白井　同時に、社会の体力の本質とは何であるのかを僕たちは提示していかなければならないし、そのことが安倍政権への批判にもなると思います。単なる政治勢力の組み替えといった政局の問題ではなく、思想的に大きな分岐点に立っている。安倍政権が目指している方向性はもう終わっているということを突きつける論理が問われている。それを、右、左のイデオロギーを超えてやらなければいけない。昔の枠組みにしがみついてばかりいたらネオリベ勢力を利するばかりになります。安倍的なものに抵抗するには、地道に社会を分厚くすることが課題でしょうね。レーニンから言っても、バークから言ってもそれを新年の希望としたい。革命後のレーニンが「勉強して、勉強して、勉強しろ」と言っていたのは、「社会の体力」を増進せよ、ということだったのですよ（笑）。

中島　これがもし冷戦時代だったら、（僕たち）立場上はいがみ合っていたんでしょうね（笑）。

1　岡倉天心　一八六二〜一九一三年。米国人教師フェノロサの日本美術研究を手助けしたことから明治期の美術の指導者への道を歩む。インドに滞在し『東洋の目覚め』を執筆、ボストン美術館の顧問（後、部長）を務めるなど海外でも活動。

2　大川周明　一八八六〜一九五七年。大学でインド哲学を学び植民地としてのインドに関心を持つ。満鉄に入社し、東亜経済調査局を経て拓殖大学教授。一九一九年、北一輝と国家改造のために猶存社を、二五年、三二年には行地社、神武会を組織する。

3　竹内好　一九一〇〜一九七七年。文学者。魯迅の翻訳や評論などで言論界に影響を与える、野間宏らと国民文学論争を展開したり、安保条約の強行採決に反対して東京都立大学を辞職したことでも知られる。

4　宮崎滔天　一八七一〜一九二二年。辛亥革命の日本における協力者。『三十三年之夢』で孫文を世に知らしめた。浪花節語りでもあった。

5　福田恆存　一九一二〜一九九四年。評論家、劇作家。シェイクスピアの全訳や多数の戯曲を手がけただけでなく、『近代の宿命』『一匹と九十九匹と』『人間・この劇的なるもの』などの評論を発表し、保守派の精神的支柱となる。

6　エドマンド・バーク　一七二九〜一七九七年。近代保守思想の祖と言われる英国の哲学者。フランス革命に対して否定的な態度をとったことで知られる。

（2014年1月10日、17日）

Ⅳ 「戦後」を動かぬ日本に問う

〈対話者〉中村 文則

中村文則（なかむら・ふみのり）
一九七七年、愛知県生まれ。福島大学卒業。二〇〇二年「銃」で新潮新人賞を受賞しデビュー。〇四年『遮光』で野間文芸新人賞、〇五年「土の中の子供」で芥川賞、一〇年『掏摸』で大江健三郎賞を受賞。その他の著書に『最後の命』『何もかも憂鬱な夜に』『去年の冬、きみと別れ』『A』など。『掏摸』の英訳版が米紙ウォール・ストリート・ジャーナルの二〇一二年ベスト10小説に、『悪と仮面のルール』の英訳版が同紙の二〇一三年ベストミステリー10作品に選出される。また二〇一四年、ノワール小説の分野に貢献した作家に贈られるアメリカの文学賞「デイビッド・グーディス賞」を日本人として初めて受賞した。

政治を語れない若い世代

中村　はじめまして。いつか白井さんにお目にかかってお話ができたらと願っていました。今回はありがとうございます。僕が最初に白井さんに興味を持ったのは、あるテレビ番組を見ていたら、そこに政治を語る若い人がいたわけです。また嫌中、嫌韓をあおる人気取りの評論家みたいな人だったら嫌だなと思っていたら、全然違って、その人は堂々と安倍政権の批判を始めた。特に、安倍政権が戦後レジームの脱却と言いながら、じつは戦後レジームの強化をしているのだという主張に、僕はものすごく共感を覚えまして。

白井　そういうことを言う人は、僕らの世代では非常に少数派なようで、孤独を感じることもあります。

中村　そう、少ないですね。だから、僕は嬉しくなって調べてみたら、あの『永続敗戦論』の作者で、しかも僕と同い年ということがわかって、ぜひお会いしたいと。

白井　ありがとうございます。今度新刊で出る中村さんの『教団X』を読ませていただきましたが、とくに政治的な部分、あるいは社会空間のとらえ方など、僕がずっと考えてきたことと共通するものが多いなと感じました。

僕らは三〇代ですけど、同世代の人たちについて感じる違和感は、本当の意味での政治の話をしない、大文字の権力について語ることに異常なまでに禁欲的であるということです。僕の『永続敗戦論』も書店のデータによれば、読んでいる人の九七％が五〇代から六〇代の男性だそうです。これは僕の力不足なのかもしれないけれど、若い世代になかなか伝わっていない（苦笑）。

中村　そう、僕らと同じようなことを言っている三〇代が他に誰がいるのかというと、僕もそんなに頭に浮かばない。

白井　「これからの日本の若い世代はどうする」みたいなゆるいテーマで、若い人たちの討論会のTV番組に出たことがあります。収録の日の直前に特定秘密保護法が通ったばかりだというのに、誰も話題にしない。だから、僕はちょっと頭にきて、なんでそれについて話さないのかと問題提起したんですね。だけど、それに対して誰もちゃんと反応しないわけです。こういう大文字の政治問題について語るのはダサいと思っているのかなんだか知りませんけど、もしそうなら下放でも食らって国家権力の何たるかを学んでもらった方がいいですね。幸か不幸か現代日本に下放制度はないんで、学習機会がありません。でもね、自分が下放を食らう可能性がないからといって、そういう国家権力の働きを考えなくていいと思い込んでいるのは、想像力の貧困ですよ。今現在の三〇代くらいの人間は下放ならぬ徴兵制から逃れられるかもしれませんが、いまの二〇代や一〇代は、経済的徴兵制を食らう可能性が現実味を帯びています。

いまそんな世の中になっているのに、カメラを向けられて「ニッポン、キラキラ」みたいなことをのたまう奴は、公共の電波に乗せちゃいけないんですね、本当は。さらに言えば、権力の核心部分に対してこいつは何も言わないだろうなとメディア関係者から見られているから、つまり、安全牌だとみくびられているから出番をもらっているという事実についても、考える気がないのでしょう。

中村　その意味では孤独ですが、今日はじっくり話しましょう（笑）。

オウム事件の衝撃

白井　『教団X』を読んで、まず僕が中村さんを同時代人だなと思ったのはオウム事件の衝撃です。それが濃厚にこの作品に出ていると感じました。僕は正直なところ、結局あれって何だったんだろうと、いまだに消化できない部分がある。あの事件が起きたのは僕が一七歳ぐらいの時かな。

中村　僕らが高校生のころですね。

白井　そう、高校二年生ぐらいですね。もう少し年がいっていたら、より皮膚感覚でわかったかもしれないとも思う。例えば大塚英志さんは、あれはサブカルの連合赤軍事件だと言っている。確かにそういう感じもしなくはないけれど、サブカルの連合赤軍って何だと、やっぱり僕には感覚的に理解できないところがあるんです。そう言われればそうなのねと思うけれど、皮膚感覚では理解できない。共感できる可能性が感じられないのです。中村さんはどうでしたか？

中村　僕は理解しちゃったんです。

白井　しちゃいましたか（笑）。

中村　高校生のときに、ものすごく鬱々としていたんです。あのときに、社会から逸脱した人たちが日本の国の論理とは全く違うグループをつくり上げていたということにものすごい衝撃を受けました。彼らが地下鉄サリン事件とか起こしていなかったら、もしかしたら自分もそこに引っ張られていたかもしれない。

なぜかといえば、基本的に僕は社会に憎悪を抱いていたから。集団で世界を憎悪してやろうぜという、一体感のようなものに魅せられたんだと思う。だけど、僕は、そのころはもう既に文学を読んでいたので、自分の場所は本を開けばそこにあったんですよ。だから行かなかったけれど、その衝撃はやはり大きかったですね。そういうことがあって、宗教についてはずっと書きたいと思っていました。でも、オウムそのものについて書くと文化論になってしまうので、小説として自分なりに考えなきゃいけないと構想を練っていたんです。

宗教のことをやれば、結局、今の世界にあるいろいろな宗教の原理主義者・過激派というものに考えが及ぶ。ということは、日本の靖国は避けて通れないと思い至り、ああ、長くなるなと思いながらこの作品を書いたというのが流れです。

白井　なるほど。今のお話を聞いていて、おもしろいなというか、ある意味嫌な感じの話なんですが、冷戦が崩壊してから約五年後に日本ではオウム事件が起きた。で、今、世界を見渡してみると、リーマンショックから約五年でイスラム国なんですね。これに僕は奇妙な符合を感じているんです。そもそもイスラム教徒でも何でもなかったのに、イスラム国にでも行くっきゃねえと思う人が、先進欧米諸国からも出てきているわけですが、これは皮膚感覚でわかりますね。だって、リーマンショックの直後に、オバマ大統領が「チェンジ」をスローガンにものすごい期待を集めてホワイトハウスに入るわけだけど、本質的にはチェンジと呼ぶに値することは何にもできていない。むしろ、アメリカ社会の崩壊は加速しているように見える。この空虚感というか、絶望感は軽くないのでしょう。もう、制度内で何をやっても無駄だという気持ちになる。だったら、無差別テロでも何でもやっちまえという空気が出てきてもおかしくないだろうなと。

中村　今日本に昔のオウムみたいなものがあって、その思想がとても気持ちがよければ、飛びつく人も多いかもしれないけど、不況のときは宗教は日本であまり盛り上がらないのですよ。現世御利益を説き難いから。

白井　でも、どうでしょうね。日本の場合の文脈だと、オウム的なものが長期のデフレと三・一一によって社会不安を経て、日本国家全体に拡大したというふうに見ることもできるんじゃないですか。オウムがサブカルの連合赤軍、つまりサブカル的な意匠をまとった社会変革の幻想への耽溺だったとすれば、いまの右傾化はナショナリズムの意匠をまとって「左翼に汚染されていない清潔な日本」という幻想に耽溺しようとする運動に見えます。

中村　ああ、それは言える。そもそも今の日本の政治って漫画ですものね。

白井　漫画ですよ。「マックス・ウェーバーはサヨクだ！」と自信満々で叫ぶ人が国会議員でいられるんですからね。

中村　この対談の前、僕、一カ月間アメリカに行っていたんですよ。で、帰ってきたら、解散総選挙だって。何が何だかわからない。慌ててネットをぱーっと見たんだけれど、いくら読んでも、何一つ理解できない。佐藤内閣の真似とか、財務省との確執とか、意味不明な論理しか見えてこない。財政再建が急務なのに、六百億を超える税金がこの選挙で使われる。この対談が世に出るころにはもう結果が出ているんだろうけど、こういう漫画的な展開にはとてもついていけない。

白井　でも、なかなか知恵者ですよ。二〇一五年はとんでもないことを次々やるぞという話です。だから来年は解散などできるわけがない。アベノミクスのメッキもはがれかけてきたし。支持率がまだもっていて敵も陣形が整わないうちにやっちまえという判断は、政局的には大変正しい。

中村　このまま今の流れが続ければ、日本は回復不能なところに行ってしまうと思います。

白井　同感です。それなのに僕らの世代をはじめ、本当に日本人は危機意識が薄いですね。

うっすらと日本を覆う感情劣化

中村　今、右派、左派といっても、明確に説明しにくいですよね。例えば原発問題にしても、本来右派であったならば、日本の土地は神の土地になるわけです。その神の土地を汚した、つまり東京電力が汚染したんだから、本来右派と名乗る人たちは、東京電力や原発を糾弾すべきなのに、なぜか原発推進になっている。

　白井さんの『永続敗戦論』を読んで、親米保守という言葉をみんな深く検討してこなかったのだなとあらためて思いました。この本では、非常に強い言葉で、アメリカの力を借りて自分たちのナショナリズムの気持ちを高揚していることを批難している。沖縄に関しても、日本の土地にほかの国の基地があることに関して、本来は保守が怒るべきところを、反対運動をしているのは左派と呼ばれる人たちです。そういうねじれ現象が起きていることを白井さんも鋭くついていますね。親米だけならわかるけれど、そこに保守がつくからややこしくなるんだと思います。

　靖国の問題にしても、アメリカにちょっと否定的に言われると、日本としてはどう対処していいかわからなくて、とりあえず今のアメリカが民主党だから否定的に言うんじゃないかとか理由をつけたり、時には事実を歪曲させて議論を停止させてしまう。そう考えると、要は、感情の問題なのかなとも思うんですけどね。

白井　最近宮台真司さんが、今起きている問題は何なのかといえば、「感情の劣化」だという話をしていて、僕はそのとおりだなと思いました。歴史修正主義的なナショナリズム、そういうネトウヨ的なものには、とにかく話が通じないわけです。こちらが論理的に議論を進めようとしたり、あるいは事実の誤認を指摘しても、それは捏造だとか、プロパガンダだと言って、最初から聞く耳を持たない。つまり、彼らには論理的説得は通じません。こういう状態は社会的病理だといえます。本来政治は、こうした病気を治し、発生源をなくすよう努力しなければならない。それなのに、今の政治は逆にこうした病理のエートスを燃え立たせ、それを権力基盤にしています。これは完全にファシズムの政治手法です。

中村　『教団X』を書いているとき、ドストエフスキーの言葉が浮かんだんですね。人間というのは、ある思想に感情的にからめとられると、論理でいくら言っても変わらなくて固まってしまう。彼らを変えるには、別の体験からの感情によってしか変えることはできないと。その言葉は、もろに今現在の状況をあらわしていますよね。

　例えば原発の問題って、ドストエフスキー理論でいえば、感情が揺さぶられている体験なんですよ、本来ならば。なのに、感情が揺さぶられているのに変わらない。一般の人たちの意識は変わっても、上のほうの人たちは何ひとつ変わっていない。

白井　おっしゃるとおり、原発事故の対応を見ても、あんなに怖い目に遭っても、それでも揺るぎなく続けたいと思えるらしい。官僚制組織のなかで長年生きていると、感情も死ぬんでしょうね。そういうことは、カフカなどがずっと前から指摘してたことだけど、それがどんなに恐ろしいことなのか、皮膚感覚でわからせられましたね。

中村　個人個人と話せば、「原発はやめたいよね」と言うけれど、全体に対していくと、揺るぎない。つまり、ドストエフスキーの理論は、団体、もっといえば官僚機構には通用しないということがわかった（笑）。それで小説の中ではいろいろ、官僚的なことをわざと多用して、あの手この手でその構造を書いてみたわけです。

敗北のごまかし

白井　靖国に関しても、小説の中で詳しく言及されていますね。右翼は靖国は日本人の伝統的精神の結晶だと思っているみたいだけど、本当はいいかげんなものです。存在そのものが日本の伝統に全然そぐわない。中村さんもお書きになっていたけれど、もともとは日本の宗教精神の多くが、戦いで負かされたほうの霊を神として崇め奉ることで祟りを避けるためのものです。

その原理からいえば、戊辰戦争の佐幕派、さらには西南戦争の西郷方の犠牲者も祀られているべきなのにそうではない。西郷に関しては、単なる賊臣として死んだというのはあんまりだというので、上野に祀るわけだけど、神としてではない。この頃はまだある種の日本の前近代的な感覚が生きていた。ところが、近代化していく中で、どんどんそういう古来の感覚が失われてきた。じゃあ、日本が本当に近代国家になったのかというと、なっていない。その矛盾の象徴のようなものが靖国であって、結局のところ、近代国家的な慰霊施設にもなりきれない。その原理は、突き詰めればとても卑屈なものであって、勝てば官軍で、勝った側だけ祀るということにすぎないのではないでしょうか。

でも、その原理を本当に貫くのなら、大東亜戦争で負けた側の日本の兵士は入れてもらえないはずでしょう。そこにすごいねじ曲げが起こっている。僕が戦後の日本はずっと敗戦を否認し続けていると言うのはそこなんです。あのだらしない敗戦の最高責任者であるA級戦犯まで入れてしまったのですから、あれは敗北のごまかしのシンボルのようなものですよね。

中村 靖国はまずは一八六九年に東京招魂社として創建され、その後靖国神社と社号を変えて社格を制定したもので、日本古来から存在する神社ではないです。

白井 ええ、そもそも靖国は、明治以降の大日本帝国の国家宗教の施設として出来たものであって、新しいんですよね。

中村 白井さんがおっしゃるように、靖国は英霊を祀る神社なんですよね。靖国の犠牲者はもちろん、空襲や原爆など戦争で亡くなった膨大な一般国民も合祀されていない。日清戦争直後までは、戦地で病死した軍人たちも合祀されなかった。今白井さんが言った明治維新のときに敵とされた旧幕府軍と反政府軍も合祀されていないけれど、政府側は合祀されています。つまり、明治維新後に、日本が急ピッチで国家というものをつくる、その流れで出てきたものです。

そして日清、日露戦争で膨大な人が死んでしまったので、これを正当化するために、靖国という機能がどんどん増大していったわけです。一般的に言われる靖国神社というところは、御霊を慰霊する、追悼するという、そういう生易しいものではなくて、英霊を顕彰するところですからね。顕彰というのは、功績を世間に知らせ、表彰するということ。そこで戦死者を神として祀るというものですね。遺族としては、自分の息子が神になり、天皇に参拝してもらえるというのは、ものすごく誉れな出来事となる。

周知のようにインドのパール判事の石碑だけを堂々と掲げていますから、靖国神社は東京裁判を否定しています。国際社会の総意とは真逆の思想です。それは僕、宗教の自由だからいいと思うんですよ。東京裁判が全て正しいとは僕も思ってない。でも、そこを国のトップが参拝するとなると、話が全く変わってくる。ちなみに、日本は敗戦した日に毎年全国戦没者追悼式を開いている。そこにはA級戦犯も含まれているのだけど、実は中国も韓国もその他の国も、それには一度も抗議していない。理由は戦没者を追悼している行為だからです。神として祀ってもいない。彼らは靖国神社に直接文句を言ってるわけでもなくて、靖国神社に国のトップが参拝していることに抗議をしているんです。そもそも東京裁判を否定的に見る靖国は、アメリカの意志とも当然反する。『永続敗戦論』にもあるように、そこを、A級戦犯を英霊として、神と祀る場所を国のトップが参拝することを国際社会に認めさせるということは、極端なことを言えば、もう一回戦争して認めさせるしか方法がなくなってきますよね。

白井　ええ、だから靖国で平和の祈りをしているのだからいいのだ云々という理屈はナンセンスなのです。本来は、靖国自身が「ウチの境内でそんなことを祈るのは許さない」と抗議すべきなのです。それが宗教の自由というものです。だけど、そんなこと言いませんね、彼らは。エライ政治家が来てくれれば無条件に嬉しいのでしょう。つまり、本当の意味での宗教者でもなんでもないということです。

「気持ちよさ」を駆逐する

白井　こういうわけで、一方では保守を自称する人が増えるなかで、一体何を保守するというのか、途轍もない混乱が起きています。僕が『永続敗戦論』を書くなかでたどり着いた一つの結論は、今、守るべきものは何なのかということを自分で確かめて、そこに確信を持たなきゃならない、ということでした。それを見つけなければ、何も始まらない。どうしようもない状況でも、それを見つけることができれば、きっと道は開けてくるだろうと思った。ところが、この本が出て一年以上経ち、少し怖さを感じ始めています。これはひょっとすると何にも見つからないのではないかと思うと暗澹とすることがある。

その意味で、文学者に対しては、その答えを何らかの形で提示してほしいなという期待があるのですが、中村さんはどういうことをお考えですか。

中村 それは僕もずっと書きながら考えていました。結論的に言えば、攻撃されるのを覚悟で、とりあえず理想というものを掲げようと思ったんです。それを松尾という人物に語らせた。その内容は、思いっ切り理想ですが、政治だけではなく、世界的な格差を生む多国籍企業の策略、あるいはアメリカなどの軍需産業、軍産複合体であるとか、批判対象は多岐にわたっています。

それと、僕が考えたのは、気持ちよさの駆逐です。結局、戦前の日本を支えていたのは、この気持ちよさじゃないかと。「天皇陛下万歳！」と激しく言ったら気持ちがいい。今の靖国にしろ、ネット右翼にしろ、やっぱり気持ちがいいからだと思うんですよ。あらゆる理論を遮断して感情で行くことには快楽がある。そういう全体主義的な快楽というものは、日本だけじゃない。そうした危険な気持ちよさを、この世界からできるだけ駆逐するための言論的な行動をとる。それが一応この本の結論ではありました。

白井 僕もガンジーの言葉を引いて、同じようなことをあとがきで書きました。「あなたがすることのほとんどは無意味であるが、それでもしなくてはならない。そうしたことをするのは、世界を変えるためではなく、世界によって自分が変えられないようにするためである」と。これは、理想が世の中で実現するかどうかなんぞという大それたことを考えるよりも先に、いまこの自分が腐った妥協をしていないかどうか、つねに内省せよということです。

中村 うん、どんなユートピア的な世界ができても、そこで舌を出すのが人間。完成形などないですよね。となると、どうしたらいいんだというところにまず立ち止まる。現実を今より少し良くするにはどうしたらいいか、その都度考える、その姿勢しかないと思う。

僕は、たぶんサルトルの影響だと思いますが、文学をやっていても、社会に対して自分の立場をはっきりさせなきゃいけないという気持ちでずっとやってきた。それでようやくこれを書いた。だから、書いた後の言動は、この作品を中心に物事を展開するようになっていきます。小説家って実はこういうことにタッチしなくてもいいんです。世の中とある程度距離を置いて小説を書く選択ももちろんある。そっちの方がリスクもないし、得です。でも僕はそれはできないんですよね……。書いた後も、現実問題に対応して僕なりの考え方を言わなければと思っているんです。

対米従属のねじれた本質

中村 例えば対米従属に関しても、僕は、アメリカとは仲よくしていくべきだと思うんですよ。でも、問題は、その仲よくの仕方です。集団的自衛権を行使して、アメリカを尖閣に巻き込むという議論がありますが、あれは非常に牧歌的な議論で、アメリカが助けてくれる保証などどこにもない。

白井　まさに平和ボケなんですよ。

中村　ええ。アメリカは日本の集団的自衛権を利用するだけ。利用して終わりです。といってアメリカと対等の立場になるために軍事力を持つというのも大きな間違いです。アメリカと本当に対等の軍事力を持つには、日本はまた国土を増やさなきゃいけなくなるから。だから、対米従属はある程度仕方がないと思うんですが、問題はその姿勢です。『永続敗戦論』に僕が非常に共感したのが、七〇年も放置している第二次世界大戦の総括をしなくてはいけないということ。それを踏まえた上で、中国や韓国とちゃんとつき合うところから始めないと、同じ対米従属でもえらい違いだと思うんですね。

白井　全くおっしゃるとおりです。『永続敗戦論』のテーマは、ざっくり言えば対米従属批判なんですが、対米従属そのものを批判しているんじゃない。正確に言えば、日本の対米従属の特殊性を批判しているわけです。

というのは、第二次世界大戦後って、ほとんどの国にとって、対米従属するか、対ソ従属するかのどちらかの選択だった。どっちもやらない手はあったけれど、それは負けを認めないということで、すなわち一旦は回避した本土決戦をやり直すことを意味します。だから、そうした困難な状況下で対米従属したということは、それなりの合理性のある選択だったと言えます。

じゃあ、日本の対米従属の特殊性って何なんでしょう。この場合の支配と従属は、基本的には国と国との関係ですから、あくまでビジネスライクに、アメリカは自分の得になるからそうしただけの話です。ところが、日本の受け取り方には、そこに温情主義が入っている。つまり、アメリカは日本を愛してくれているはずであるという妄想ですね。

これは、結局、僕は天皇制の話に行き着くと思うんです。戦前、戦中の天皇の位置が、アメリカに入れ替わったということです。天皇が日本国民を愛したように、アメリカは日本を愛してくれるはずである。そんなことはもちろんあり得ないのですが、その妄想は、冷戦構造においてはそこそこの妥当性があって、機能していた。

しかし、九〇年前後で冷戦構造は崩壊しているわけで、もう成り立ち得ない。もう二〇年以上、ある種、国が宙に浮いたような状態で存在している。これは驚くべきことですね。何でこの二〇年間もっているんだという。

中村　僕が小説の中心的な語り手である松尾の年齢をめちゃくちゃ上げなきゃいけなくなった理由、わかりますか？

白井　わかります、わかります（笑）。

中村　だって、上げないと、網羅できないんだもの。九〇何歳ですよ、松尾さん。計算したら、びっくりした。戦争から日米安保入れてやっていくと、この年齢になるんです。それぐらい日本はずっと今のままなわけですよ。それが成り立たなくなったときどうなるのか、非常に今、怖いですね。集団的自衛権の行方が、僕はものすごく怖いです。

白井　端的に言ってしまえば、あれは、どうやったら公然と戦争ができる国になれるかというところから逆算して考えていくと、一番合理的な手なんだろうと思う。本来なら憲法を変えなきゃいけない。それをずっと改憲派が画策してきたわけですが、これは、一回議題に乗せて失敗したら大ダメージになる。だから、やるとなったら絶対に勝てるという状況をつくらなきゃいけない。

中村　憲法改正をやろうというときは、政府側が調査をして、もう揺るぎないくらい必勝のときしかやらないでしょうね。憲法改正を国民に問う、という時は、つまりもう、事前の調査で変えられることがわかっている時。だから僕は、国民が実際にあれを選び直し、肯定するという行為は多分不可能なんじゃないかと思っています。

白井　支配層は最終的には変えたいんだろうと思うんですね。九六条に手をつけるなんて話も出てきましたが、あまりに評判が悪くて引っ込めた。となると、一番いい手は何かというと、現に戦争をしているじゃないかという既成事実を作ってしまえばいい。

中村　平和憲法を無効化すればいいと。

白井　そうそう。現実によって否定されれば、後はもう現実を追認すればいいだけのことです。満州事変や日中戦争の始まりと同じですね。といって、いきなり攻め込むわけにもいかないので、アメリカが主導する戦争に、半ばやむを得ずというような形をつくって突っ込んでいくという話だと思いますね。

中村 でも、そこで疑問が出てきます。アメリカのために死んだ自衛隊員を靖国に入れるんだろうか。これ、どうするつもりなんだろう。どういう理論で入れるのか。みんな困ることだと思いますよ。保守だって困る。

白井 前に内田樹さんとそのことを話したことがありますよ。内田さんは、アメリカの戦争で死んだ自衛隊員の靖国合祀が実現すれば、アメリカは靖国の存在に文句を言えなくなるはずだというのが政府の狙いじゃないかとおっしゃっていましたけどね。

中村 それはすごいな。でも僕は白井さんとは少し違う見方をしています。安倍政権は、戦争はしたいと思っていないと見ている。じゃあ、彼らは何をしたいのか。これは僕の勝手な感覚ですけど、まずは戦争をできる国にしたい。で、天皇を象徴という意味を少し超えて上に置いて、国民全部が家族というような道徳の、昔の戦前の雰囲気に戻したい。父親が天皇であって、その天皇を仲介する役が政治部であり、国民は子供たちであるという。右派からすれば、こうした何とも気持ちがいい空間をつくりたいんじゃないかと。そんな気持ちよさを彼らは求めていて、それが実現できる統治機構に憧れを抱いているんじゃないかと思う。

でも、それこそが僕はものすごく危険だと思っているんです。実際に第二次世界大戦でも、満州で陸軍が暴走しましたよね。あれも最初はみんな反対していたのに、国民は喝采しちゃったわけです。中国利権も、アメリカと一緒にやればいいという意見もあったのに、それを突っぱねて、暴走をした。それに国全体が巻き込まれたわけでしょう。しかも国民の熱狂ができ上がっているので、自分たちがつくった熱狂に引っ張られるという構図も出てくる。そもそもアメリカが利権を狙っていて援助もしていた中国とあのような形で戦争するなんて、アメリカから石油を止められるに決まっている。そのような流れを仕方なかった、あの頃の日本は間違ってなかったと反省もなく全肯定する論客は一流と言えるでしょうか。三百万人以上が死んだんです。あの気持ちがいいという空気の中で。

だから、戦争をしたいと思っていなくても、結果的にそうなる、と僕は見ているんです。空気をつくれば、その空気に全てが引っ張られる。彼らがいくら平和のための軍隊を持ちますと言っても、どこか戦前の気持ちよさと隣り合わせの空気がある限り、平和にはなり得ないと。現在の保守の人達も想定していなかった事態になりかねない。空気というのは本当に恐ろしいから。

「不能国家」の焦燥

白井　僕は、彼らの少なくとも一部は、やっぱり戦争したいと明確に思っているんだろうなというふうに見ていますね。戦争できる国になったからには、実際やっているという実績がないと立派じゃないだろうと。そんな極めて幼児的なエートスであって、そこに何も深いものはないと思います。

中村 確かに深いものはないでしょうね。

白井 もちろん口先ではいろいろ言います。世界の秩序がどうの、衰退するアメリカがどうの、東アジアの安定性がどうのと、もっともらしい理屈は幾らでも持ってこられるけれど、根本的なエートスは戦争をしてみたいと。

もちろん現場で死ぬのは違う人たちですから、これはたまったもんじゃないという話です。

中村 本当にたまったもんじゃないですよ。

白井 彼らの繰り出す一見もっともらしい理屈の背後にある、不合理な欲望、政治的かつ性的でもあるような衝動を読み取って暴露しないと、事柄の本質に迫れないと思います。なんでそんなに幼児的なのか。これ、やっぱり日本人の、特に男性が抱え込んでいるコンプレックスだと思いますね。軍事力を自主的に使えないというのは、彼らにしてみればいわば一種のインポテンツですよ。敗戦の結果として、そういうインポテンツな体制を受け入れざるを得なかったわけで、それを何とかして回復したい。どうやって回復するのかというと、そこでねじれが起きている。それはある種虎の威を借る狐であって、それこそアメリカというバイアグラを飲んで立たせるという話なんですよね。

中村 マゾヒストですね。

白井 だから憲法に対する改憲派の人たちの情念は大変暗いですね。今回の集団的自衛権行使の解釈改憲にしても、なぜそういう決定をしたんですかという問いに対する一番シンプルな答えは、アメリカがそうしろと言っているから、というものです。二〇年ぐらいアメリカはそう言い続けてきたのに、今まで事実上適当にあしらってきた。それを今回言うことをもっと聞きましょうということで決定した。どうしてそれが日本の自立という発想になるかといえば、これはアメリカに対するねじれた形の復讐なんですね。

どういうことかといえば、憲法九条は、まさに戦後日本がインポな国家であることの象徴ですね。かつ、これはアメリカの、占領軍の置き土産であるということがはっきりしている。親米保守の人たちにも、やはりどこか非常にねじれた形の反米主義がある。何といっても、これだけ這いつくばってアメリカのご機嫌をとるしかできない卑屈な自分のあり方にどこかで気づかざるを得ないですよね。

無意識の中にある反米的なエートス……しかし、怖くて言えない。逆らえない。所詮は傀儡政権で、アメリカの許可によって統治しているにすぎないわけです。そのときに、男性性を回復しなきゃいけないのにそれができないという憎悪をどこに向けるか。僕は性的暴力にも近いような形で憲法九条に向けたんだと思います。

中村　うーん、ねじれていますねえ。

白井　安倍さんが改憲解釈をやるうえでうまいのは、口先では戦後憲法を褒めていることです。戦後憲法の平和主義はすばらしいと。けれど、これがつくられた当時と現在では世界情勢が変わってきている。だから、この平和主義の理念をより有効に実現するために解釈改憲をするのである、というレトリックをつかっています。いきなり平和主義を否定したりしたら当然拒絶されますから、うまいやり方です。だけど、こういう戦術面での印象とは別次元の問題として、安倍さんの態度がとても気持ち悪い。

安倍さんという人は、戦後憲法にものすごい憎悪を持っていて、大嫌いなくせに、ものすごく褒めている。彼の言葉を聞いていると、まるで下手くそな官能小説を読まされている気分になるのです。典型的パターンがありますよね。男が女を暴力的に凌辱して、最初は女が嫌がっているんだけど、そのうちだんだん感じてよくなってくるというパターン。要するに、安倍さんの憲法九条に対する扱いは、アメリカが置いて去った小娘に対するレイプなんです。憲法を暴力的に壊しながら、「これでこの憲法の精神はもっとよく発揮されるんだ」と言っている。これが倒錯的なのは、アメリカが自分の娘を置き去りにしたことを忘れており、暴行を命じているのはほかならぬアメリカだということです。だからいくら力んでもちっともアメリカへの復讐にならない。念のためにいっておくと、こうした性格喩えを私が使うのはレトリックじゃありませんし、政治的意図によって事柄を殊更に醜く描こうとしているわけでもありません。安倍さんに代表されるような現代の自称保守の欲望の核心に、こうしたリビドーの動きがあるはずだ、と見ているからです。そうでなかったら、街頭でヘイトスピーチを大声で叫ぶなんて恥ずかしい振る舞いができるはずないですよ。リビドーに基づく衝動の強烈さがあるから、市民的常識をかなぐり捨てられるのです。

中村　僕はね、日本が集団的自衛権を行使して一番喜ぶのは、中国軍部だと思っているんですよ。軍備拡張の理由を常に与え続けることになりますから。日本がこういう姿勢でいればいるほど、中国は軍拡をしやすいし、尖閣にどんどん攻めやすい方向になる。だから、日本は安全保障上ものすごく危険なことをやっているんです。中国は一党独裁だけど、独裁者がいるわけじゃない。内部で権力闘争があるから、政府は世論を見ている。中国の世論が日本に好意的なら、日本に乱暴なことはし難くなる。本当に日本の平和を考えるのであれば、中国との関係をとにかく何とかしないといけない。それをやらない理由は、戦争可能な国にしたいから敵が要るということもあるだろうし、やっぱり根本的に中国嫌いというか、恨みがあるのかもしれない。

白井　直面したくないんだと思いますよ。アジア諸国に対して自分と対等な存在としてつき合いをしなければならないのだけど、直面するすべを知らない。

中村　なるほど。認めたくない。

白井　うん。結局アメリカも本音の部分では、とにかく金がないので、米軍基地にしても撤退、あるいは縮小傾向にあるわけです。沖縄の辺野古の問題も、アーミテージですら辺野古は難しいだろうと言っていたし、海兵隊を引き揚げるという選択肢もありだという考えがアメリカの中では既に相当出てきている。だから実は辺野古に新基地を一番つくりたいのは誰かというと、日本の東京なんですよね。なぜかといえば、彼らの支配する日本にとってアメリカの覇権がもってくれなきゃ困るわけです。それがもたないとなれば、対等な関係で中国と向き合わなきゃいけなくなる。それは耐えがたいということでしょうね。

戦後日本を引きずる「慰安婦」問題

中村　となると、また結局、現実の否認みたいになりますね。現実の否認をすればするほど、危機を招くということになる。非常に恐ろしいな。

「従軍慰安婦」の問題にしても、強引に連れていったわけじゃねえよと言うけど、あれは結局、腕を引っ張って連れていったのか、嘘をついて連れていったのかという違いじゃないですか。何も違いはしませんよね。業者がやったことだと彼らは言いますが、軍部が知らないわけがないんですよ。軍部が管理してたんだから。

白井　いわゆる人間狩りのような形で、逃げ惑う人をとっつかまえるのは、ものすごく効率が悪いことだから、もう少しうまくやりますよという話です。

中村　なのに強制かどうか、そこはどうしても譲れないと、アメリカに広告まで出した。あれは裏目に出たと思います。日本はあの戦争で負けると思っていなかったから、韓国を併合したノリでやっていたんでしょうが、負けて相手が独立したから、国際問題になった。

悪いことは認めて、韓国とも互いに歴史家をまじえ、ある程度すり合わせをした上で正真正銘の謝罪をして、共同で声明を出してもう結着させないといけないですよ。いま、韓国が言えば言うほど、日本が抵抗すればするほど、日本の悪いイメージが世界に広がっていくという悪循環に陥っています。日本の言い分を正当化するために予算まで出すと言っている始末ですから、さらに悪循環が続くでしょう。あれもやっぱり、敗戦を認めたくないという意識に行き着くのかな。

白井　はい、それと同時に僕はそこでまた性の問題に行き着くような気がします。この問題については、戦争や植民地支配にまつわる他のトピックと比べて格段に強い情念が渦巻いています。それは、さまざまなケースがあったりして事柄が複雑だからなのではなくて、性に関わっているからじゃないのかと。問題の本質は、国家が組織する形で構造的なレイプをやったわけで、その犯罪性をとがめられているのだけれど、そのことに正面から向き合えないのは、先ほど言った不能国家としての戦後日本の本質が影響しているんじゃないでしょうか。つまり、レイプを行なっていた過去の自己を何とかして肯定したいのです。惨憺たる敗北を喫した上にその負けを正面から認める勇気すらない男たちがなけなしの男性性を誇示するためのネタだからこそ、異様なまでにこの問題への関心が昂進する。

中村　プラスして言うと、いつか軍隊を持ったときのために、やっぱり日本の軍隊はすばらしくなければならない。だから、過去の汚点は認められないということでしょうね。でも歴史上、汚点のない大国など存在しない。こんなことといつまでも続けられなくなってきているのに……暗澹とするな。でもこの流れって急に来たわけじゃないですよね。

白井　ええ、だけど、この嫌な流れの分水嶺がどこにあるのかというと、特定は難しいですね。

「二度目の茶番」が起きてからでは遅い

中村　学生の時から個人史的にはいろいろありますが、最初に「こわっ」と思ったのが、イラク人質事件。あれも裏にアメリカがいたんですね。アメリカが絡むと、どうしても日本はおかしくなる。イラクに行った三人が捕まっていたあのとき、自己責任という言葉がどこからともなく出現したんですよ。彼らを助けようと動く家族にまで批判が起きたりして。自分の親族が捕まって動揺している人たちへの想像力がまったくないわけですね。

あれ見たときに、この国ってこうだっけと。「自己責任」？　国家が持つ自国民保護の原則を忘れてるとしか思えなかった。あれも結局、小泉政権時代、権力がすごい増大したときに生まれた現象ですよね。あの辺から徐々に徐々に流れができてきた気がします。

白井　そうですね。あのへんから嫌な空気がはっきりと流れ始めた。小泉政権のときに自民党は、国民全体を過不足なく代表することを目指す政党から「B層」に依拠する階級政党に変貌したのです。

要するにそれは、有権者の最大のボリュームゾーンが自分の投票行動が自分の首を絞めることになることがわからない愚昧な群衆であるという前提に立って、それを支持基盤にするという統治形態です。支持と引き換えに安手のナショナリズム的高揚を与えておけばよいと。

そして、三・一一でのあの原発事故。あれで僕らは半ば殺されかけたようなものです。特に中村さんの場合、福島の大学に行っていたので、感じるところがすごくあると思う。紙一重のところで、被害はもっと甚大なものになっていたのかもしれない。それがあの程度で済んだ、正確に言うと事故自体終わっていませんけど、事故の進行が一定食い止められているのは、運が良かったからとしか言いようがない。

中村 風向きもね。菅さんも言っていたけど、悪くすれば東日本全部あきらめなきゃいけなかった。

白井 そうなんです。あの恐ろしい事故で殺されかけているにもかかわらず、なんでこうも危機意識がないのか。三・一一以降わかったのは、日本国民の大半は生き物として本能が壊れているという事実です。

中村 まさか地震に対してあんなふざけた装置しかないとは思ってもみなかった。ものすごくびっくりしました。原発の危険さは思っていて、テロを想定した描写はそれ以前に小説で書いていましたが、現実は小説家の想像力を超えた馬鹿さかげんでした。それでも僕は、原発事故で日本は劇的に変わると思っていたんですよ。別の方向に向くんじゃないかと思っていた。輸入エネルギー依存を脱却して技術革新に投資して、百年後は国際社会に誇れるような国になるんじゃないかという期待もあった。

白井　僕もそう思いましたよ。でも現実は違った。よく考えると、結局どの業界でもおエライさん方は、「海水入れるのちょっと待ってよ〜」とか言ってた東電本店の愚物と同類のタイプなんだから、まともな仕事が期待できるわけないんですね。

中村　今の新聞の論調も非常に気持ち悪いでしょう。「再稼働道のり険しく」って、何それと思います。この国の戦後は、官僚的なものにしか向いていない。白井さんの本に、マルクスの恐ろしい言葉が引用されています。「歴史は反復する、一度目は悲劇として、二度目は茶番として」。この言葉の意味を考えると、実に恐ろしいことです。原発事故にしろ、第二次世界大戦での日本の壊滅的被害にしろ、二度目が起こったらもうそれこそ恐ろしい茶番です。その辺の危機意識は常に持っていないといけないと思います。

白井　ドイツの戦後と日本の戦後の違いということがよく言われますが、根本的な違いは彼の国は二度敗戦しているのに対して、我が方は一度だけだということです。特定秘密保護法、集団的自衛権、さらに権力を加速させる選挙ときて、ここまで危機意識がないのは、集団自殺を目指しているとしか解釈しようがないです。感情の劣化という話をしましたが、選挙の結果で人々の感情が大きく入れ替わるとも思えない。この悪い感情が社会のベースになっている状態はまだ続くでしょうね。これをどうやって入れ替えるか。先ほどサルトルの名前を出されていましたが、社会的発言を見ていても、確かに世代間断絶が起きていて、まったく政治的発言をしない世代がごっそり抜けおちていたりする。僕らはその中の少数派でも発信していかなければいけないですね。

中村　三・一一のときも、積極的に発信する人と沈黙する人、作家も二パターンあったんです。どちらもそれぞれ考えがあってのことですが、僕は発信する側に立っていました。その側でい続けることになりそうです。僕は、文学であがこうと思っているから、恥をかこうがあがきますよ。無駄かもしれないですけどね。

（２０１４年11月24日、東京にて）

Ⅴ　反知性主義の時代

〈対話者〉信田　さよ子

信田さよ子（のぶた・さよこ）
一九四六年、岐阜県生まれ。お茶の水女子大学大学院修士課程修了。臨床心理士、原宿カウンセリングセンター所長。著書に、『アダルト・チルドレンという物語』（文藝春秋）、『愛しすぎる家族が壊れるとき』（岩波書店）、『カウンセリングで何ができるか』（大月書店）、『加害者は変われるか？―ＤＶと虐待をみつめながら』（筑摩書房）、『父親再生』（ＮＴＴ出版）、『母が重くてたまらない―墓守娘の嘆き』（春秋社）、『共依存 苦しいけれど、離れられない』『家族の悩みにおこたえしましょう』『母・娘・祖母が共存するために』（以上、朝日新聞出版）、『依存症臨床論―援助の現場から』（青土社）など。

社会的現状肯定のための反知性主義──認知行動療法と主流派経済学

信田　今日は私の『依存症臨床論』（青土社）の刊行記念であり、また「反知性主義」という『現代思想』（青土社）の二月号の特集がテーマになっています。今日白井聡さんをお呼びしましたが、実は私は『未完のレーニン』を読んでいて、年齢を見たら「すごく若いじゃん！」というのが最初の驚きでした。その後『永続敗戦論』も読みましたし、それから対談本にしてはとても読みでのある笠井潔さんとの共著『日本劣化論』も読みました。私はそういう分野の専門家ではないので、今日の話も印象論が多いと思うのですが、震災以降、思想界の状況がすべてガラッと変わったな、というのが印象としてあります。最初にNHKが変わったと思いました。NHKが呼ぶ思想家・学者が、一気に一〇年若返った。私は「日本のジレンマ」という番組を見ていて、そこで初めて白井さんをテレビで見たのですが、それが超カッコよくて（笑）。番組は特定秘密保護法案が国会を通った翌日の収録だったらしいのですが、「そのことを取り上げずに何が『日本のジレンマ』か」とおっしゃった。その通りだと思いました。私たち団塊の世代からすると、一回転してまた戻ってきた正統派左翼──「左翼」って言ってよいかわからないですけど──だな、これで安心して死ねるな、というような感じだったわけです（笑）。

さて、私はカウンセラーとして七〇年代から仕事をしていて、一九九五年──ちょうど原宿カウンセリングセンターが立ち上がった年でもありますが──、阪神淡路大震災とオウムの地下鉄サリン事件があった年の暮れあたりから、日本が変わりつつあるなと肌で感じました。それは、森達也さんも言っていますが、「被害者」という言葉が日本の社会で大きく共有され始めたということだったでしょう。言い換えれば「被害者感情」というものが社会を覆い始めた。期せずしてそれと同時期にAC（アダルト・チルドレン）ブームが起きました。私が初めて書いた本『「アダルト・チルドレン」完全理解』（三五館）も他のAC本も、かなり売れたと記憶しています。それから「トラウマ」という言葉が共有されるようにもなり、「PTSD」という言葉が『朝日新聞』の第一面に、「被災者のPTSD深刻に」というかたちで載ったのをいまでも覚えています。この言葉が『朝日新聞』の一面を飾るというのはすごいことだと思ったのです。それをどこに位置づけたらよいかわからないのですが、それまではどこかで忌避していた被害者感情というものを正々堂々と出すことが多くの人の心を掴むというふうに変わったというのが私の実感です。ずっとアルコール依存症をはじめとするアディクションをメインの対象としてきた私には、すごく大きな転換点となりました。

そして時は下って二一世紀になって、この一〇年ほどで変化を感じざるをえないのは、認知行動療法が市民権を得てきたということです。私は二〇〇五年に立ち上がった法務省の「性犯罪者処遇プログラム研究会」の構成員だったのですが、きっかけになったのは二〇〇四年暮れに起きた奈良女児殺害事件です。よく知られた事件ですが、逮捕された男性は再犯者だったのです。彼が過去にも同じく性犯罪で奈良の少年刑務所で受刑していたことがわかると、一体刑務所は何をやっているんだという世論の轟々たる批判がいっせいに高まりました。法務省は以前から監獄法を変えたいと思っており、この機会を使って一気にそれを実行に移したのです。あまり知られていませんが、日本の刑務所は明治四一年に制定された監獄法のままで一〇〇年間ほとんど変わらない「明治村」状態だったんですね。その大変革の突破口が少女を対象とした性犯罪だったわけです。監獄法に代わる新たな法律が制定されたのが二〇〇六年ですから、事件からわずか二年足らずで法改正されたというスピードに驚きました。国家権力がその気になれば、あっという間に法律を変えられるという事実を目の当たりにした思いでした。新法の何がポイントかといえば、懲役を中心とした刑罰から、再犯防止を目的とした処遇プログラムを実施できるようにした点で、遅まきながら刑務所の近代化を実現したと言えるでしょう。はっきり言うと、日本の性犯罪者処遇プログラムはカナダの丸写しと言ってもいいのですが、そのなかの文言に「認知行動療法をもって方法とする」という一文があるのです。法務省の法令のなかに認知行動療法、つまり臨床心理学の領域に属する具体的方法論が堂々と登場しているという事態に、一種の——よいか悪いかわからないですけど——感慨を覚えました。端的に言えば、近代的刑罰は精神医学的・心理学的な知識と方法論抜きには成立しないわけで、当然のことなのですが。それからは一気に認知行動療法の大隆盛です。一方で二〇〇〇年代に入ってからの鬱病の蔓延とそれへの多剤乱用的な精神科医療への批判から、鬱病の治療にも認知行動療法が推奨されるようになり、たちまち保険点数化されました。これで猫も杓子も認知行動療法という時代になりました。私たちのような臨床心理士の世界でも大きく地図が塗り替えられています。

私が臨床心理士の資格を取ったころ、九〇年代前半は精神分析がある意味では中心だったのです。「西の河合隼雄、東の小此木啓吾」、あるいは「西のユング、東のフロイト」と言われたように、精神分析を知らずして臨床心理士にはなれないという時代だったのが、ここにきて一気に変わってしまったのです。内部の極端な逸話かもしれませんが、いまでは「僕は精神分析を素養としています」と研修会で話すと、感想のところに「分析死ね」とか書かれるようなこともあるとか。ちょっと信じられないですが、そんな流れの背後には、臨床心理の世界もエビデンス中心で方法論重視の方向にグッと舵を切ったということがあり、いまはその渦中にあると思っています。

そうするとカウンセリングに訪れるクライエント（来談者）、特に三〇代以下の人たちの主訴が変わってくるのですね。カウンセリングを必要とするのはなぜかという問題の立て方が重要になってくるのですが、例えば「自分は自己肯定感が低い。自分で自分を愛せない。だからこういう問題が起きてるんです」というものです。「だから先生、自分で自分を愛する方法を教えてください」「自分で自分が好きになるにはどうしたらいいんでしょう」「自己肯定感をちょっと上げる方法を教えてくださ い」と。もううんざりするんですよ。私、そういうときいつも持っている物をバンッと投げようかと思うのですが、投げたらまずいでしょう（笑）？「暴力カウンセラー原宿に」などとネット上に書かれると明日からやっていけなくなるのでやりませんが、ときどき「そうですか……、ムリ」とか言ったりします。

自分というもの、自我というものが、いわゆる精神分析理論の持っていたある種の深みや膨大な理論体系からすっかり脱皮して、代わりに八〇年代にアメリカで隆盛だったアメリカン・ポップ・サイコロジーの図式がそのまま日本に入ってきている。自己肯定感というのも元をただせばアメリカです。アメリカ的なポップ・サイコロジー、いわゆる大衆心理学の基礎になっているのは、一つは肯定的心理学でしょう。プラグマティックなセルフコントロールを奨励する、つまり自己肯定するにはどうしたらよいかという方法論中心のものです。もう一つは俗流トラウマ論、つまり「自分がこうなったのは幼少期のトラウマによるものだ。親からの虐待が原因だ」というものです。この二つはともにわかりやすく、単純化された方法論を伴っています。それがそのまま日本に持ち越されて、一部の自己啓発本やらネット上で宣伝されているようなカウンセリング業界を底辺で支える支柱となって定着したと思います。私自身は一線を画していると思っていますが、一般の人たちのカウンセリングイメージはそんなものじゃないでしょうか。

認知行動療法は明確な方法ですし、確かに効果のエビデンスは検証されていますけど、申し訳ないけれど、個人的には全然つまらないのです。二〇〇四年以来DVの加害者プログラムを認知行動療法をベースにして実施していますからよくわかります。認知行動療法の第一人者の先生もおっしゃっているように、あれだけではダメなのです。なんだか万能みたいに思われていますが、個人カウンセリングなどと併用することでずっと効果が上がる。それなのに日本では、順番が逆というか、初めに方法ありきになりがちで、基礎理論と根底に流れる人間観というものがないがしろになっている気がします。自己肯定感という言葉、方法論中心、そして測定可能な自己といったものが私たちの仕事をある意味ではクリアにしたのかもしれませんが。

認知行動療法は誰がやっても同じ効果を生むように構成されてカウンセリングの品質管理の徹底に貢献しましたから、確かにアメリカやイギリスのような、いわゆる多民族・格差社会のなかではすごく意味があるのですが、しかし日本のような均質性を重んじ同調圧力の強い社会でそれをやってどうなるんだろうという感じが私のなかにはあるのです。

長くなりましたが、「反知性主義」と言ったとき、認知行動療法の隆盛に伴う臨床心理学やカウンセリングを求める人たちの知的な衰退と繋がって捉えられるなと思いました。

白井　私はフロイトは素人なりに勉強したところがあります。また、最近とにかく精神分析の旗色がひどく悪いらしいというのはいろいろなところで聞きます。その原因は、いま信田先生がおっしゃったように、アメリカ型の療法が唯一の方法だと言われる傾向が強まってきたことと、薬の進化もありますよね。例えばかつて分裂病と呼ばれていた統合失調症であるとか鬱病に関しても、とりあえず投薬が効くということで、いまこの場でなんとかしてもらわないと日常生活すらちゃんと送れないというような人たちに対して、とりあえずということでやってしまうことが多いのだという話をよく聞きます。認知行動療法も薬の進歩というところに頼っているところがあるのですか。

信田　アメリカの精神医学の診断基準であるＤＳＭ―Ⅲが一九八〇年につくられました。そこで操作的診断というものが出てきて、いわゆる非因果論的な金太郎飴の輪切り的診断が前面に出てきました。つまり、金太郎飴がどうやってできたかといった因果は捨象するという考え方です。それはおっしゃる通りとにかく症状を軽減すればいいというプラグマティックな動きに拍車をかけ、ＳＳＲＩ（セロトニン再取り込み阻害薬）の実用化とタイアップしたのでしょう。製薬会社の政治的圧力もあったのではと言われています。何しろ薬で済めば安上がりですし、高額な精神分析の退潮に輪をかけました。それが認知行動療法に極まるということになったのだと思います。

白井　心の問題の原因を遡って探っていったとき、直接の物理としては脳内物質に還元されるわけですよね。脳内でなんとかという物質が分泌されていることによって悪いことが起こると。とりあえず治そうといったときにそこを止めてしまえばとりあえずは治せるということになる。これはある意味で究極の唯物論ですよね。この方向性をどんどん進めていくとどうなるのか。ひょっとすると、自己肯定感が足りないからいろいろな問題が起こるという話も、人が高い自己肯定感を持つことができるのは脳内でなんとかかんとかという物質が分泌されているときだということがもし特定されたなら、その物質を分泌させる投薬によって自己肯定感をとりあえず引き上げてしまえばいいじゃないかというようなやり方も出てきかねないということだと思います。

これが直感的にすごくヤバいなと思うのは、社会的にものすごく反動的であるということです。どういうことかと言うと、これはよく知られていることだと思いますが、いわゆる精神的な問題というのは時代によって、また文明によって、大いに違うわけですよね。かつてはヨーロッパの女性がかかる精神疾患といったら圧倒的にヒステリーでした。いわば「精神病の王様」という立場だったわけですが、そのあと分裂病が来て、そしていま日本の文脈で言えば鬱病がものすごく多い。これは何を意味するかというと、社会のあり方がさまざまな病気のかたちをつくっているということです。それを踏まえると、唯物論的に物質を分泌させたり抑えたりすることでもってとりあえず症状を封じられるということになり、それで解決だということにしてしまうと、社会が病気をつくっているということに関して一切何も考えなくてよくなってしまうわけです。確かに「でも目の前に苦しんでいる人がいるじゃないか。とりあえずその人の苦しみを取り去るためには薬だって必要だろう」と言われると、それはそれで一理あるなという話になってしまうところもあると思うのですが、でもやっぱり問題でしょう。

他方でもう一つフロイト的な考えというか、フロイト的な方法というか、これがなぜ嫌われるようになったのでしょうか。フロイトの実践を職業の上で活かそうとした場合、いろいろな葛藤があるのではないかと察します。というのは、フロイトが実際に彼の患者をどのくらい治すことができたのかといったらかなり怪しかったというような話もあって、それこそ効果がないという話もあるわけですよね。一方でフロイトの面白さとは何かと考えた場合、フロイトという偉大な知性がたまたま精神や心の動きに興味を特化していってああいう仕事をしたというところにあるわけで、フロイトが例えば文学であるとか哲学であるとか違う方向に進んでいたとしたら、おそらくそれはそれでまた偉大な思想家になったのではないかという気がするわけです。すなわち、フロイトの面白さ、読むことのエキサイティングなところは、偉大な思想家の思索にこちら側がグイグイ引き込まれ、それについていくときの知的興奮です。臨床だと「楽しい」と言って済ませてはいけないところがあるのではないかとは思いますが。

信田　そうですね。でも、困っている人をどうするかということと深く洞察するということが分かれてしまったのが問題だと思うのです。

白井　そうですよね。そしてフロイトは文明批評家というか文明論を書いた人でもあり、人間とは何かということを根本的に探究したオリジナルな思想家でもある。だからフロイトを読みながらその思索についていくことによって、いわばフロイトと一緒になって、人間とは何なのだろうか、あるいは人間はどうなるべきなのかという探究を実践していくことができる。もちろん患者さんとともにということになるわけですが、それが精神分析という実践がやってきたことであろうし、根本的な面白さだったのだろうと思うのです。

ところが、いま主流になっている考え方では、「クライエントはそんなことを求めているのか」「人間とはこうあるべきだということを、治す側と患者がなぜ一緒に探究なんぞしなければならないのだ」「金を払っているんだから余計なことをしないで治しやがれ」というような、一種の消費者根性とも言えるような傾向が高まっている、というふうに理解してよいでしょうか。

信田　それはありますね。私は物事がどうしてそうなっているのかと考えるのが好きなのですが、「先生、どうしたらいいのですか?」とか言われると脱力します。方法と因果が分断されるのですね。でもそれって、精神分析全盛の頃はアンチ分析としてみんな言ってきたことです。例えば八〇年代に盛んだった家族療法とか。四の五の言わずに、因果律ではなく循環論だとかいろいろ言ってきたのですが、いまこういう時代になってみると、「なんかな……」みたいに思ってしまう。

白井　精神分析に対する憎悪みたいなものまで生じているというお話でしたよね。フロイトは偉大な啓蒙主義者で、そのフロイトがやろうとしたことに続いていった人たちもやはりフロイトのモチーフをどこかしら受け継いでいるわけですが、そんなものは要らないんだという雰囲気が出てきている。結局そういう傾向って、社会的には現状肯定にどんどん流れていくと思うのです。先ほど言ったように、投薬で全部なんとかなってしまうという日がひょっとしたら来るかもしれない。そのとき薬を飲んで「とりあえず症状は治まりましたね」という話になるわけですが、その症状をつくり出したところの社会のあり方については一切考えなくてよいという話になるわけですから、現存の社会がそのまま丸ごと現状肯定されていくということになる。フロイトはまったく真逆の考え方をしていた人であったはずです。確かに万古不易の人間性を措定している部分がフロイトにはあって、それはそれで問題だなという話もあるのですが、少なくともいま現にある文明を解剖しそれを乗り越えていくというモチーフが啓蒙主義者としてのフロイトには間違いなくあった。

こうした傾向と似たものを感じるのは主流派経済学で起きていることです。なんと言っても二〇〇八年のリーマンショックで一度資本主義に破産宣告がされているわけですが、それにもかかわらずいまも一応資本主義が続いているということは実に驚くべきことで、なぜもっているのかということもよくわからない状態にあるわけです。あれが起きた直後にエリザベス女王が面白いことを言っています。イギリスの経済学者たちを集めて、「あなた方は一体何をやっていたのですか。この危機をなぜ予見できなかったのですか」という、大変素朴でありますが誰もが聞きたくなる質問をその経済学者たちにしたのですね。そうしたら経済学者たちは、あろうことか答えられなくて、「ちょっと待ってください」ということで一ヶ月だか何週間だか待ってもらってレポートを出した。そこに書いてあることには、「度しがたい傲慢さと盲目性によって、今日の危機が起こるということを見通せなかった」と。

こうした状況に関して、オーストラリアのジョン・クイギンという経済学者が書いた『ゾンビ経済学』という本が出ています。ここ二、三〇年間、いわゆる金融資本主義が爆発的に拡大し、実体経済から遊離したかたちで大量のお金がコンピューター上でやりとりされるようになり、電子空間をベースにしたバブルが起きて、それがバチンと弾けて……という一連の事態が起きていた間、一体経済学は何をやっていたのかということを批判的に書いている本です。これを読むと本当にあきれます。主流派経済学は、例えば「バブルは決して起こらない」（つまり、人によってはバブルだと言われる状況も経済的に完全に合理的だとする主張）とか、産業資本主義が始まって以来、好況と不況の波に人間は翻弄されてきたわけですが、「ついに不況という現象を人類は退治した」とか、そういうことを経済学は「証明」していたというのですね。もちろんこんなものは全部クズです。

経済学者として社会から敬意を得ていて、見返りとして高いサラリーをもらっている連中が、揃いも揃って愚にもつかないことを延々と書き、数式を組み立て、モデルをつくり、ということをやっていた原因は何なのかと考えると、やはりそこでの知性のあり方がおかしなことになっているからだと思うのです。これらの経済学者は、お馬鹿な「学説」を「確立」することでウォール街の投資銀行あたりを喜ばせて金をもらっていたからだという説明も、かなり説得力のある説明なのですが、それだけでは片が付かないと思うのです。というのは、度外れて不誠実な人間というのはそうそう多くないからです。内心ではこんな話は大ウソだと思いながら賄賂をとるためにインチキを垂れ流すことは、大抵の人間にはできないということです。つまり、これらの学者さんたちは、自分たちの学説をそれなりに心から信じていたんだろうと推測されます。そこに知性の劣化があります。最初は「これは怪しいんじゃないか」と思っていたかもしれませんが、「バブルは決して起こらない」とか馬鹿馬鹿しい命題を書いているうちに、だんだん本当にそうだというふうに思い込んできてしまうのだろうと思います。要するに、現にある資本主義の実質的な成長が行き詰まってバブル漬けでないと生きていけない状況――いまのアベノミクスもそうですが――、そういう経済のあり方を現状肯定する学問に堕してしまったということだろうと思います。

このように、反知性主義と社会的現状肯定は、どこかで繋がっているという感じが私はするのですが、その点についてはどう思われますか。

信田 私自身が知性にすごく価値を見込んでいるのは、何かを知りたいということもありますけれど、やはり知らないものに支配されたくないという思いがあるからです。単純に言えば、自分がどうしてこうなのかと考えるとき、自分を支配するもの、自分に影響を与えるものの正体を見ずして、自己肯定とかなんとか言っていられないでしょう？　ということです。肯定的心理学とか、「成功の秘訣」とか、「出会ったときに目を見るといい」とか、ＮＨＫテレビでやっているアメリカの大学の先生の講義なんて、ケッて感じですよね（笑）。いま白井さんがおっしゃったように、ああいうものが現状肯定として働いているのです。そしてその「現状」とは、私たちから知性を奪い、わからないことを温存させて動いているもののことです。それを知らないままでいるのは怖いというのが私の素朴な実感です。

白井 おそらくいま、「なぜ私たちはマルクス主義者なのか」という話が語られたと思うのですが（笑）。

信田　それはまあ、そうですよ。私も六、七〇年代はそればかりやってきましたから（笑）。

白井　マルクス主義思想というのは、ものすごくラフに言ってしまえば、人間は下部構造で決まっているのだと断言します。言い換えれば、人間とはちっとも自由ではないということを、しつこく言う思想です。「お前は自由だと思っているが、それはまったくの幻影で、少しも自由ではないのだ。指の一本を上げ下げするのすら自由ではない」という具合に語る思想なのですが、それを知ったからこそ、自分がものを考える際に、「そんなに自由に考えられているはずなどない。影響という言葉では弱いほどの力で自分が貫かれていて、それに動かされているのだ」という感覚を認めざるをえないわけです。それで、どのような力が自分に入ってきて自分を動かしているのかという正体を見極めてやりたいと思う。「自由になるのは大変難しいことだし、自由になれることなどないのかもしれないが、もし自由になれるのだとすれば自分を支配している力の正体を知ることからしか始まりえないだろう」と考えるのがマルクス主義者だと思います。あるいはフロイト主義者もそうでしょう。

信田　それから家族の問題も、自分は親から自由だと思っていても、実際にはどれだけ強い影響を受けているかを知ることが重要なのです。私はACの本を書いているときに、「これってマルキシズムの変形だな」と思ったのです。つまり、二〇歳になって親から自立と言っているけれど、生まれてからずっと一緒にいた親からどれだけの影響を受けているかということを知らない限り、その支配からは脱せられないということです。マルキシズムとACの問題とは、私にとってはパラレルという感じです。

白井　同時に、そこに革命思想としての毒があるということでもあるのではないでしょうか。ＡＣブームがどのように進展したのか、私はあまり把握できていないのですが、ご著書を拝読する限りでは「信田というやつは家族を否定している」といった批判が出たということですね。

信田　いまでも「母が重くて」とか言うと批判されます。

白井　それは想像に難くないという気がします。

信田　シンポジウムに出たら、団塊の世代の批評家たちが批判するわけですよ、「信田さん、あれって自立否定だよね」と。つまり、「親のせいだ」というのは自立の否定だと言うのです。「ああ、そういう論理で来たか」と思いました。でも、「親のせいだ」「私には責任がなくて親が悪い」という段階はプロセスとしていったん必要なことでしょう。過重な自己責任からの転換のためにイノセンスがあるわけで。主眼は、むしろ自分が今日あることの影響を、それこそ下部構造的に知るということがメインなのに、そこを読まずに「お前が親のせいにしたから、自立したくない若者によるＡＣブームになっているぞ」と言いたかったのでしょう。

反知性主義的統治と家族幻想

白井　いまのお話から、今日の話の本題である反知性主義の問題の本丸に話を持っていきたいと思います。最初に反知性主義とは何だろうかということの定義をしておかなければならないと思います。最近になってこの言葉がキーワードになってきており、代表的なところでは作家の佐藤優さんが、「反知性主義が妖怪のように徘徊している」と警鐘を鳴らしておられます。ちょっと思想史を遡りますと、リチャード・ホフスタッターというアメリカの歴史学者が『アメリカにおける反知性主義』という本を書いています。そこでホフスタッターは、マッカーシズムを批判するために書いたと言っています。アメリカの歴史を見ると、そこには脈々と反知性主義があるのだけれど、それが爆発的に噴出した現象がマッカーシズムであるという分析です。

そのホフスタッターによる反知性主義の定義を簡単に紹介しますと、知性がないということではなくて――それは単なる無知です――、もっと攻撃的なんですね。知的なものとか、知的な人間に対する攻撃的な憎悪が反知性主義であるということです。赤狩りとはまさにその典型です。赤色化するのはインテリ層に多いわけですから、アカが気にくわないという以前にインテリがムカつくというわけです。「なんか小難しい顔をして、小難しいことを言いやがって」と。このような大衆のインテリへの反感が、赤狩りのエートスを支えているのです。そしてこのエートスは、アメリカにおける宗教原理主義（福音主義）から来ているのだとホフスタッターは言います。アメリカが西に広がりつつ荒れすさんでいた時代、酒場で銃を撃ち合っている西部劇のような時代に、宗教原理主義が出てくるわけです。それを広めていった宗教者たちは、神学の難しい教育は受けていない、言い換えれば、知的に洗練されたプロテスタント神学など知ったことではないのですね。聖書に書いてあることのみを文字通り信じることによって救われるのだと言って宣教をして回った。それが荒れすさんだ社会に対して一定の効果を持ったわけです。ある牧師に至っては、「私は聖書以外一冊も本は読まない」と宣言まですする。「他の本を読んで賢くなった気分になるのはろくでなしだ。信仰の純粋性が弱まってしまう」と。このようにして、無知であることを信仰の根拠として喧伝するような精神のあり方こそが、反知性主義の原型だというわけです。

こうした反知性主義は、民主主義社会には不可避的な側面として存在します。なぜならば、民主主義社会では各人が同等の権利を持っており、形式的な平等があるのですから。しかし実質的には平等ではない。実質的な不平等が形成される理由としては、さまざまな運や資産のような生まれつきの条件もありますが、知性における不均等も間違いなくあるし、生まれつきの条件は各人の知性の程度を何ほどかの割合で規定します。そして、その知性における不均等が、現実的な経済力や政治力といった暮らし向きの違いをつくり出していく。そのことと、形式的には平等で同じだけの発言権があるはずだという建前とがぶつかることで、大衆はつねに不満を抱くことになる。「平等のはずなのになぜ自分は低いところに置かれるのか」と。そして、「偉そうな顔をしているやつは結局のところ机上の空論を弄んでいるだけだ」と、知的に練られた言説や態度に対して攻撃的に振る舞うことになります。

ネット環境が整備された現在では、こうした振る舞いが非常に安易にできるようになりました。面と向かって馬鹿なことを言えば批判に遭って凹まされることがありえますが、ネット空間では馬鹿なことを言っている人たちが雲霞のごとく集まってきて、知性によって吟味された事柄を数の力で圧倒するということになる。このような大衆に潜在的に存在する反知性主義――これは反エリート主義でもありますが――、それを政治はつねにうまく利用し、自らの権力のリソースとしてきました。これが爆発的な事態を引き起し危険なことになった状態、つまり反知性主義的なエートスを政治の側が煽って手がつけられなくなったのが、例えば、マッカーシズムであり、中国の文化大革命であり、カンボジアにおけるポルポト派の支配であると思います。ポルポト派の場合は、メガネをかけているだけで「あいつは知識人だ」とみなされて殺されるという極限的な状態にまで行き着いてしまいました。

ですから、反知性主義は、特に民主主義政治における重要なファクターとしてずっと存在しているのですが、では現代においてはどうなのか。先ほど話題として出たのは、本来は知性を担う部分であるはずの学問が、単なる現状肯定でしかなくなってしまったという話でした。これはもはや「人間の死」と言ってもよいのかもしれません。精神分析のモチーフには人間性のトータルな探究があったと思います。フロイトが前提としたようなろくでもない人間が少しでもまともになれるとしたら、どんな方法があるのかというスタンスがあったと思うのですが、もはや人間性の完成などは誰も考えなくなっている。

思うに、反知性主義の興隆は教養主義の没落と並行しています。なぜ教養なんてものを身につけなければならないのか。このような問いはかつては発してはならなかったと思うのですが、いまや「なんでですか？　金にならないじゃないですか」といったことを平気で言える時代になった。かつては教養を積むことによって何らかの人間的な完成を得られるだろうという社会的な共通了解があやふやながら存在していたのですが、それがなくなってしまったからです。人間的な完成など誰も目指してはいなくて、「苦しかったら薬を飲めばいいじゃないか」という世界になってきている。それが一つの文脈として存在します。

もう一つの文脈は、いわゆるネオリベラリズム化だと思います。ネオリベラリズムの資本主義については、定義をすると話が長くなりますから、その帰結だけを述べたいと思います。要は格差が開いていって一パーセントが九九パーセントを支配していくという世の中になるわけですから、そのなかで権力者たちはどのようにして自己の支配を正当化するかが問題になります。民主制という建前が一応あるなかで、どのようにして支配を安定化させればよいのか。

一パーセントが九九パーセントを支配する世の中で不安定を想像的に解消するためには、ある種の「B層デモクラシー」のようなものが必要となるわけです。現在では適菜収さんが一連の著作で「B層」論を提起していますが、「B層」とはもともとは小泉純一郎元首相がいわゆる「郵政解散」をした際の総選挙で用意された内部文書に登場する言葉です。どうやって選挙に勝てるかという戦略立案を広告代理店に提出させたわけですが、そのレポートのなかにA・B・C・Dの四つの社会的階層があるという分析があった。グローバリズムについて肯定的であるか／否定的であるかという軸と、IQが高いか／低いかという軸で四つのタイプを分けたのです。A層というのは、グローバリゼーションに対して肯定的でありかつIQが高い、つまりグローバリゼーションを進めていけばいくほど儲かるような立場にいるグローバル・エリート層です。B層とは、グローバリゼーションに対して肯定的でありかつIQが低い。ものすごくザッハリッヒな感じの言い方ですが（笑）、要は馬鹿なのでグローバリゼーションの意味はわかっていないけど、テレビやマスコミでよいものとされているからよいものだと思い込んでいる人たちです。C層は逆に、グローバリゼーションに対して否定的でありかつIQが高い。つまりグローバリゼーションがもたらす負の側面について理解していて、やたらな推進はまずいことだと考えている人たちです。そしてD層は完全なる無関心層で、市民社会から落後しているので、選挙などにはそもそも来ないからどうでもいい。

こうして分けたうえで、どの層を選挙で狙うかを考えたわけですね。ボリュームゾーンはどこかと考えると、圧倒的にB層になるのです。これは確かに選挙対策の分析としては間違っていません。総中流社会が崩壊し、新しい階級社会が形成されつつあるなかで、一番大きくなっていくのがこのB層であることは間違いないからです。このB層は、『下流社会』がベストセラーとなった三浦展さんが言うところの「下流」とも重なり合う存在です。どちらとも、ポスト総中流の新しい階級社会を映し出す言葉なのです。

いかにこの連中を手懐け、積極的な支持基盤とするか。それがいまの政治家たちの腕の見せ所となっていますが、やはり新しい事態と考えるべきです。なぜならば、これまでの国民国家とは、国民の知的レベルを全般的に上げていって、それで国力を増進させていこうという考え方を、建前としてでも維持していたからです。しかしもはや、国民の啓蒙などは放棄されている。そんなことは考えず、自分で自分の首を進んで締めるような嘘に騙される、つまりグローバリゼーションが進行するほど暮らしは苦しくなるという自らの利害を理解できないような馬鹿どもに支持をさせればよいのだという本音が赤裸々に語られるようになっている。そして、どのように支持させればよいかというときに、安手のナショナリズムを売りつけるわけです。

小泉政権あたりからの自民党は、はっきりとした階級政党になったと私は見ています。「みんな」を代表することを標榜する国民政党から、B層ないし下流を積極的な支持基盤とするところの階級政党に変身したわけです。支持の見返りとして与えるのは安手のナショナリズムであるのですが、ナショナリズムなどはただの観念ですから、全然お金がかからなくていいわけです。こんな安酒で酔っ払える連中からたっぷりと絞り取ればいいというのがいまの政治のあり方であって、まさに反知性主義的なものですね。

この反知性主義が最も露骨に現れるのは、歴史修正主義をめぐる問題です。例えば、「『朝日新聞』

が『吉田証言』を取り消したのだから、従軍慰安婦問題など嘘だ」といった、むちゃくちゃな主張がなされています。吉田証言が嘘だということと、従軍慰安婦問題が重大な人権侵害であって、日本の歴史において依然として大きな汚点であることとは、まったく関係のない独立した事柄です。それなのに、『朝日新聞』が撤回したからあんな問題はなかったのだということを平気で言い出す人たちがものすごく増えている。これは、自分の見たいものしか見ず、自民党が与えてくれたファンタジーのなかで生きる人たちが増えてしまっているということを示している。

ただこれは日本だけの現象ではありません。アメリカの反知性主義が福音主義に由来することは先ほど述べましたが、現代にも続いています。ブッシュ政権のイラク戦争を一番積極的に支持した南部の宗教保守層に連綿と繋がっている。反知性主義と悪性のナショナリズムとは、大変親和性が高いと言えるのではないでしょうか。これがネオリベラル・レジームにおいては国家権力が有効活用できる資源だということで、さらに蔓延るようになったのです。このような反知性主義の現代における二つの文脈は、日本だけではなくて世界的に共通するものです。

では、日本固有の問題とは何かということを、これから考えなくてはなりません。そこでAC問題にも関連する「家族幻想」に行き着くと思うのです。もちろん家族幻想はアメリカにおいても存在すると思いますが、日本的家族幻想の特殊性について、信田さんはどのようにお考えですか。

信田　非常に興味深いお話でした。まず、B層の問題ですが、鬱になる人はA～D層を問わず存在するわけですね。鬱病がこれだけ先進国で流行していることを考えれば、それは当然のことです。しかし私たちカウンセラーとしては、A〜D層の鬱は同じなのかという疑問があります。私自身の好みとしては、C層を相手にしたいんですよ。しかし相手にするのは多くはB層なんです。しかも結構貧しい。白井さんがおっしゃったように、日本は貧しくなっていると思います、経済的にも知的にも。それでも幸せと言ってしまう若者が多いのは、私にはわかりません。

そこにもう一つあるのは、心理的な困難を抱えるのは自分が悪いからだという意識です。「自己肯定感が低いのが原因なんだ。そんな自分はどうしようもない。やっぱり最後は自分のせいなんだ」と自己責任的に問題を引き受けてしまって、追い詰められて死まで至ってしまう。そのような状況があるから、自己責任という言葉が本当に嫌なのです。その反動として親のせいにするという反転が起きるとしても、私は大賛成です。「だって親が悪いんだし、あの母がどうしようもないから」というのは単なる甘えではなく、過重な自己責任を回避するという意味では評価したいし、それを通過しないと適正な自己責任はみえないと思うのです。

さて、質問いただいた日本的家族幻想の特殊性についてですが、私はロマンチックラブ・イデオロギーは日本では続かなかったと思っています。団塊の世代はそれに翻弄されて家族をつくりましたが、ニューファミリーはすぐに終わってしまったというのが私の実感です。そうなると、明治の家制度がかたちを変えていまだに家族を支えているということになる。それはすごいことで、ひょっとしたら江戸時代の幕藩体制の残滓かもしれません。これは一体何なのかと思うのですが、「長いものに巻かれろ。長いものとは家だ。しかし父ではなく母だ」ということなのではないかと思います。母というのは表向き権力を持たず、金も稼がない。しかも虐げられて我慢をしている。しかしすごい力を持っているのです。「愛情という名の支配」という言葉を私は使いましたが、力のない人、弱者ぶる人による支配が日本の家族を席巻しており、その犠牲者となった代表がいまのアラフォー世代だと思っています。日本の家族幻想とは、母という存在の巨大さをバックにしており、ちっとも父の権威ではないところが、フロイト理論とまったく違うところです。

白井　いまのお話を聞いていてすごくピンと来たのですが、明治的な家族とは家制度を中心にしていた。それが敗戦を契機に、家制度こそが日本社会の封建的性格の中核をなすとして否定され、ロマンチックラブ・イデオロギーがアメリカナイゼーションの一環として大衆化していったということですよね。制度的には核家族というかたちをとって実現された。しかしその核家族が、いまや経済的な要因などもあって成り立ちえなくなってきたのが現状でしょう。

では、そのときにどうしたら家族制度を続けられるかというと、かつての明治的な家などには戻れないわけです。それで家長の代わりに「苦しむ母」というのが、形骸化した家の中心に位置するというような状態があって、核家族制度の揺らぎにもかかわらず、そうした状態は続いているように見えますが、どうなのでしょうか。

信田　それは不満で不幸で恨みっぱなしじゃなきゃいけないんですよ。しかも苦しんでいるという主体も存在しない。「ふつう」で「常識通り」に生きてきただけという空虚さが、それが中心になっていることをどう考えればよいのかと思ってしまうのです。決して幸せであってはいけないという。

母と天皇制——日本の反知性主義の根

白井　そこでどう日本の政治的風土に繋がるかということに関して、私が常々思っていることがあります。すなわち、「苦しむ母」のイメージと天皇制国家と呼ばれるような国家原理がどこかで繋がっているのではないか。

　実は今回反知性主義をテーマに信田さんと話してくれという依頼が来たとき、二つ返事でお引き受けした理由の一つは、ちょうどいま「日本の反知性主義」について、内田樹さんが中心になって編まれている本に執筆を頼まれているということもありました。そこで書こうとしていることとリンクするはずだと思ったのです。その原稿の準備として、『共同研究　転向』という『思想の科学』グループが編集をした本を読んでいます。そこでは戦前・戦中・戦後を含めて、共産主義に走った人たちがどのようにしてその理念を捨てていったかが書かれています。ある者はほとんど沈黙を守り、極端な者は共産主義から一気に右翼に行ってしまった。そういう事例で有名なのは林房雄ですが、翼賛体制をどんどん推進する側に回ってしまった。こういう例が枚挙に暇がないほどたくさんあるわけです。この本はそれらについて丹念に研究していった、全部で六巻にもなる大きな成果です。

日本で起きた転向現象がある種独特というか、権力が巧妙なメカニズムを展開したと言えるのは、その温情主義の機能です。治安維持法のある戦前において、左翼とは何なのかといえば、何と言っても「国体を否定する者」であると規定された。これは当時の国家が定めた価値観においてはとんでもないことです。だからそういうことを考える共産主義者はどんどん検挙して回る。例えば小林多喜二の例などは一番凄惨な例で、殺されてしまう例も多々あったわけですが、これは特高警察の側からしても実は下手糞なやり方だったわけです。一方では激しい拷問をやりつつ、他方で説得によって改心させるというソフトな手段を使ったのであって、こちらのほうが数段洗練されています。実際、獄中で説得されて転向して赦してもらった例のほうが圧倒的に多いわけです。そのときにどうやって転向させたのかというと、非常に巧妙で、転向した側は本当に心の底から「共産主義なんていうとんでもない悪い思想を一時期信じてしまった自分はなんて間違っていたのだ」と思うようになった人たちがたくさんいた。もちろん偽装転向をした人たちもいます。がしかし、ある一部の人たちは本当に一八〇度の転向をしています。「こんな間違った思想を若気の至りとはいえ信じてしまった自分を天皇陛下は赦してくださるのだ。そんな天皇陛下を戴く日本国はなんて素晴らしい国なんだ」という心境になっていくのです。それこそ愛情による支配です。「天皇陛下はこのような駄目な私をも愛してくださる」ということでもって、率先して国家の言いなりになっていく。これは見事な主体性の抹殺です。

説得の際に、天皇の統べる国家とワンセットになっているのが家族です。「こんなことになってしまって、お前のご両親は泣いているぞ」、と。追い詰められた共産主義者は、日本国という大家族の家長たる天皇の愛と、自分自身の家族の愛の深さに改めて目覚めることで、転向することになる。特高警察の側は、こういう仕方での転向のさせ方を最も優れたやり方だと定義していたわけです。

ポイントは、戦後も含め、これがある種ミクロなかたちで反復されていることです。戦前の天皇制は敗戦でもって一度切れたはずなのに、戦後も続いていく。それを象徴しているのは、連合赤軍によるあさま山荘事件です。数年前に若松孝二監督が『実録・連合赤軍あさま山荘への道程』を撮りましたね。あれを観ていると、かなり憂鬱になります。山岳ベースを転々としながらどんどん総括をやって無意味に人が殺されていくわけですから。だから最後、あさま山荘に辿り着いて警察と銃撃戦になると、ある種の解放感があります。でも、私の心に残っている一番陰惨なシーンは何かというと、山岳ベースでのリンチ殺人の場面ではなく、あさま山荘で警察に取り囲まれ、立て籠もっているとき、警察が赤軍兵士のお母さんを連れてくるところです。それでお母さんがメガホンを持って絶叫するわけです、「〇〇ちゃーん、戻ってきてー」と。銃撃戦をやっている時点では、それ以前に山奥で何人も人を殺してしまったことはまだわかっていないので、情状酌量の余地はあるのですが、とにかくわが子を救いたいという一心で、ああいうことになったのだろうと思います。

それにしても、この見苦しさといったらない。連合赤軍の革命戦士を名乗ってリンチ殺人をやってしまい、あさま山荘に立て籠もったこと自体も愚行としか言いようがないのですが、あそこでお母さんが出てくるというのは一体何なのか。「お前に母の気持ちなんてわからないだろう」と言われそうですが、しかし自分がもし母親だったらという無理な仮定をしてみたとき、果たして自分はあの現場に行くだろうか、と考えてしまうのです。息子がやっていることは理解不能で明らかに愚行だとしても、それをやると決めたのは本人ではないか、どんなに愚かな考え方だとしても、とりあえず当人に考えというものがあり、それに従ってやっていることだろう、それをとにかく「いまだったら赦してもらえるんだから、籠城するのをやめて出てきてー」と泣き叫んで、親の情け・子の情けでもって説得をするというのは、あまりに見苦しいし、間違った振る舞いではないか。なぜそういうふうに母親たちは考えないのか、何とも言えない悲惨さが漂ってくる。

歴史的に見ていくと、このあさま山荘の光景は、戦前・戦中の転向現象の頽落したバージョンではないかと思えてきます。どういうことかというと、転向についてはいろいろなエピソードがありますが、そのうちでも最も強烈な部類に入る一つとして、田中清玄の転向があります。田中は戦後、右翼の大物・フィクサーと言われて有名になりますが、もともと戦前は共産党員でした。彼の先輩格の人たちが検挙でごっそりやられてしまったため、若輩ながら彼は当時の非合法の共産党のリーダーの座を引き受けざるをえなくなります。それで彼は不屈の闘士として激しい運動をやり、逮捕されてしまう。逮捕されて獄中で転向するわけですが、そのきっかけは凄まじいものです。田中のお母さんが、「とんでもない不忠の息子を自分は産み育ててしまった。天皇陛下に申し訳が立たない」ということで、息子を諫めるために腹を切って死ぬんです。そして特高刑事から「お前の母親はお前を諫めるために腹を切って死んだぞ」と言われ、田中は共産主義を捨てるのです。凄まじい転向ですが、私はあさま山荘の母は、いわば田中清玄の母が戦後民主主義的に頽落したバージョンだと思うのです。戦前においては天皇制国家に逆らうということは死でもって償うしかない罪だということで田中清玄の母は自ら命を絶ったわけですが、戦後になると、いわばぬるい天皇制国家になったということで、「ここで引き返して謝れば親子共々赦してくれるだろう」みたいな話になった。

戦前・戦後で共通するのは、主体性の否定、一人の人間が自ら考え行動することが禁じられていることです。そこに見出される日本的特徴とは、その否定・禁止が、愛の名において行なわれることだと思うのです。国家＝家族への反逆者が、その慈悲深さに目覚め、自らの罪深さを認め、戻ってゆく。僕はここに、日本の反知性主義の根っこがあるのではないかと見ているのです。この構造がある限り、自立した思考も責任ある反逆も成り立たない。そもそもものを考えるという行為が、最初から不可能になっている。

信田　いまのお話にはいくつかの論点がありますね。一つには、小此木先生が広めた古澤平作の「阿蘭世コンプレックス」という概念がありますが、それはまさに「こんな私」でも赦してくれる母に対する罪悪感を中心としています。強大な父への去勢恐怖によるエディプス・コンプレックスではなく阿蘭世コンプレックスが日本という国の特徴だというものです。両方ともその主体は息子であるのですが。「〇〇ちゃーん、こんなことやめてー」と叫んだとき、息子が「てめぇ何言ってんだ。帰れ！」と言ったらどうなるか。そんな息子は批判されますかね？

白井　若松監督の映画を観ていて、連合赤軍の闘士たちの行動にはまったく共感できなかったにもかかわらず、唯一共感できたのは、母から呼びかけられた赤軍兵士が声が聞こえた方向へ向かって、「うるさい！」とばかりにライフル銃をぶっ放すところです（笑）。

信田　つまり、その手はきかなかった。それならよくわかります。田中清玄が転向してしまったのと、連合赤軍が母に向けて銃をぶっ放したというところの違いがありますね。

いずれにしても、天皇制の代弁者が母であるというところは同じで、それを実感しています。というのも、二〇〇八年以来、母と娘の問題が話題になっていますが、娘が母の批判をすることにどれだけ日本のメディアが厳しいかということです。例えばNHKでその問題を扱おうとしたとき、局内で、母に男性からはなかなか理解されなかったといいます。ということは、母を批判するということは、飛躍するようですが、どこかナショナリズム批判・天皇批判に通じるのではないかと思います。ある本の書評を書いたのですが、その本では著者の女性がお母さんを捨てて南米に行くのですが、読んでいてやっぱりこの人は国を捨てたんだなと思ったのです。男性がいろいろなかたちでナショナリズム批判をしますが、そのとき果たして正面から母を批判できるかどうか、そこが真の反ナショナリズムかどうかの分かれ道ではないかと思う。それくらい、母というものは国と同化し、ナショナリズムと同化し、はっきり言えば天皇制と同化したものとして生き延びてきたのだと思うのです。実際、娘の立場からの話を聞いていると、母は「これぞ日本の本音」ということを言うのです。「あなた、いい大学行かなきゃダメよ」とか「落ちこぼれになっちゃダメよ。格差社会なんだから、下流になっちゃダメよ」とか。そして最後は、「女として子どもを産め」とか「年取ったら私の面倒を見ろ」とか、剥き出しの本音が出てくる。

そんな母親たちは私とほとんど変わらない世代なんですよ。だから強烈な近親憎悪がある。「どこであんたは国と手を結んだんだ」ということです。「六、七〇年代、ああいう時代を過ごしたあんたが、どこで国と手を結び、ぬくぬくと生き延びたんだ」と。そういう思いで私は母と娘の問題を考えています。

そのとき、決定的に父の姿がない。お母さんに向かって「うるさい!」と言った人たちが、日常に帰還してどういう家族をつくり、どういう夫婦をつくったのかということを、ちょっと思ったりもします。

白井 信田さんのご本によると、もともとACはアルコール依存症のお父さんがいる家庭の子どもというところから発見された概念だということですよね。ただ、アルコール依存症は人口のマジョリティではない。ではACというのは特殊な事例なのかといえば、全然そんなことはなくて、愛情の名を借りた支配という面をその本質と見れば、ほとんどの家庭で多かれ少なかれあることだと思います。

信田　最初はそういうことが全然わからなかったんです。どうしてACという言葉が多くの人に汎用的に受け入れられたのか、わかったのは本を出してずっと後になってからです。しかもほとんどが飲んでいるお父さんではなくてお母さんとの関係が大変だったというのも、事後的に発見できたことでした。

母娘問題の基本にあるのは罪悪感です。母を批判することへの罪悪感ですね。先ほど言われたような、息子たちが「こんな私でも赦された」というか、何かを受け取ってしまったというか、そういう罪悪感というのは政治学的にはどう言えそうですか。

白井　罪悪感をパターナリズムによって操作できるということではないでしょうか。母なる天皇制国家へ帰依するというのが転向のパターンだったわけですが、そのときに政治の側が巧妙なのは、パターナリズムとパトリオティズムの混合体みたいなものをうまく使うんですね。確かにそれなりに説得力があることを国家権力の側も言うわけです。「共産主義革命とか言うけど、結局お前もこの国をよくしたいんだろう？　自分の国をよくするためと言いながら、お前はソ連のコミンテルンの言いなりになってやっているだけじゃないか」と。確かにその通りだという側面があって、心が揺らいでくるわけです。心が揺らいできたところで、「この国土の美しさを、親の愛を思い出しなさい」という感じでだんだん絆されていく。そして転んでしまう。左翼の観念主義も害悪を含んでいることは間違いないのですが、他方で権力の側がやっているのは、いわばパトリオティズムを濫用することによって圧政に対して屈服させることです。そうして転向者は主体性を失い、社会に内在する敵対性を見失う。「この国はみんなが家族として仲良く暮らしている国であり、その国が自分を育ててくれたのだという真実を、愚かにも自分は忘れていた。そんな恩知らずの自分を赦してくれる国は、陛下は、なんと慈悲深いのだろう」、と感動すらしてしまう。ですから、自分の生き方に疑問を感じたときに戻っていく場所がどのようにイメージされるかというところに政治の問題がかかっているのかもしれません。

信田　……国って、普通考えないですよね。嫌韓・反中というときに考えるくらいで。

白井　現在の反知性主義の基幹をなしているところの嫌韓・反中みたいな排外主義的なスタンスの人たちは、愛国者を名乗りたいなら他人の悪口ばっかり言っているのではなく、本当はポジティブな意味での「日本」を提示しなければいけないはずなのですが、それはほとんどない。他方、いま「愛国ポルノ」などと言われているように、テレビでは「日本人のここがスゴイって外国人が褒めてます」みたいな番組を、どの局もゴールデンタイムにやっている。しかし「ここがスゴイ」という話は、どうもことごとくショボイ話ばかりなんですよね（笑）。それをナショナル・プライドにしてもよいものなのかというようなものばかりです。これはある意味、「家族の崩壊」という現象とパラレルなのかもしれません。「あなたのお家はいいところだよ。世界一立派なお家だよ」と言うけれど、実際には荒廃している。

他方で、日本の国家の特殊性、あるいは天皇制国家原理は、国家のイメージが家族だというところであり、この原理はほとんど無傷で生き残っている。国家と家族を同一視するところにすでに大きな問題があるし、かつその家族というのはユートピア化され理想化された家族であって、無条件的な「愛の共同体」、つまり愛以外に何も含まないところの共同体であるとされている。しかし、現実の家族はそうではない。家族のアナロジーで国家を語ること自体がそもそも間違いであるのに加え、さらにその家族像が間違っている。決して家族はユートピアではないし、信田さんが新著でも強調されているように、むしろ逆に家族がユートピアではないということを認めて初めて家族内の人間関係もよいものに改善できる。

信田　そうですね。私はやっぱり愛というのは実は金なんじゃないかと思っています（笑）。もともとそうではありましたが、リーマンショック以後、カウンセリングではここまで家族が金に支配されているのかと思うことがあります。かつては表立って言うことを憚られていたはずですが、しかしいまは家族はほとんど金なんです。建前が崩壊したというか、剥き出しになってますね。それから暴力ですね。ことほどさように、ロマンチッククラブ・イデオロギー的な近代家族の土台がことごとく崩れ、最後に残ったのは金と暴力であるという、すごく凄惨な話になっています。

愛の共同体は、突き詰めると暴力になるでしょう？　だって愛ってわからないから、「僕の言う通りになってくれよ」とか「私の言う通りになりなさい」というのが愛だとしたら、それを突き詰めると暴力になりますよね。そしてあとは金です。金に勝るものが愛だったはずですが、それがもうない。みんなクールですよ、特に女性は。婚活だって金でしょう？　愛情がなくたって、社会保障があって退職金が出る正社員であれば、結構みんな結婚するんじゃないですか？　最近の事件で後妻殺人というのもありましたが、あれがどうして人気があるかというと、はっきり金だからですよね。

そんな元も子もないわかりやすさをなんとか知性で持ち堪えなくてはいけないと思うからこそ、私は反知性主義という言葉に惹かれるのです。そして家族の間の境界や他者性を担保するのは、よい意味での知性だと思うのです。

――「父の不在」というお話がありましたが、以前『家政婦は見た』というドラマでは、「私は父親というものが何をするものなのかわからない」といったニュアンスの台詞が出てきました。「生物学的に父になってしまったが、何をやっていいかわからない」と。かつての父は家族における抑圧の主体だったかと思います。このかん日本では父の役割はどのように変化してきたのでしょうか。

白井　自分の家のことを考えてみると、不在という側面はあったと思います。何と言っても忙しいので、物理的にいないわけですから。一般論として言うと、高度成長期に多くの男たちがサラリーマンとして働くようになり、労働の現場と家庭生活の現場が空間的に分離する様になりました。親父が働いている場面を子どもは日常的に目撃しなくなってくる。そうすると、お父さんは何をやっている人になるのかというと、夜遅く寝に帰ってくるだけの人になる。当然存在感は稀薄になる。かつての家制度健在の時期には、それこそ家長として家のなかで起こることに対して最終的な責任を負わなければならないのだということが、マイナスの面もありつつも、規範として通用していた。しかし核家族になると、家庭内で父親の立ち位置がどんどん難しいものになっていく。存在感はなくなってくるし、夫・父が妻あるいは子に対して本当の意味で向き合わなくなってしまう、ということが起こりうる。そういう状態がACという現象を生むのだという話は、だからとても納得できたのです。

自戒を込めて言いますが、家のことに向き合いたくないとき、仕事が忙しいというのは恰好の言い訳になります。しかし実はあれは仕事のなかに逃げているという話で、家族における人間関係が面倒で向き合いたくないがために、「仕事が忙しいから」と言ってシャットアウトする。「仕事が忙しいから」という理屈で家のことに対する責任を回避できるという感覚ができたのは、きっとそれほど昔のことではないのでしょうね。

信田　日常のカウンセリングでは、いないお父さんではなく、いないくせに邪魔になり害悪になるお父さんと関わることが多いです。子どもに何か問題が起きてお母さんが頑張ろうというとき、お父さんが妨害するんです。そういうときにだけ存在感を見せるんです。「俺じゃなくカウンセラーの言うことを聞くのか」と言ってみたり。

それが少し変わってきたのは、団塊世代が定年退職してからです。父の来談が増えたんです。つまり、「仕事で忙しい」という口実が使えなくなったんです。定年退職して、やむをえず家族のなかに着地しなくてはいけなくなったとき、結構カウンセリングにやってくるお父さんが多い。でも、長年の企業社会経験のなかで言語が貧困化し、思考が固定化した人がいまさら家庭に戻っても全然ダメ……と言ったらかわいそうだから（笑）、「よく頑張ってますね」と言いますけど。

もう一つ、たとえ父が物理的に不在であっても、母親がその存在感を絶えず子どもに伝える姿勢があればいいと思います。

――最近大学改革の一環として、「G型大学」と「L型大学」という話が出ていますね。いまでもすでに実学主義的傾向は著しいわけですが、さらに大多数の大学は「L型」、つまりローカル型として職業訓練校的なかたちに変えていこうという話が進んでいます。

白井　これに関して心境は複雑です。この前、経営コンサルタントをやっている人が文科省相手にレポートを出してすごく話題になりましたね（冨山和彦「我が国の産業構造と労働市場のパラダイムシフトから見る高等教育機関の今後の方向性」）。要は「ごく一部のグローバル人材を輩出する大学と大多数のローカル人材を輩出する大学に分けよう。現状ではどちらも中途半端だからダメだ」ということですが、ではL型で何を教えるかというと、「シェイクスピアではなく観光ガイド用の英会話を、六法でなく大型第二種免許を、経済理論ではなく弥生会計ソフトを」ということだそうです。実学の中身とはそういうものなんです。

これに対して、教育関係者を含めてかなり多くの批判の声が上がりました。例えば「教養崩壊をますます進めていくものだ」と。しかし、私が思うに、そうした批判だけではとてもじゃないけどもたないと思います。今日も話題になったように、教養主義が大事だという考えは、もう常識ではないのですから。

一方でどんなデータがあるかというと、いまの大学生の四割が一冊も本を読まないのですね。本を読む習慣が一切ない。ですから、文科省およびそのアドバイザーの立場からの本音は、「ほとんどの若者はグローバル・エリートになんかなれっこないのだから、グローバル・エリートたちの下請けをやる奴隷労働者みたいになるしかない。そのとき、どうせ何も勉強していないのだから、現状では奴隷としても使い物にならない。ならば奴隷として少しは使い物になるようにしてやるために、エクセルを習わせよう。弥生会計ソフトも学ばせよう。大型免許も取らせよう。少しは使える奴隷になれるように、面倒見てやろう」というものでしょう。いまの若者たちは実質にここまで言われているわけです。そして四割の大学生は、この「本音」に対して反論なんかできない、その資格がありません。まさに反知性主義的な現実があります。状況がこんななのに、十年一日のごとく「教養は大切！」と言い続けたところで、説得力がない。

他方で、「L型だのG型だの、やってごらんなさいよ」という気持ちもあります。実学一辺倒なんてことにして、果たして教育機関がもつでしょうか。絶対にもたないです。内側から荒廃していきますよ。

私は専門学校でも教えていたことがあるのですが、そこで「哲学」という科目を担当していました。これはもちろん専門学校が目的としているところの国家試験の合格に関しては何の関係もない科目です。しかし、それでも卒業生から「先生の授業が一番面白かったです」みたいな感想を聞いたりして嬉しい思いをしたこともあります。「どうして面白かったの？　国試の役にも立たなかったでしょ」と聞くと、「そりゃやっぱりマニュアルみたいなことばっかりやっててもつまらないですよ」と。結局人は何のために学びに来るのかというと、これを学べばこういう結果を得てご飯が食べられるからということだけではないのですね。いままで自分が考えられなかったようなレベルに一段階でも知的に向上すること、このことがこの上ない喜びをもたらすのであって、それこそが教育がもたらすことのできるものなのだと思います。だから実学志向をいくら進めても、人間からこういう衝動をなくすことはできない。

これからいろいろな再編が起きて、私なども職業的に生き残りのための勝負をかけなければいけない時代になってきますが、ある意味楽観視しているところがあるのです。根本的にこの勝負には勝てるに決まっているのですから。

信田　すごくいい話ですね。そうすると臨床心理学も変わりますかね、認知行動療法一辺倒から次の波へ。

（2014年12月11日、朝日カルチャーセンター新宿教室にて）

〈対話者〉佐藤　優

Ⅵ　沖縄問題の淵源には「廃藩置県の失敗」がある

佐藤優（さとう・まさる）

一九六〇年、東京都生まれ。作家、元外務省主任分析官、同志社大学神学部客員教授。同志社大学大学院神学研究科修了後、外務省に入省し、在英大使館、在露大使館、国際情報局に勤務。著書に『国家の罠―外務省のラスプーチンと呼ばれて』（毎日出版文化賞特別賞）、『自壊する帝国』（新潮ドキュメント賞、大宅壮一ノンフィクション賞）、『いま生きる「資本論」』（以上、新潮社）、『獄中記』（岩波書店）、『国家の謀略』（小学館）、『嫉妬と自己愛「負の感情」を制した者だけが生き残れる』（中公新書ラクレ）、『キリスト教神学で読みとく共産主義』（光文社新書）、『牙を研げ 会社を生き抜くための教養』（講談社現代新書）、『日露外交 北方領土とインテリジェンス』（角川新書）など。

アイデンティティの移行が示すもの

――二〇一四年の沖縄県知事選では、辺野古新基地建設を最大争点として、初めて保革の対決を越えて、オール沖縄という枠組みから翁長雄志知事が誕生しました。続く総選挙のあと、自己決定権を主張する沖縄と、強硬な安倍政権の対照性が明らかになりました。

佐藤　沖縄は、過渡的で不安定な状態だと言えます。今後の方向性は、「自己決定権の再確立」へ動くことは確実ですが、どういう形で行なわれるのか――現状の沖縄の枠内で行なわれるのか、あるいは道州制の方向で起きるのか、それとも分離独立の方向で起きるのか、あるいは道州制よりも進むけれども分離独立まではいかない連邦制に近い形になっていくのか、それが沖縄県民自身にもわからない。なぜならば、この問題は沖縄県だけで決められるのではなく、日本、それからアメリカの対応が大きな鍵となってくるからです。

沖縄は常に、たとえば呼称においても「琉球」「沖縄」の間で揺れるように、日本との同一性が高い方向で向かう時期と、反対に、日本との差異を強調する方向で行く時期がありますが、いまは差異を強調する方向にあります。

仲井眞弘多前知事は、二〇一三年一二月二六日までは、保守の県政の中では最も沖縄県民に寄り添った知事だったと言えるでしょう。二〇一〇年四月二五日の普天間県内移設反対の県民大会に参加して、沖縄の基地負担について「差別に近い印象すら持ちます」と明言し、オスプレイの強行配備に対しては全基地閉鎖の可能性すら出てくると言っていました。

ところが一二月二六日に、辺野古の埋め立てを承認します。あのような形での変化が出てきたのは何なのか。沖縄県民は、仲井眞さんに対する憤りはあるけれど、知事が沖縄人以外の日本人に「裏切者」と非難されることには、カチンとくる。それは、「本当に悪いのは、県民に寄り添ってきた知事を最終的に押し切って反対側に追いやった中央政府である」という事実から来る感情なのです。

白井 私は、あくまで本土の日本人にとっての沖縄問題を考えてきました。『永続敗戦論——戦後日本の核心』(太田出版)の執筆中、「永続敗戦レジーム」と呼んでいたものが最もダイレクトに出ているのが沖縄だと気づきました。本土の日本人が永続敗戦レジームの本当の構造・本質を見ないで済むのは、まさに沖縄を犠牲にしてのことです。戦後の日本は、アメリカを受け入れざるを得なくなった。その際に、「アメリカ的なるもの」には二面性がありました。すなわち、「暴力としてのアメリカ」と「文化としてのアメリカ」です。前者のプレゼンスは、本土ではどんどん不可視化されていったわけですが、それは、沖縄に「暴力としてのアメリカ」のほとんどの部分を引き受けさせたからです。こうして「暴力としてのアメリカ」が見えなくなったから、「アメリカはいつでもいつまでも日本を守ってくれる」という温情主義的妄想が生まれ、それを親米保守の政治家はもちろん、大手のメディアも必死に守ろうとしてきました。今日のアメリカは衰退のツケをできるだけ日本に回したいわけで、そのためには収奪も辞さないという暴力性を回帰させてきています。だから、日本が置かれている本当の姿が沖縄にこそあるのです。

沖縄だけが、「暴力としてのアメリカ」を直視させられてきた。そういう場所だからこそ、いまの情勢を沖縄は客観的に把握することができる。二〇一四年の沖縄県知事選は、いま沖縄県が日本の中で政治的には最先端地域になっていることを示しました。私は永続敗戦レジームに終止符を打たない限り、日本に未来はないと言い続けてきましたが、それを打ち倒す勢力が結集しないと、何も始まらない。ところが現在は、民主党が永続敗戦レジームのなかにとりこまれて全く対抗勢力になっていないように、本当の意味での政治的な対立構造が成立していません。しかし沖縄では、それが先鋭的に可視化されている。

仲井眞さんは県知事選で負けたあと、その引き継ぎ期間に重要な辺野古基地の建設に関する書類にサインをしました。残念ながら、仲井眞さんは永続敗戦レジームのいわば代理人に堕してしまったと思います。沖縄県知事選は永続敗戦レジームの代理人と、それを打ち倒そうとする勢力の一騎打ちだったと言えるでしょう。日本本土の政治対立の構造も今後同型になっていかなければならないと考えています。

佐藤　確かに、仲井眞さんは永続敗戦レジームに飲み込まれていきました。しかし、考えるべきもう一つの要素は、沖縄県民のアイデンティティの変容です。沖縄県民のアイデンティティは次の四つに大別されます。

第一は、自分たちを「日本人である＝沖縄人ではない」として、日本人以上に日本人になって行動するタイプです。しかし彼らは、過剰な日本人性を強調せざるを得ない点で、実は沖縄に対する裏返しの強い意識が存在しています。

第二は――圧倒的大多数の沖縄人ですが――、あまり深く考えないタイプ。これはウクライナ紛争ともとても似ていて、東部ウクライナの人たちはそもそも、自分はウクライナ人かロシア人かなど特に考えていない。日頃はウクライナ人はロシア人の悪口を言っているけれど、外国人がロシアはとんでもない後進国だ、などというとウクライナ人が怒り出す（笑）。同様に、大多数の沖縄人は、強いて言うならば沖縄系日本人ですね。日本人だけれどもアイデンティティのどこかに沖縄があるという程度の意識だと思います。

第三は、究極のところで沖縄人か日本人かの選択をせまられたら、沖縄人を選ぶタイプです。この認識は、中央政府の権力者的な沈黙に対して、自分たちが同胞とみなされていないのではないかという疑いから発しています。つまり、都合のいい時だけ日本人に入れられて、都合の悪い時は外側に追いやられる、という事実が可視化されていると言えます。

第四は、自分たちを琉球人であると考えるタイプ。日本人とは全く関係のない別の民族だという認識です。彼らは、当然、自己決定権を行使すべきであると考えます。

挙げた四つのなかでは、二番目と三番目のタイプが圧倒的な多数です。しかしこの数カ月の間で、二番目から三番目へのアイデンティティの移行が起きています。つまり「沖縄系日本人」から「日本系沖縄人」へと軸足が移っている。私自身もその一人です。

白井　なるほど。今後の沖縄を考える際に、アイデンティティの問題は避けて通れないですよね。私の見る限り、二番目から三番目へのシフトはもちろんのこと、四番目のタイプが増えてくるだろうと思うのです。実際、本土の側はそう仕向けるような仕打ちをしているのですから。

佐藤　ゲルナーが言うように、産業社会とナショナリズムと資本主義は、パッケージです。彼の例をそのまま引用すれば、鉄板の中で同じように熱を加えているのに、一定の部分だけに常に熱が集まっている。耐エントロピー構造ができている。そういう状況においては、それに対応して独自のアイデンティティが出てくるのは当たり前です。

したがって、中央がいくら平等だと強調したところで、あちこちに構造化された差別があるから、日本人が支配する本土に行きたくないわけです。その上で、可視化される形で国土の〇・六％の陸地面積の沖縄県に七四％の基地が集中している。それなのに、本土はわからないから、「触れてくれるな」ということです。それは、排外主義とは違います。

日本と沖縄の情報空間が違ってきている

佐藤　沖縄県の新聞を読んでいて面白いのは、やはり日本語が違うと気づくことです。たとえば本土で「御礼参り」と言えば報復のことですが、沖縄の新聞では本来の感謝の意味で使っています。小さなことですが少しずつ差異が出ている。

つまり、情報空間が変わってきているのだと思います。だからいま沖縄の本音に近いのは、沖縄と沖縄人の死活的利益に関わる事柄は沖縄人が決めるので、あなたたちは触れないでほしいというところでしょう。辺野古の基地、安全保障条約などの問題、そして沖縄が最終的に金で転ぶとか、本土の活動家が来ているとか、後ろで中国が動いているとか、その手の言説には反論する気も起きないので放置しているのです。

沖縄では日本に対する無関心が強まっています。そして沖縄の若い世代にはネットで、「いまの沖縄は既得権益者の集まりだ」と言っている人がいますが、彼らは昔のような集団就職、あるいは高等教育を受けるためには親族を頼って本土に出て来ざるを得ないといった状況を知らない。つまり、逆説的なことに、沖縄県のなかで充足して自己完結しているから、日本人の差別性を皮膚感覚でわからないのです。彼らが日本に対する過剰な思いを持って日本に渡ると、さまざまな問題にぶちあたる。沖縄の保守系政治家から、沖縄にいるときは読売と産経を読んでいたけれど、本土に来たら全く読まなくなった、という話を聞きました。

思ったよりも沖縄と日本が、相互に違う情報空間の中にいる。そしてそのことにお互いが気づきにくくなっています。

――本土の人は沖縄で何が起きているかに触れる機会は少ないし、沖縄の人は、沖縄の新聞に載っていることが本土の新聞には全然載っていないことを知らないと思います。

佐藤　沖縄は、新報、タイムスを地域で回し読み、新聞をベースに議論の土台ができています。

今回の選挙は、自民党はもちろん、オール沖縄のなかで共産党も大変な試練だと思います。共産党は、たとえば部落解放運動でもそうですが、差別を言いたがらない傾向が非常に強い政党です。だから沖縄との関係においても、差別は言わない。いままで革新陣営が保守に負けてきた理由は、保守は差別を語れるけれど、革新陣営は共産党が入ってくることによって差別について言及しにくくなり、沖縄人の琴線に触れられなかったのです。オール沖縄に入って翁長雄志さんを支援するということは、保守の翁長さんも変容するけれど、共産党も変容している。

いま、リベラル派も変わってきています。いま沖縄にあるのは、大別すればナショナリズムなのですが、ポストモダンな状況をくぐり抜けた上でのナショナリズムというか、ナショナリズムには「悪いナショナリズム」と「うんと悪いナショナリズム」しかない、それを承知しているナショナリズムなのです。人権や啓蒙思想には権力性があることや、アジアの全体構造の中では沖縄も収奪する側にいるかもしれない、それも承知した上でのナショナリズムです。

そして、それは目的論ではなく、何よりもまず、いま目の前に迫った危機の解決を求めています。安保条約の廃棄、すべての基地の閉鎖という極端な話はしていないのであって、国土面積の〇・六%の沖縄に七四%の基地が集中しているのはおかしい、という単純な話です。仮に辺野古に基地を建て、嘉手納以南が返還されるとしても〇・二五%しか減らず、しかも嘉手納基地に匹敵する恒久基地が建てられるという見方さえある。沖縄は東京の中央政府に対して「こんなことは聞いていませんよ」と言っているのです。

これまでは東京の政治エリートVS.オール沖縄の闘いでした。しかし近年、東京の政治エリート＋全国紙、全国メディアが相手になってきている。もう少し事態が進めば、日本VS.沖縄の図式になってしまいます。

沖縄の闘いは、おそらくは歴史認識が焦点化するでしょう。たとえば、いま沖縄で原本が展示されている琉球王国とアメリカ、フランス、オランダとの三条約は、琉球処分の国際法的合法性を問いかける深刻な歴史認識の問題をはらんでいますが、日本では完全にスルーされていますね。

「琉球処分」というかたちで琉球王国が日本の一部になったのは、民意を全く経ない「併合」だったのではないか。いま琉球国の問題が出てくるのは、「廃藩置県の失敗」を意味しています。それを沖縄が提起する形で、いまの辺野古問題への視座を提供している。

辺野古で、海上保安庁は適法に取り締まっている、と言いますね。確かに日本法に照らしたらそうかもしれない。しかしその前提を問わないといけない。我々はなぜ日本法に従わないといけないのか？そう沖縄は考えるわけです。ですから事態は非常に複雑になっています。

白井 情報空間の違いについては非常に実感するところがありますね。私は「ヤフーニュース個人」というウェブ上のコラム欄を持っています。いままでそこに一〇本近く記事を載せましたが、そのうち、「沖縄」がタイトルに入ると、如実にアクセス数が伸びないのです。これにはちょっと愕然とします。ここまで歴然とした差が出るとは。沖縄問題が、日本国家の根幹に関わる問題なのだということを理解している人口が、あまりに少ないのです。

佐藤 率直に言って本土では、沖縄ヘイト本──真実の沖縄の姿はこうであるというものしか売れないでしょう。

一方、二〇一〇年に文庫化された大城立裕氏の『小説　琉球処分』（講談社文庫）は部数が多く出ましたが（四万五〇〇〇部）、その七割は沖縄県内で売れているようです。人口割で考えるならば、たいへんなベストセラーになります。沖縄に関する真面目なものがほとんど売れないのは、版元の責任ではなく、ひとえに情報空間の違いによるものです。使い古された用語ですが、内国植民地の姿が非常に鮮明です。

「独立」を煽る政府の無神経

白井　沖縄県民のアイデンティティの移行のお話がありましたが、知事になった翁長さんに会わないなどの行為によって、日本政府がその方向に仕向けているとしか思えないような行動が目立ちます。

佐藤　無意識のうちにやっているのでしょうね。安倍さんや菅さんには、沖縄で起きていることは理解不能なのです。

私は外務省時代、東京の役人たちの「外交安全保障は中央政府の専管事項である」という理屈を目の当たりにしてきました。中央政府からみると、とにかく沖縄は、自分たちが拒否権を事実上持っていると勘違いしているのではないかと、見えているんですね。すると、そんな勘違いしているやつとは会う必要がない、となるわけです。

そもそも知事は、日本の役所の序列では、非常にプロトコル的には低い。戦前においては任命制だから、内務省の課長程度の地位でしかないし、中央官庁には、「民意によって選ばれた知事」だという意識は薄いのです。むしろいままでの仲井眞さんに対しては、特別に自分たちのためにサービスをしてくれたから、そのお返しをしているという程度の感覚ですから、中央政府は結局のところ、沖縄県のことがわからない。

白井　構図的には、佐藤栄佐久元福島県知事と経済産業省との対立の構図を反復していますね。佐藤知事は、「原発立地自治体の意見・意向が原発政策に全く反映されないのはおかしい」という声を上げました。それに対する国側の反応はゼロ。原発推進は中央政府の専管事項だから、県知事に発言権などない、ということでしょう。ついには「こいつはあまりにもうるさい」と、国策捜査で逮捕。佐藤元知事が書いた『知事抹殺』(平凡社、二〇〇九年)のなかの原子力政策の無責任性を指弾する言葉は、三・一一の発生を予言するものとなってしまいました。

　こういう過ちがあったのに、そこから学ぶ姿勢は存在しない。それが沖縄の独立の気運を高めています。しかし中央政府の振る舞いは、本土の人間の無関心を象徴しているように思えます。

佐藤　その無関心は植民地の歴史を見ればごく普通ですね。朝鮮半島や満州における日本人のなかに、中国語や朝鮮語や朝鮮史を勉強しようとした人がどれくらいいたか。

　差別が構造化しているという話についても、たとえば原発などの別の差別構造と混同している面もあります。原発は容認するか否かを別として、地元の自治体も民主的な手続きによって選ばれた、選挙による同意の形をとっています。ところが沖縄では、今回の辺野古が初めてその形をとられそうになったので、それ以外の基地は民意は全く斟酌されていない。

白井　しかし日本政府は、沖縄は独立してもいいという考え方かというと、いや、そんなことができるはずがないと高をくくっているんですね。

佐藤　ちょうどモスクワの中央がバルト三国など独立できるはずがないと高をくくったのと一緒で

す。独立の動きは、ある種の流れになってくると加速します。特に文化エリートの動きがものすごく重要です。

先ほど触れた琉米条約、琉仏条約、琉蘭条約の意味も大きい。今回、三条約が沖縄に里帰りしていますが、それを外務省の外交史料館があっさり認めていることは、問題の深刻さをいかに理解していないかの証左です。次の段階で三条約原本の返還要求になってくるでしょう。

この前まで沖縄戦が焦点になっていましたが、その後一八七九年の琉球処分が論点になってきた。いま、一八五四年の琉米通好条約の時点の関係が焦点化しています。するとその先は、一六〇九年の琉日戦争でしょう。薩摩の琉球入りが、国家間戦争だったという認識になってきます。

白井　県知事選以前からいまに至る状況——辺野古で流血沙汰すら起きている——をみると、これまでとは違った規模で沖縄独立論が出てきてもまったく不思議ではないと思います。佐藤さんは、『佐藤優の沖縄評論』（光文社知恵の森文庫）で、二〇〇九年一一月の段階ですでに、今日の展開を推測しておられます。東京の政治が辺野古移設路線のゴリ押しに戻れば、「民主党とも自民党とも異なる独自路線」を取る沖縄党が生まれるだろう、と。翁長知事の誕生過程では、「オール沖縄」という形で実質的に沖縄党が生まれたとも言えます。それでも辺野古での建設強行路線はビクともしないから、ここからさらに進んで、自決・独立の方向へ行かざるを得ない気配が感じられる。かつては独立論と言えば「居酒屋独立論」だと言われてきました。酒の肴、憂さ晴らし程度の話で、本気ではないと。

しかし、いま生じてきている気運は、こうした従来の雰囲気とは異なるもののように見えます。

佐藤　革命や独立論は、必ず居酒屋やカフェのようなパブリックな空間から出てきます。だから、ソ連時代のモスクワには居酒屋や喫茶店はなかった。「居酒屋独立論」は正しい道程なのです。みんなが立ち寄って文句を言い、人民戦線の母体になるのは居酒屋です。問題は文化エリートです。独立のイデオロギーをつくることができる人が出てくるのかどうか、が大切です。

沖縄の場合、翁長県政の存在が、一定の歩留まりとなっている。もしも翁長さんが仲井眞さんのようなやり方に変質することになった場合、その瞬間において翁長さんは正当性を失うし、もう保守からは真の代表を出すことは無理だ、となるでしょう。あるいは日本国の選挙だったら我々の民意は代表できない、選挙はボイコットだとなるかもしれない。

非常に気になるのは、海上保安庁の動きです。海保は沖縄ともっとも良好な関係で来て、トラブルなどこれまで聞いたことがありませんでした。ところが今回、海保がいかに暴力的な組織で弾圧の先頭に立っていたか露呈してしまった。これが、いざ中央からの命令が来たときの旧軍の記憶にも重なるのです。それから、海保は全国で人事をやるので沖縄県警やガードマンと違い県外の人の比率が高い。海上保安庁との問題は、日本に対する視線が悪化していることと表裏です。

沖縄は排外主義では行きたくない

――あるテレビで「沖縄への差別」として辺野古工事強行を取り上げた際、コメンテーターたちが「東京にも起こり得る」と受け取ったことが印象的でした。現政権の強権的なあり方を我がこととして受け取るようになっているのかもしれません。

白井　そのあたりは、原発政策がどのように推進されてきたのかとつながってくる話です。先ほど原発問題と基地問題の相違点、民主主義の形式的手続きを経ているかどうかという話が出ましたが、もう一つの違いはアイデンティティの問題と関わってくると思っています。昨年沖縄を訪れて嘉手納基地とその周辺を見て印象深かったことは、「基地との共生」「基地との共存」のようなスローガンが一切ないことです。基地に依存している現実もあるのに、だからといってそれと「共生」しようとは決して言わない。

原発でも基地でも、嫌なものを押し付けられる背景には、明らかにマジョリティの日本人から差別されている構造があります。しかし、誰しも自分が差別されていると認めることはつらいことです。だから、原発立地自治体の人たちは、構造的差別を逆に肯定的なアイデンティティに転化してきました。「ここに原発があるからこそ日本の産業は成り立って、みんな幸せな暮らしができるんだ」、という風に考えて、原発という迷惑施設をある種の地域のプライドにしていったということです。原発立地自治体にみられるスローガンの類には、このような心理操作の形跡がうかがえます。こうした心理操作が生じた必然性は理解できます。しかし、福島であれだけの事故が起こったにもかかわらず、多くの原発立地自治体の首長選挙で原発問題が焦点にすらならないという現状はやはり異様だと思うし、その背景には、以上のような心理操作によって「原発を抱きしめて」きた過去があるのでしょう。

では、沖縄の場合はどうなのか。沖縄に米軍があることによってこそ、日本の安全が、ひいてはアジアの秩序、世界の秩序が保たれている――という理屈をつくろうと思えばつくれないことはないでしょう。だけども、基本的に沖縄はそれをやってこなかった。同じように犠牲化されている地域だとは言っても、ここには大きな違いがあると思うのです。プライドとアイデンティティの形成構造が違うのだと思います。

佐藤　「沖縄イニシアティブ」の人たちは、それをつくろうとしたのです。しかし、それは沖縄県民を納得させられなかった。それは皮膚感覚として全然違うからです。

白井　沖縄で、基地負担をすることが沖縄の誇りである、という言説を生産する人たちは、現在はほぼいないと言ってもいいのですね。

佐藤　沖縄に行って、その辺にいる人たちに基地について聞いてみるとします。基地に対して肯定的な答えが返ってきたとしても、それが本音とは限りません。人口の一％しかいない少数派の人間が、見ず知らずの本土の人間に本音を話すと思うこと自体がおかしな話で、内国植民地に対する鈍感さ以外の何物でもない。だから、東京でいま「沖縄の心を理解する」と言う人たちの理解は、「沖縄イニシアティブ」までにとどまるのです。日本には、カルチュラル・スタディーズやポストコロニアリズムとかの専門家はたくさんいるのだから、その辺の感覚はもう少し敏感でなければいけないと思います。

白井　私は、カルチュラル・スタディーズとかポストコロニアリズムが流行した頃、ちょうど大学生でした。沖縄についての研究者が急速に増え始めた頃でもありました。率直に言って、私はそのことに対する違和感があったんですね。研究対象としてなぜ沖縄を選ぶのか、一向に伝わってこない場合もある。だから、流行っているからという研究動機も多かったのではないかと。

それはともかく、研究の厚みが増してきたことは確かなのです。そこで問題になるのは、国民国家論以来、左派・リベラルは政治的な民族自決と結びつく形での民族アイデンティティの主張を苦手としていることです。だから、わたしと同年代か少し下の世代だと、松島泰勝さんの独立論に対して、批判的な人も見かけます。彼らは、こうした議論が沖縄アイデンティティを固定化する方向へ向かうことを危惧するのでしょう。かれらの多くはアイデンティティの複合性や混合性を称揚してきましたから、「琉球民族独立総合研究学会」のような方向性に対して警戒感を持つ。佐藤さんの言われたようなポストナショナリズム状況をくぐり抜けたナショナリズムだという認識がないですね。

佐藤　そういう批判をする人たちは松島泰勝さんの『琉球独立論』（バジリコ）などを読んでいない

のでしょうね。松島さんの発想は沖縄アイデンティティを固定化する旧来型のナショナリズムとは異なります。

私は琉球王国との過去の記憶は非常に重要だと思うし、琉球語を復活するにおいては首里・那覇方言を中心とした公用語が必要だとも思います。必要なのは、日本と外交文書をつくるための琉球標準語です。そう考えると、私の方が松島泰勝さんよりも旧来型のナショナリズムに近い考え方をしていると思います。

沖縄は、自己決定権を確立しても排外主義はやりたくないのです。一九八一年に出された川満信一さんの「琉球共和社会憲法C私（試）案」も「国」を極力避け「社会憲法」としたし、松島泰勝さんたちの考え方にも連邦制が入っています。

カルスタなどを専門にしている学者さんの問題は、沖縄を扱っていながら沖縄の言葉を学習しないことです。地域研究は言語の知識なしに成り立ちません。それでいま沖縄が、「とまくとぅば（島言葉）」の日をつくった（沖縄県条例第三五号）。それから翁長さんが那覇市長時代に力を入れていたのはハイサイ・ハイタイ運動で、那覇市の試験に琉球語を入れることになった。これは琉球語を話す意思を確認する重要な意味を持ちます。文化に政治を包み込んでいく形での自己決定権論議が重要になります。

日本の無関心

白井　私は、学生に沖縄問題について話す時には、最初に関心の低さについて言及します。そして、それはまずいことであるとも伝えます。

ものすごく大ざっぱに言うと、日本人の五〇％は沖縄の問題に関して無関心である。残りの五〇％は関心があるとして、全体から見て二五％は気の毒だという同情的感情を持っている。最後の二五％というのは、沖縄にはろくな産業もないから基地でも押しつけておけばいいという差別的な感情を持っている。このなかでは同情が一番ましだということになりますが、それでもすべて、他人事としてしか捉えていないことには変わりがない。私も、『永続敗戦論』を書く過程で、自分にとって沖縄問題が、自分が当事者である問題として捉えられるように頭の中がようやく整理されたわけですから偉そうなことは言えませんが、「関心をもっと持たなければならないんだ」ということを道徳的なお説教として言っていてもダメで、やはり当事者の自覚を訴えかけなければならないと思います。

それからもう一つ、沖縄は、「近代国家とは何か」を日本人全体に突きつけていると感じます。近代国家は社会契約的な擬制に基づいています。だから、対等な人権や人格を持った人間同士であるということでお互いを認めてこの社会は成り立っているはずなのに、ある地域があからさまに差別的な状態に置かれているとしたら、この国の社会契約は偽であるといってそこから離脱する人たちが出てきても仕方がない。

つまり、社会契約的な公正性を担保する努力をしなければ、近代の国家共同体は壊れるのです。結局、日本は社会契約的な観念が脆弱だから、本当の意味で近代国家ではないとの指摘を、沖縄に対する扱いは裏打ちしてしまっています。だから、沖縄の問題は、家族国家論的な国家観が日本でいまだに根強く残っていることへの非常に鋭い重要な問題提起になっているのだと考えます。

沖縄県出身の学生に接触することもありますが、かれらの反応も、また複雑です。たとえば、普天間基地のそばで育った学生のなかには、危険性を承知しているからこそ、辺野古への移設でも仕方ないと本音をいう子もいます。そこで、わたしは、「普天間基地閉鎖を日本政府は正式には一度も言ったことがない」と教えます。政府関係者は「普天間基地は世界一危険だ（だから辺野古を早く作ろう）」とよく言いますが、この「世界一危険」というフレーズを最初に使ったのはラムズフェルドで、東京の権力者の誰も、「畏れ多くて」言い出せなかったわけですよね。沖縄のメディア関係者から聞いた話ですが、だから厳密には、辺野古に二〇〇年もの耐用年数を持つ新基地をつくろうとしていることだけが確かな現実であって、それができたからと言って普天間が必ずなくなるかといえば、そうではないのだ、と。

佐藤　「宜野湾は人口密集地だから基地があったら危険だけれども、辺野古ならば過疎地であるから危険でない」という発想は間違っています。辺野古に住んでいる人たちの人命（権利）と、宜野湾に住んでいる人々のそれについて、擬似対立をつくり出していることこそ問題です。

白井　同感ですね。そのような地域間での擬似対立のほかに、世代間での断絶のようなものもあるという話を聞きました。沖縄県出身のある教え子が言うには、沖縄は悪い意味でヤマトナイズされつつあって、伝統的な年長者に対する敬いの自然な感情が薄れてきているのを感じているそうです。たとえば米軍基地がなくなったあとの跡地利用として、それこそ「ジャンク風土」的なショッピングモールができている現状もあります。一方では政治的な結束がだんだん高まってきている側面があり、他方で生活基盤、慣習、伝統の部分において、沖縄県民ですら不安に思うような分解の状況があるのかもしれない。その二面的な進行を感じました。

佐藤　どの時代においても、伝統がなくなっているという批判はあります。たとえば三〇年前、誰もかりゆしを着ていませんでした。あれは比較的新しい民族衣装であり、服を通じたアイデンティティの変化を示しています。

逆に沖縄の伝統であっても、トートーメーのように変わるべきものもあります。これは、沖縄の伝統からすると長男しか相続できません。そのまま家督権という形で財産分与とも絡むので、ジェンダーの観点から問題があります。

強いのではなく乱暴な政権

──沖縄戦では多くの日本兵が命を落としましたが、「日本人が戦った戦争」の記憶がなぜ消えていくのでしょうか。

白井　日本人は、ある意味都合のいい歴史を作ってきました。TVドラマなどで戦争を描くときは、相変わらず空襲で焼夷弾が降ってきて大変だった話ばかりです。以前は、戦争加害者の側面を描くものもありましたが、近年はとくに、被害者性の表現ばかりになっている。時間とともにどうしても記憶の生々しさは風化するので、大変だったんだというわかりやすい被害者性を強調するしかなくなっているのでしょう。

佐藤　近年、「反戦的」といわれている作品の中にも、実は美学に吸収してしまっているものもあります。それは、加害性と向き合うこととは違います。

沖縄については無関心が基本で、都合が悪い部分について日本人は沈黙します。そして消費できるものは消費していく。

安倍政権は、強いのではなくて乱暴なのです。強い軍隊と乱暴な軍隊は違います。実はあの人たちはあの人たちなりに沖縄のことを本当に一生懸命理解しようとしているんですよ。しかしあの人たちの理解では今やっていることが限界なんですね。沖縄の側も気づいていて、率直に言って、政権が代わるのを待っていると思います。

白井　安倍政権は、しめ上げれば沖縄は結局言うことを聞くだろうと本気で思っているのでしょうか。

佐藤　考えていないと思います。安倍さんが沖縄について言っていることはほとんどありません。すべて他の人に任せきりです。そして、任された人も、基本的には強硬論で押し通すだけです。

今後、現場で、沖縄出身のガードマンや沖縄県警の警察官がどれだけサボタージュできるかが重要になってきます。あの若者たちを敵に回す言説は受け入れられない。やらないでいい対立が沖縄の中に持ち込まれていることに、ガードマンや警察官も憤っています。

白井　佐藤さんは「辺野古移設はもう根本的に無理で、一種の政治ショーでしかない。流血の惨事になればアメリカに対して断るアリバイができる」と予測されていましたね。

佐藤　流血は何としても避けなくてはなりません。日本の中央政府や米国の都合で、沖縄人の血が流されるようなことはあってはならない。米国は合理的で、本当に必要だと思っているのは嘉手納基地です。もちろんお金を出してくれて辺野古に巨大基地をつくってくれることは歓迎するけれど、そのために敵意に囲まれた基地になるというのは勘弁してくれということです。いま、見極めをしている最中だと思います。

それから、ややもすると東京の政治エリートは、沖縄が本気で抵抗していないと勘違いしていますが、同じ県民同士で流血を起こす行為は最低であると自制が働いているのです。

白井　結局、辺野古に基地をつくることは、もはやアメリカの望みではなく、永田町と霞が関の望みに過ぎないという話は、かなり広まりつつあると思います。

佐藤　端的にいえば惰性でしょうね。意思決定は、やめることを決断するよりも、とりあえず進む方が楽ですから。

白井　ここにも日米同盟の本質が表れていると思うのです。駐留米軍とは、結局のところ何のために居るかといえば、永続敗戦レジーム支配層の用心棒として居る、というのが最も正確な理解なのではないでしょうか。ただし、用心棒のほうが雇い主よりも強いというおかしな関係にあるのですが。

野中広務さんなどが現政権のやり方について相当厳しい批判を加えています。東京の政治家、特に自民党系政治家の沖縄に対する態度は以前と比べて根本的に変質してしまったのでしょうか。

佐藤　本質は昔も今も同じだと思いますよ。沖縄もそれがわかった上で、「昔と違う」と言っているのです。野中さんをはじめ「沖縄のために尽くしてくれた日本人」はいろいろいますが、その類の神話には、沖縄は飽き飽きしています。

いま沖縄系の論壇人が一種の自己規制を働かせて、不必要な敵をつくるような運動論を極力抑えています。それを一部のリベラルの人から、「沖縄は言うべきことを十分言っていない」「沖縄内部の腐敗に対して目をつぶっている」「全体主義的である」と批判されますが、これは「政治」なので、敵の前では汚れた下着を洗ってはいけないわけです。

――米軍の射撃訓練などを沖縄から引きはがして地元に持って行ったのは、鈴木宗男さんだけですね。

佐藤　当時、共産党は「北海道を沖縄化するな」という内容の抗議をしました。しかし、どこかが受けなければならないし、黙っている誠意もあるのではないかと思います。

白井　共産党は安保体制そのものを否定しているので、そうした原則論からの批判で十分だという立場なのでしょう。しかしそれでは現状は動かせない。その点からいうと、今回、選挙でオール沖縄体制ができて、そこに共産党も入ったことは、本土では考えられないことであり、快挙だと思います。

佐藤　本土とは性質を異にした「沖縄共産党」が成り立ち得るかどうか、注目すべき問題です。かつての人民党の形に戻るのなら、事実上は別の党になります。

白井　オール沖縄は、ある種の人民戦線と言ってもいいと思います。「辺野古に基地をつくらせるな」という一点――そして、翁長さんという一点での連帯です。本土の共産党は何かの一点で他党と連帯することがないのに、沖縄の共産党がそれができるのは、おそらくは社会構造の差でしょう。沖縄アイデンティティという確固たる社会的基礎がある。

佐藤　重要なのは、沖縄のメディアで伝えられていることを東京でどう伝えて乱反射させるか、そしてその逆も必要です。東京でやるべき仕事は、沖縄との回路を持つことです。沖縄の二紙を媒介にしないと沖縄では世論にならない。

私が沖縄知識人の課題だと思うのは、言語の問題です。いま、琉球語が復活できる基盤をつくっておかないと、次の世代で琉球語を公用語として実務で使えるようになりません。正書法の規則もできていないし、標準語辞典もつくらないといけない。これは五〇年かかる仕事です。

翁長県政に期待することの一つは、琉球標準語の形成に分けて一歩踏み出してほしい。最終的には、合意の文書をつくるときも琉球語／日本語を等しく正文とするなど、日本と対等の立場を維持していくのに必要になってきます。

日本も沖縄も双方が認識しなければならないのは、先ほども言った廃藩置県の失敗という事実です。その現実から考えると、外交権の一部の回復がない限り修復できないのです。その意味においては、東部ウクライナで起きていることと相通じるものがあります。すると、結局は連邦条約みたいなものをつくっていかざるを得なくなる。その時の条約は、日本語だけでなく、日本語と琉球語でつくらないといけない。言語の回復は極めて重要な問題です。

白井　いまの日本の絶望的な政治状況下で、ある意味沖縄が唯一の希望にも見えます。「自己決定権を獲得する」「独立する」という高揚感が伝わります。そうした動きが日本の一部分で大きくなることは、国民全体にいい意味で衝撃を与えることになるだろうと思います。しかし一方で、本土の人間がこうした形で沖縄に期待するのは、我ながら自分勝手な話だとも思うのですが。

佐藤　自分勝手と意識している限りにおいて、それでも構わないのです。自決権とは、沖縄は沖縄でやらせてもらう、ということですから。

問題は、いまの日本の辺野古での基地建設強行は、明らかに沖縄に危害を加えているという現実であり、近代的な自由権原則に完全に違反しています。日本の一員であるということで基地が強要されるなら、外に出るしかないという結論はありえます。ただその過程で、「我々はどうして日本の一員になったのか」を、いま再検証しようとしているわけです。それが集合的意識か集合的無意識か、その両方が結びついて琉球三条約の展示といった形で出てきている。

沖縄県知事選と今後の県政

白井　翁長さん自身の当選後の言葉で、「従来の保革の対立を越えた今回の陣営は、沖縄の民意が先にあって、ようやく政治家が追いついた」という趣旨のものが印象的でした。結局のところ、本土の政治がどうしようもない状況にあるのも、「民意」による突き上げがなく、政治家たちがだらしないままでも許されているからです。

佐藤　ただ、正しい代表制でも、民主主義が最終的に数で決まるならば日本全体の人口の一％強しかいないので沖縄は勝てません。現実政治の観点から鍵を握っているのは公明党・創価学会でしょう。与党の陣営にいながら今回の選挙でも仲井眞支持に行かない。総選挙における自民党の惨敗は沖縄創価学会・沖縄公明党が沖縄の地に根付いて動いていることを意味します。そして中央の創価学会も公明党もその動きを尊重せざるを得ない。おそらく中央の政党と沖縄支部の考え方が違う場合に、押し切らなかった初めての事例でしょう。

そもそも、自公協力も翁長さんから始まったのです。そしてそれは、沖縄で始まり、沖縄で崩れた。だからこの選挙だけでなく、集団的自衛権の問題なども、鍵を握るのは公明党になると考えています。

——ありがとうございました。

（司会＝編集部・中本直子　２０１５年４月）

Ⅶ 日本国憲法体制と人権の危機
——歴史の岐路としての戦後七〇年

〈対話者〉岡野　八代

岡野八代（おかの・やよ）
一九六七年、三重県生まれ。早稲田大学大学院政治学研究科修士課程修了。立命館大学法学部助教授・教授を経て、同志社大学大学院グローバル・スタディーズ研究科アメリカ研究クラスター教授。専門は西洋政治思想史、フェミニズム理論。著書に『法の政治学—法と正義とフェミニズム』（青土社）、『フェミニズムの政治学—ケアの論理をグローバル社会へ』（みすず書房）、『シティズンシップの政治学—国民・国家主義批判』、『憲法のポリティカ—哲学者と政治学者の対話』（共著）（以上、白澤社）『戦争に抗する—ケアの倫理と平和の構想』（岩波書店）など。

敗戦後の日本は、新憲法の下に一切の戦争を放棄し、男女同権をうたい、人権や思想・表現の自由が侵害されることのない国を目指してきたはずだった。しかし「戦後七〇年」のいま、日本国憲法体制下で獲得されてきた諸権利や国家の暴走に対するさまざまな制約は、「戦後レジームからの脱却」の名のもとに、安倍政権によって空洞化され続けている。フェミニズム視点で政治思想から憲法まで幅広く発信を続けてきた岡野八代さんと、話題となった『永続敗戦論』(太田出版)で現代日本社会の隘路について鋭く指摘した白井聡さんに、「戦後七〇年」に山場を迎えた日本国憲法体制の危機をわたしたちはどう乗り越えるべきなのか、語り合ってもらった。

戦争責任論争の陥穽

岡野 戦後責任が議論になったのは、ちょうど戦後五〇年にあたる一九九五年でした。現在と比べて当時は、もう少し責任を取る主体についての議論があったと思います。それから二〇年が経ち、直接責任を負う加害者の多くが亡くなってしまいました。その影響は「慰安婦」の議論状況がこんなにも大きく変わったことに現れているのではないでしょうか。

白井 はい、加藤典洋さんと高橋哲哉さんの論争[注]がありましたね。僕の書いた『永続敗戦論』では、僕はどちらかというと加藤さんの立場に近いところから議論を立てました。加藤さんの問いを批判的に継承するというスタンスです。九五年の議論はナショナリズムの是非をめぐる哲学的でなかなか難解なものでした。悪性のナショナリズムが跋扈している今から振り返ってみると、こうした高度な議論が、現実に対していかに無力であったかということを知識人は認めざるをえないと思うのです。では、なぜ無力であったのかということから出発した際に、加藤さんに近い立場をとらざるを得ないというところがありました。「責任の主体を引き受ける」といった際に「その主体はナショナルなものだ」と加藤さんは批判されました。しかし、国民国家の揚棄に関して目途もないのに、ナショナリズムだけを片づけるというのは土台無理な話だったのではないか。また、国民国家が相対化されるとして、国民国家に代わってあらたに出現する政治単位が国民国家よりもましである保証などどこにもない、ということがこの二〇年間のグローバル化の進展を通して明らかになってきました。ああいうかたちで議論が盛り上がったのは、当時の世の中はまだ少し楽だったからだという気がしています。

岡野　九五年の段階では、バブルは崩壊していたものの、経済的にはまだ余裕が残っていました。当時の論争には私も研究者としてコミットしましたが、未来がより良いものとして見えなくなっていく若い人たちや、目の前の社会問題に対しては、ほとんど力を持っていなかったと思います。実際には政治思想研究者や哲学者たちの内輪の議論でしかなく、総括もされませんでした。

敗戦後の日本は国家が行使できる主権として最後の砦であった武力を放棄し、非常に特殊な歴史の中で生まれました。しかし私たちは、こうした背景で作られた日本国憲法をどう引き受けていくのかという議論をしてこなかったと思います。それは天皇制の問題が引き続き残っていることに表れているのではないでしょうか。二〇〇〇年に「慰安婦」問題についてインタビューを受けた際に「戦後五五年、若い世代はどう責任に向き合いますか」と聞かれたことがありました。当時三〇代だった私は「これまで継承されてきた無責任な状態、つまり天皇の責任を問わないまま、天皇制についてタブーな社会状態が続いている中で、この五〇年の重みを私たちに背負わせないで欲しいという気持ちがある」と答えたのですが、実際の記事ではこの部分はカットされました。あれだけ戦争責任が議論されていた当時でも、そのような状態です。それから二〇年が経ち、いまや天皇が護憲派の一人として活躍しているという異様な状態があります。白井さんのご著書は戦後の私たちが何を隠ぺいしてきたかをクリアに見せてくれました。

白井　なぜずっと戦争責任に片がつかないのかを考えたとき、内側での問題を解決していないから、外側に対して責任を感じることがないのだと思うのです。政治家風にいうと、「責任問題の一丁目一番地」で誤魔化しをやったのだから、その先の問題に片がつけられるわけがない。だからある意味で、大多数の日本人は被害者意識の中に安住することになった。庶民目線からすれば、「偉い」人たちが勝手に戦争をはじめた。自分はといえば、兵隊にとられて危ない目にあい、発散できる場面は略奪やレイプすることしかない。結局ズタボロに負けて帰ってきたが、こんなひどい目に合わせた「偉い」人たちは誰も責任を取っていない。そんな状態で庶民の対外的な責任を問われた時に「いったい何のことだ？」という反応になるわけです。僕は戦後の日本はずっとその状態を続けてきたと思っています。

岡野　この国はずっと被害者意識に囚われて、加害面を見ることができなかったと思います。私の母親の世代は子どもの頃、戦争にすべてを奪われました。しかし責任者たちは彼女たちに何もすることなく、ただ耐え忍んでくださいと受忍論を押し付けたのです。一九九一年に金学順《キムハクスン》さんが「慰安婦」被害者として名乗り出たとき、私の母は「私たちは何もしてもらえないのに、外国人だからと補償を求めて被害を公言できるなんておかしい」といいました。私にとってこれは大きな衝撃で、内側で解決していない問題の存在を改めて感じたのです。九五年頃の段階ではそういう感情が渦巻いていたと思います。そこにどう応えるかだと思いますが、こうした問題は天皇制が残り続けている限り解決されないのではないでしょうか。これまでの憲法論議において、いわゆるリベラルな「護憲派」といわれる人たちも、一条の問題を引き続いて矛盾するものだということを議論してきた人はほとんどいないですね。

白井　九条と天皇制の存続は「ワンセット」として現実化したということは、政治史的にもほぼ確証されていますね。

岡野　戦後五〇年の時もこの問題は解決できませんでした。研究者の間での議論も収束してしまいました。沖縄の基地問題も切り離しては語れないのに、一緒に考えてこなかったのです。現安倍政権は、戦後隠ぺいしてきたこうしたことを、全てなかったことにしてしまおうとしているのではないでしょうか。

白井　いま天皇制について岡野さんが言及されました。無責任問題が、敗戦時の天皇の処遇の問題と関係していることは間違いないと思うのです。ただし、天皇制に問題を収斂させればいいのかといえば、私はそこにも違和感があるのです。というのは、ここで「天皇制」というときに、具体的にその言葉が何を指すのか、コンセンサスができていないからです。大日本帝国での天皇の位置づけと戦後日本のそれは、やはり相当に違うわけです。戦後日本の国家体制は、おおよそ標準的な立憲君主制だと思います。一部の論者は天皇制批判＝君主制批判であるという立場をとっていますが、立憲君主制をやめて共和制に移行すれば必ず良い国になる保証などありません。だからといって「天皇制の問題」と呼ばれる問題が克服されていないということも確かなのだと思います。ですから、非常に重要なことは、「天皇制」の概念、特に戦後の天皇制とはどういうものなのかについて、徹底的に考え直し、概念を充実させ精緻化することなのだと思うのです。その際に避けて通れないのが、アメリカとの関係です。豊下楢彦氏の言葉でいえば、「日米安保体制は戦後の国体である」。それから、『永続敗戦論』を出した後に知ったのですが、吉見俊哉氏は「アメリカ的なるもの」と「天皇的なもの」の相互浸透と交換可能性について、以前から論じておられます。一言でいえば、戦前の国体はフルモデルチェンジされて護持された。吉田茂は「国体は不滅なり」とか玉音放送では「国体を護持しえて」といいましたが、あれだけの敗戦をして無傷で生き残れるはずはありません。しかし「国体」は残ったのです。そしてその国体は、日本の上にワシントンという形のニュー国体として再編されたといえます。この前提から出発して考えないと、天皇制批判は空回りすることになると思います。

まやかしの平等

白井　戦後五〇年と七〇年の違いという話に戻りたいのですが、最大の違いは、世界的に見ても、どす黒いリアルなものが露呈してきているということではないでしょうか。要するにそれは資本のことですが、以前アメリカで、民主党の大統領候補としてバラク・オバマとヒラリー・クリントンの名前が挙がったとき、ある研究者が「どちらになっても画期的だ」といいました。初の黒人大統領か初の女性大統領という選択ができる時代になったのは、世の中が良い方向に進歩しているからだ、というニュアンスです。これを聞いたとき僕はとても違和感がありました。そんなのはまやかしだと思ったからです。同時に九〇年代の左派が持っていたポストコロニアリズムやカルチュラル・スタディーズ的な論調の限界がそこに現れていると思いました。マイノリティの権利主張や権利拡張はもちろん重要なことですが、それで問題の核心を解決できるのかといえばそうではない。オバマでもヒラリーでも、アメリカという国を変えることは期待できなかったし、いまでも状況は変わりません。むしろ、彼らの有色人種という属性や女性であるという属性は、現代の政治の根本的に腐敗した性格を覆い隠して曖昧にする有害な外皮であるというべきかもしれない。

その縮小劣化版が安倍内閣でも起きました。「女性が輝く」とした安倍内閣改造では五人の女性が閣僚になりましたが、その面々は実に選りすぐりというべき本当にひどいものでした。女性の社会進出も含めて、九〇年代に解決するべきものとして挙げられた課題は表層的には解決に近づいているかのように見えます。しかし、その水面下では資本と人間の生活という根源的な対立が先鋭化していて、そのことを覆い隠すものとしてジェンダー平等や人種間の融和的なことが起きているというのが現状だと思うのです。

岡野　日本で一九九九年に通った「男女共同参画基本法」の下、全国各地に男女共同参画センターが次々とできましたが、実際に女性の抱えている問題については何も解決できていません。男女平等がいい、セクハラやＤＶは駄目だと啓発活動はしますが、どうしてそういった深刻な問題がおこるのか、それはつまり権力構造や資源配分の問題ですが、そこには一切手を付けません。男女平等を達成するために構造から手を付けるとなったら、資本側からの強い反発があるでしょう。原発もそうでした。手を付けられないものは上辺だけ変えていこうとする。しかし今の日本にはそういった建前もなくなっているように感じます。

「戦後民主主義」のダークサイド

白井　憲法は政治史的に見れば確かに押し付けられたような形ですが、日本はその押し付けられたものを「戦後民主主義」として内面化してきたはずでした。しかし、それは建前であって実際は違うという話はずっとあって、そのような「戦後民主主義」の黒い部分というものが、三・一一以降、マグマのように噴出してきたのが現状だと思います。ジェンダーバックラッシュも同じです。女性参政権は何によって成し遂げられたかといえば、「GHQが押し付けた」という見方もできるわけです。現在の自民党のように「押し付けられたものはいらない」となれば、男女同権なんて吹っ飛んでしまうという赤裸々な本音が出てきています。先般の東京都議会での女性議員に対する人権侵害的言動がほとんど何の罰も受けなかったことは、こうした本音の噴出の表れでしょう。

僕は最近、矢部宏治さんの『日本はなぜ、「基地」と「原発」を止められないのか』（集英社インターナショナル）に書かれている議論がとても気になっているのですが、この本では日本における二重の法体系の話をしています。日本国憲法にいくら立派なことが書いてあっても、一方では日米安保条約や地位協定、そしてさまざまな密約というもう一つの法体系が存在します。その二つが決定的な局面で衝突した時に優越するのは、日米間の安保条約であり、地位協定であり密約である。そしてそれは法的に何度も判決で上書きされているといっています。なんでそんなことになっているのか、さらにはなぜそれが認識されないのかといえば、憲法を制定した主体がいないという憲法の根源の問題に突き当たると矢部さんはいう。その主体をあえて示すなら、ＧＨＱやＧＨＱ内部の一部の人たちだということになる。戦後憲法をめぐる最大のパラドックスは、主権在民を定めているのに、その憲法を定めた「民」の主体は制憲のプロセスのどこを探しても見つからないということです。それは、言い換えれば、制憲権力が不在だったということです。制憲権力とは革命権力でもあります。戦後憲法は、内容的にはそれまでのレジームとの比較において革命的であったわけですが、「革命」をやった主体は本国に帰ってしまった。このことの持つ問題性が、いまのっぴきならない形でせり上がってきているのだと思うのです。民主主義革命を経て民主国家になったという建前があったけれども、それは全く嘘の物語であったということが露呈しています。

岡野　私はこれまで護憲派の議論にも、押し付けられたという改憲派の議論にも、どこか乗ることができませんでした。自分が生きやすくなる法律であれば、誰が作ろうと関係がないと思っているからです。敗戦後にＧＨＱによって女性参政権がもたらされて女性にとってはそれまでより明らかに良いものとなりました。男女平等の視点が世界的にも潮流になっていた時に作られたもので、あの時点ではアメリカ憲法よりもさらに進んだものを作ったわけです。戦後を生きてきた私たちにとって今の憲法はどういうものであったのかという議論の方が重要だと思うのです。私たちがどうこれを利用して生きてきたのかという重要な部分が、誰が作ったのかで議論が固まってしまっている限り、見えてこないのではないでしょうか。

白井　もちろん、今の憲法を活用して現在の課題に取り組むことは重要ではあります。しかし、誰がどう作ったのかを改めて見てみることによって、革命がいかに失敗したのか、革命が何をやり残したのかを見定める必要があると思います。まさにこの失敗が、現在の恐るべき情勢をつくり出した遠因だからです。

例えば憲法制定のプロセスですが、最初、国務大臣の松本烝治に作らせてみたところ、明治憲法を少しいじっただけの案が出てきました。それを見たGHQは、我々の指示を全く無視していると激怒して、日本側に作る能力がないならとGHQ側でベースを作りました。それを基に草案を作るよう再び指示したところ、松本は手直しをして懲りずに反動化させようとするのです。その草案を再びGHQに持っていったところ、「肝心なところで捻じ曲げやがって」と、また怒られるわけです。その際、松本はGHQに部下を一人残して退散し、もう二度と現れなかったのです。政治的見解のみならず倫理観も腐っているとしかいいようがない人でした。しかし、松本に代表されるような勢力を誰も叩き潰さなかったんですね。むしろ逆コースの中で、こうした「松本的なる存在」をアメリカは積極活用して戦後日本をコントロールすることを狙ってゆく。いくら良い憲法を作ったとしても、その後の歴史が結局は今のような状態に収斂しつつあるのも当然のことに思えてきます。それでも八〇年代くらいには、自民党の主流派も基本的に護憲派でした。憲法についてはさまざまな議論があるが、国民生活にかなり根付いているため特に変える必要はないとまでいっていたのです。

岡野　中曽根政権誕生でそれが少し変わったといわれますが、彼は中国から批判されたために靖国参拝を中止したことがありました。当時はまだデリカシーがあったんです。

白井　やはり九〇年代くらいが境目だと思います。それまでは、世の中が少しずつ民主主義的になって男女平等も進んでいくはずだという、社会のコンセンサスがあったと思います。しかし、この二〇年の間でこのコンセンサスは完全に崩れたのではないでしょうか。

　憲法は世界的に普遍の原理だから基本的に進歩していくものだ、という前提を持っている憲法研究者が多くいるのではないかと思います。どこの国であろうが、誰が書こうが、最新の知見に基づいて憲法の原理を書き込むのだから諸々の権利がより拡充されていく。国家権力のコントロールについても、新しい知恵に基づいてより良い方向へ憲法は進歩していくという「憲法進化論」のような考え方ですね。この見方からすると、押しつけ憲法論というのはどうでもよくなりますよね。しかし、「社会は民主的に進化する」という前提は九〇年代あたりで崩れました。未だにそういう考えでは現実とのずれが出てきてしまうと思います。

岡野　現代に近づくほど、憲法の中には今までなかったようなものが取り入れられるのは確かですが、私は九〇年代までは、平和憲法とか、軍事に対する嫌悪感とか、男女平等になるべきだという強い規範みたいなものが浸透していたように思うんです。

白井　はい、九〇年代まではまだありましたね。

岡野　同世代の韓国の友人と話しているると気づかされるのは、韓国は八〇年代に軍事政権の中で民主化闘争をして武力的な衝突もあったので、最終的に武器をとって闘うということにそれほどアレルギーがないということです。アメリカのフェミニストと話していてもそう感じます。軍隊を持つ国はそうなのでしょう。一方で日本の女性たちは軍事的なものに関して嫌悪感があると思います。武器をとって闘っても良いことなどない、という気持ちがどこかにあるからではないでしょうか。九〇年代までは平和と民主主義はまさに内面化していたという気がします。中曽根にしても戦前を知っているし、戦争でどう叩きのめされたかも知っています。捻《ねじ》れた劣等感はあったかもしれないけど、彼らはまだ敗戦の衝撃を身をもって感じていました。しかし、九〇年代以降に出てきた安倍晋三に象徴されるような戦後の政治家がそれを引き継いでいません。五五年に書かれた自民党の党是は、憲法と民主的な教育が国家の力を弱体化させたとはっきり言っています。自分たちには直接的な戦後責任はないわけですが、日本の中枢にいる人たちが責任を取ってこなかったために無責任の連鎖が続くことになりました。

白井　昔、新聞のインタビューで使った言い回しですが若い世代が戦争をどう引き継ぐかといった時、日本の平和と繁栄・富を受け継ぐのであれば、アジアに対して謝り続けるというのも一セット。遺産相続では財産もあるけれども借金も相続するのだから、両方相続しないといけないという話は、それなりに納得されてきたわけです。しかし、現在は平和も繁栄も怪しくなっていて、後には莫大な負債しかなさそうだという情勢になってきた。そうなれば相続放棄だとみんな叫びたくなる。謝り続けることだけ相続するのはとんでもないというのが右傾化のメンタリティの基底にあるのではないかと思います。

岡野　戦後五〇年の戦後責任論の中で強くいわれていたのは、東アジアの中で日本が一番恩恵を受けて繁栄をしてきたということです。冷戦構造も利用した、ベトナム戦争や朝鮮戦争も実際アメリカは負けたのにもかかわらず、日本はある意味で勝ち逃げした。そうした事実がある中で築いた繁栄なのだから、個人賠償だってできると主張できる余裕があったと思います。少なくとも安定した民主主義国家として、他のアジア諸国と比べても、戦後憲法の下に私たちは享受してきたものがあるので、負の部分を無視してきた私たちには責任あるだろうという言い方ができたのです。ところが今は、中国にも韓国にも追い抜かれ、メンタリティとしては財産放棄した方が一番すっきりして楽だといえますよね。

白井　内田樹さんとお話ししたときに（『日本戦後史論』）、安倍さんは「戦後レジームからの脱却」というが、戦後レジームの中で二度も首相にさせてもらっているのにおかしいという話になりました。安倍さんは無意識に日本なんて潰れちゃえばいいと思っているのではないかと、内田さんはいっています。経営の行き詰まった老舗旅館の跡取りみたいなもので、過去のしがらみから廃業するとも言えないが、これを立て直すというのも絶対ムリ。だから密かにこんな国は潰れてしまえと思っているのではないかと。

岡野　安倍政権はアメリカが驚くほどに、彼らのやって欲しいことをやっていますよね。私は「国益」という言葉は嫌いですが、アメリカのやってほしいことを忖度して自ら国益に反することをしています。日本はアメリカなしには存続できないという怯えが、今の政治家たちにあるのでしょうか。少なくとも戦後七〇年の間、日本は戦後民主主義国家として存続してきたという国際社会の中での地位があり、それはアメリカも無視しえないわけです。残念ながら現在の総体的な民意はそうではないのですが、民意による決定として、「これからの日本は地位協定を受け入れられない、沖縄に基地は受け入れられない」と表明すれば、アメリカは手を出せないですよね。

白井　そうだと思いますよ。しかしそれをできないのは、やはりアメリカが「天皇」だからだと思います。天皇がいないと日本人はダメになってしまうという考えと同じです。むしろそれ以上にアメリカ様がいないと背骨を失ったような気持ちになって、とても生きている感じがしないと無意識のうちに考えるようになってしまったのではないでしょうか。日本は異様に親米ですから。

岡野　親米感も最近はさらに増したように思います。アメリカのグローバル戦略の中に知識人も含めて皆が完全に巻き込まれてしまったということかもしれません。

インポテンツ男児の戦争ごっこ

白井 その果てに、ついにはアメリカの戦争にどんどん巻き込まれることを是とする、あり得ないほど低劣な政治が、大した抵抗も受けずに実行されつつあるわけです。何でこんな方向に、安倍首相は突っ走っているのか。僕の見解としては要するに「安倍さんは戦争がやりたい」それだけです。戦争ごっこが好きな子どものように憧れていると思います。この問題はジェンダーの問題と絡んでいるのではないでしょうか。戦争ができなければ「本物の男じゃない」「男らしくない」といった、戦後の日本男性が抱え込んだ性的コンプレックスのようなものが見える気がします。

岡野 人を殺せる、自分の死を恐れないという矜持を持たないということは、完全に殺傷能力をそがれた「去勢された男」となる。これだけ「押しつけ憲法論」で議論が大きく盛り上がるのは、そういったインポテンシャル状態の男性像をどう立て直すのか、男たる者、軍人として国家を背負い、もっとも責任ある像になるべしということなのでしょう。

白井 「情けないニッポンの男児の戦後精神史」のごときものを考えてみる必要がありそうですね。戦後文化史を手荒に見れば、一九五六年、経済白書に「もはや戦後ではない」と書かれた年ですが、石原慎太郎が『太陽の季節』で、勃起した男根で「本当はこんなに強いんだ」と障子を突き破ってみせます。それに対して野坂昭如の作品世界は、延々と性的なことを描きながらインポテンツにこだわります。そこに彼の焼跡闇市派としての倫理がかけられており、いわば不能でなければならないという倫理的要請として野坂さんは書いていたと思うんです。

こうした政治的無意識が今どういう形で表れているかといえば、ロリコン文化ではないでしょうか。大人の女性と性的関係を取り結ぶのは難しいから、二次元、その中でも特に幼女的なキャラクターを消費する。つまり成熟した主体になれないことが大前提になっていますが、古今東西こういう人間像が立派な人間だと思われたことは一度もありません。密かな欲望としてはあったとしても、堂々と肯定をすれば「恥知らずなこと」とされてきました。しかしそれをうまく商品化して売れるようにしたのが村上隆の戦略だったと思います。さらにはそれが「クール・ジャパン」だという話になって、これこそ日本の魅力だからどんどん輸出しようという話になった。

こういう流れと安倍さんに代表される政治から透けて見える欲望の在り方は、奇妙な並行性を示しているように見えます。安倍さんの熱心な支持者層は五〇、六〇代男性が多いといわれています。『正論』という雑誌がありますが、あの雑誌は読者層が高齢化していずれ読者がいなくなり廃刊になるといわれていたのですが、そうはなっていない。読者層の平均年齢が高止まりしているということは新たに高齢化した層が読者になっているということなのですが、こういう話を聞くと僕は、加齢に伴う男性機能の低下と右傾化が繋がっているのではないかと思うのです。とても単純ですが、自分の身体から失われた男性性というものを国家によって補ってもらう。想像的に回復してもらうというメカニズムが働くんじゃないかと。

岡野　それはとても面白いですね（笑）。自分は性的に不能であり、女性ともまっとうに議論ができないから、安倍さん的主権回復の中で「日本は強い」と感じて癒してもらおうとするということですね。ジェンダー視点から見ればインポテンツな男の方がとても接しやすく一緒の社会で生きていきやすいのですけどね。自分は万能でもないし、人は脆いわけだから、デリケートにお互い接しあいましょうという男性の方がよっぽどいいです。

白井　僕自身にもマッチョな部分はあると思います。だからそこを全否定はできないのですが、安倍さんや安倍さんの支持者に対しては「マッチョだったらもっとちゃんとマッチョになれよ」といいたいです（笑）。

岡野　私もフェミニストとしてはこんなこと言いたくないけど、「お前、それは男らしくないだろう」と怒鳴ってやりたいですよ（笑）。

生活者の感覚を取り戻すために

岡野　政治に無関心という問題についてですが、私は理解できる部分があります。日本には政治教育ができないシステムがあるからです。高校まで政治に関することは何も教わりません。知識を持つことができないのだから、批判精神も生まれようがないのです。

白井　自分の生活に根ざした感覚というものを直視できていればいいのですが、消費社会化が進んだ中で、生活に根ざした生の感覚の土台が商品を前提とするようになってきました。そうなったときに政治的な知識もないとなると、いとも簡単に操作される対象になってしまいます。それが「反知性主義」といわれている現状の基底をなしているのではないでしょうか。

岡野　身体的な痛みや精神的な辛さというものをおかしいと思わなくなってきています。自分たちに権利が備わっていること、人に痛いことをされたら「謝れ」といっていいことを知らないのです。消費社会では何でもお金で計算できるため、お金を払えば自分が満足できるものがすぐに手に入らないといけない。すぐに見返りを求めて、その後のことは考えないアベノミクスが好まれるのもわかります。集団的自衛権についても、これが通れば自衛官は死ぬけれど、その先は一切見せないのです。

白井　戦後の日本はすでに戦死者を出してしまっていると僕は考えています。イラクからの帰還自衛官です。幸いなことに一人も死なずに帰ってきましたが、その後、高い比率で自殺者が出ています。これは戦死に近い。それに対して社会がどれだけの痛みを覚え、苦しみに対する共感を持っているでしょうか。恐らくそんな感覚はほとんどない。むしろ兵隊も「カネで買える」という感覚だと思います。制度的には、経済的徴兵制が敷かれ、あくまで「自己の主体的意志」の体裁のもと兵隊になることを余儀なくされる人々が出てくる。

岡野　自衛官が死んだとしても「手当をもらって自分から行ったのだから仕方がない」という反応がでると想像すると恐ろしくなります。「慰安婦」問題に対してもまさにそういうことをいうのです。安倍政権は死者が出たら、また靖国神社に新しい御霊が奉納されることにすればいいと計算しているのではないでしょうか。高橋哲哉さんが述べていますが、国家のために国民の命を犠牲にするという「犠牲のシステム」を発動させたいのでしょう。そして最後は取れるはずもないのに「私が責任取ります」という。

白井　そうか、安倍さんがしきりに「責任を果たす」というのは、「いざというときにはオレの責任で靖国に入れてあげる」という意味の「責任」なのですね。これまで僕は彼の責任発言を聞くたびに、この人はどういう責任感をお持ちなのだろうと思っていたのですが、そういうことだったのですね。

岡野　私はそう思いますよ。靖国に葬ることが、彼の理想とする国家像の一つの最終的な責任のあり方なのですから。

白井　この状況の異様さにどうしたら気づけるのか。いま問われているのは、どのくらい生活者の感覚を取り戻すのかだと思います。

岡野　そうですね。身体的に苦しいことや辛いことは自分のせいではなく、やはり環境が悪いと理解し、それに対して怒りの声を上げていくことが重要だと思います。女性たちにとって怒りの感情というものはこれまで外に出してはいけないものとされてきました。辛くても泣いたりして自分の中で解決しようとしてきました。フェミニストたちはそれを言語化してきたし、筋の通らないことはおかしいと怒っていい、辛いことは辛いといっていいといってきました。安倍政権に対してもそうです。感じるものはやはり怒りですから。

白井 三・一一以降とても気持ちが悪いのは、こんな状態を許容している人たちが隣人としてたくさんいるということです。僕からしたらこの人たちは人間ではない。こんな状態を受け入れられる人間がいっぱいいいる世の中に生きていることが、とても気持ち悪いです。

「慰安婦」問題

岡野 私は「慰安婦」問題についての今の状態がとても気持ちが悪いです。

白井 同感です。それにしても、日本の右派にとって「慰安婦」問題が異常なまでに気になる問題として機能してきたというのも、先ほど話した日本男性の不能コンプレックスというのと関係していると思います。「慰安婦」制度は「制度化された強姦」であるといわれますが、否定論者は本音ではそのような過去を肯定したいのでしょう。「我らの祖先は男らしかった」と。そういえば、自民党の議員で「集団レイプをする人は、元気があっていい」と言った人（太田誠一）がいました。日本の保守勢力のレベルはこんなものですね。

岡野　彼らが「責任ある男」として英雄視したい軍人が、実際は植民地の女性たちや貧しい女性たちを戦争の最前線まで連れて「慰安」されていました。英雄であるはずの軍人は単なる獣に過ぎなかったということを被害女性たちが証言しているわけです。その事実をどうしても認めたくないため、彼らにとって「慰安婦」問題は非常に気に障る問題なのだと私は考えています。彼らが作りたい主体的な国家とは、何を踏みにじって、何を犠牲にしてできあがるものかは、「慰安婦」問題が克明に表していています。世界的に見ても軍隊と性暴力は一体化しています。

白井　「戦時性暴力」という言い方がされますが、僕はこの言葉は本質を突いていないおそれがあると思います。この言葉では、それはまるで戦争という行為の付随物であってシステムさえ上手に組めば抑制できるはずだというような考えを生みかねないのではないでしょうか。古代から現代に至るまで行われてきた戦争の目的を考えたとき、それはお金や領土や穀物などと同時に「女」を捕ることがあったわけです。ですから、戦時性暴力とは戦争に付随して起こるものということではなくて、まさに本質だということがわかります。

岡野　「慰安婦」問題について責任を取れない国は、必ず同じことを繰り返します。安倍首相の「慰安婦」の「強制的な連行」を否定し続ける態度は、次に必要になった時に供給システムを作っておけばいいという考えの表れではないでしょうか。

私たちが政治家を生み出す

白井　つい最近の毎日新聞が、日本の三大女性誌である「週刊女性」「週刊女性セブン」「週刊女性自身」がアツいと書いていました。安倍政権批判をかなり書いていますし、それに対する女性たちの支持を得ています。

岡野　アベノミクスで儲けているのは男たちであって、実際にこれだけ消費税が上がり、物価が上がった状況で、女性たちから悲鳴が上がってきたということでしょうか。生活者として消費者としての私たちの声がどれだけ大きくなるかは重要です。

白井　ただ、目の前の困難に直面して政治的に目覚めたとしても、実際に投票できる候補者がいないという現状がありますよね。

岡野　民主党政権が失脚し、三・一一後の中道左派たちも大同団結することができませんでした。そして、私たち自身もずっと政治家に任せてきてしまい、政治を自ら生み出してこなかったという事実があります。政治家を批判するだけではなく、私たちが政治家を出していかないといけなかったのです。

白井　同感です。誰かやってくれるだろうと思って放置してきてしまった。今スペインで躍動している中道左派くらいに位置する政党（ポデモス）があるそうですが、僕くらいの年代の大学教員らがリーダーシップをとっているとと聞いています。自分でやるのは気が引けますけれど、ほかにもできることはいろいろある。

岡野　今はまさに私たちが「この人に任せたい」という人と政策を、一緒に送り出すことが必要とされているのではないでしょうか。絶望的なことばかり話してしまったけれど、私たちの側から政治家を生み出していくという前向きなアイデアが出たでしょうか。

白井　そうですね。やっていきましょう。

注　一九九五年に雑誌『群像』で発表された「敗戦後論」（加藤典洋）をきっかけにした戦後清算の方法に関する論争。

（まとめ：濱田すみれ／アジア女性資料センター）

Ⅷ　気分はもう、焼き打ち

〈対話者〉栗原　康

栗原康（くりはら・やすし）
一九七九年、埼玉県生まれ。政治学者。早稲田大学大学院政治学研究科・博士後期課程満期退学。東北芸術工科大学非常勤講師。専門はアナキズム研究。『大杉栄伝―永遠のアナキズム』（夜光社）で第五回「いける本」大賞受賞、紀伊國屋じんぶん大賞二〇一五第六位。個性溢れる文体から紡ぎ出される文章は、講談を聞いているかのようにリズミカルで必読。著書に『G8サミット体制とはなにか』（以文社）、『学生に賃金を』（新評論）、『はたらかないで、たらふく食べたい「生の負債」からの解放宣言』（タバブックス）、『現代暴力論「あばれる力」を取り戻す』（角川新書）、『村に火をつけ、白痴になれ　伊藤野枝伝』（岩波書店）、『死してなお踊れ　一遍上人伝』（河出書房新社）など。

『大杉栄伝』(夜光社)で、一挙に注目を集めた新進気鋭のアナキズム研究者・栗原康さん。新刊『現代暴力論—「あばれる力」を取り戻す』(角川新書)の刊行を記念し、政治学者・白井聡さんと行った紀伊國屋書店でのトークイベントを公開します。

高学歴非ワーキングプア!?

白井 日曜日にわざわざお集まりいただき、ありがとうございます。今日、入場した瞬間に分かったことは、お客さんのメンツが濃いということです。私が存じ上げている方々の顔も多く、ありがたい限りです。

栗原康くんの新刊『現代暴力論』の感想を話す前に、栗原くんと私がどういう関係なのか簡単に説明したいと思います。最初に出会ったのは、僕が大学二、三年生くらいの頃かと。僕らは早稲田大学政治経済学部に通っていました。僕の後輩の友人が栗原くんで、その縁で知り合ったのですが、僕が四年生、彼が三年生になった時に同じゼミになり、よく顔をあわせるようになりました。私は留学をしたため、卒業は一緒でしたね。卒業後もたまに顔を合わせてきました。

栗原 一年に一回くらいは顔を合わせる関係が続きましたね。

白井 デモに出かけるとたまに会ったりしていた。その際に「博士論文が通らなくて……」とか言っていたから、心配していたよ。大丈夫かなと思って見ていたら、『大杉栄伝　永遠のアナキズム』という本を突然出してきた。僕は「ついに出た！」と思った。ついにというのは何故かと言うと、大学時代から彼は「大杉栄は素晴らしいんだ、重要なんだ」とずっと言い続けていたからです。今となっては、栗原くんが正しかったと思うのですが、当時はなぜ大杉栄が大事なのかよく分からなかった。

『大杉栄伝』（夜光社）は非常に良い本で、しかるべき評価を得て話題になった。私の『永続敗戦論』（太田出版）に続く形で「いける本大賞」を受賞しました。その後、『はたらかないで、たらふく食べたい』（タバブックス）という非常に挑発的なタイトルの本を出し、さらに『現代暴力論』でこの通り大躍進です。高学歴ワーキングプアという言葉がありますけれども、この人は違う。高学歴、プアというところは合っているけれども、ワーキングしていない（笑）。非常に特異な立ち位置を占めている人物として現れた。

栗原　高学歴非ワーキングプアという言葉、いいですね（笑）。使わせてください。

白井　いいよ（笑）。でも、パラドックスだよね。高学歴非ワーキングプアで現れたけれども、どんどん売れていくとだんだんワーキングしないわけにはいかなくなってくるから。さらにプアでもなくなってきちゃう。そのとき栗原くんは何を言うのだろうと勝手に心配している。

『現代暴力論』には思想的な意味がある

白井　さて、この本の感想から行きましょう。世の中には、いろいろな本が出ていますが、その中で思想的に画期的な意味がある本は、実はほとんどない。もちろん書き手は一生懸命、それぞれの意図を持って書いているはずですが、何年も残るような思想的意味がある本は少ない。そのような状況の中で、思想的意味があると私が断言する、極めて珍しい一冊です。

栗原　光栄です。

白井　ではその意味はなにか。栗原くんは重要なテーゼを出した。〝生き延びる〟ではダメで、〝生きる〟ということが重要だと。なぜ〝生き延びる〟ではダメなのか？　とりあえず生き延びなきゃいけない、というのはある。しかし、本当に微妙な問題ですが、〝生き延びる〟だけを目標にしていると、人はどんどん堕落していくということです。一人一人の人間は堕落していくし、世の中全体も堕落をしていく。

僕も同じようなことをずっと考えてきたな、という気持ちがある。僕は卒論をトマス・ホッブズについて書きました。ホッブズの主著は『リヴァイアサン』。聖書の中に出てくる怪物で、国家を指している。リヴァイアサンという怪物の名で呼んでいるくらいですから、国家は恐ろしいものだということを自覚してホッブズは書いている。しかし、国家は恐ろしいけれど、国家がない自然状態よりはマシであるという。自然状態とは戦争状態です。万人の万人に対する闘争、これはもう最悪。最悪だから、なんとかみんなが生き延びなくてはと、国家をつくるための社会契約をするんだ、というのが大雑把な『リヴァイアサン』の論旨ですね。

生き延びるために作ったものが恐ろしいものになり、人間を抑圧するようになる。しかし、自然状態に戻るわけにはいかない。この難しさが人間社会の永遠のパラドクスであるわけで、政治について考えるとは、この問題をずっと考え続けることではないかと思われます。栗原くんは『現代暴力論』を書き終えてどういう心持ちでいるのか、どういう心持ちで書いたのかを聞きたいのだけど。

栗原　回答の前に、僕からも白井さんの学生時代に触れたいと思います。僕は今、大学の非常勤講師と、公務員試験予備校で講師をしています。あまり働いていないのに就職予備校に行くという矛盾を抱えていますが（笑）、こういう道を進んできたのも、白井さんのアジの影響があったのかなと。

白井　高学歴非ワーキングプアを生みだしたのは、僕だった!?

キリギリスのように生きていきたい

栗原　白井さんを最初に見たのは、ゼミのオリエンテーションです。梅森直之先生という日本政治思想のゼミに僕らは入っていたのですが、入ったきっかけは白井さんのアジ（笑）。早稲田大学はゼミに入るためにゼミ幹事たちがオリエンテーションをやるんですね。友だちに「白井さんという面白い人が出るから見に行こうよ」と言われて行ったら凄かった。

白井 完全に忘れている。そのとき僕はいったい何を話したんですか？

栗原 「諸君！　就職ゼミをぶっ潰そうじゃありませんか！」と（笑）。具体例として就職ゼミの名称もあげられて、もう僕は「おお〜！」と燃えあがりました。興奮していたのは三人くらいですけど（笑）。もう、ここのゼミに行かなくてはいけないと思ったのです。その後、ゼミの面接が梅森先生とあったのですが、「君はなんでこのゼミに来たいんですか」と言われたときに、大杉の話をすればよかったのに「白井さんという方の演説が胸に響きまして」と言ってしまったほど。「他に理由はないの？」「いや、演説が」「うん、まあ、もういいや」と。よく入れてくれたなと思いますよ（笑）。

白井 先生、寛大だなあ（笑）。

栗原 ゼミだけでなく、サークルでも付き合いがありましたね。僕は社会哲学研究会でしたが、白井さんのいた政治経済研究会とメンバーが被っていた。一緒に丸山眞男や日本思想の本を読む勉強会や合宿に行きました。鬼の合宿でしたね。

白井 『資本論』を読む合宿やったよね？　栗原くん来たよね？

栗原 行きました。勉強会が地獄で、ヘーゲルの『精神現象学』などをずーっと、ひたすら読む。

白井 あまりにきつくて電車の中で吐いた人がいた。

栗原　そうです。丸山眞男合宿のときは、僕が車で吐いた気がします。

白井　あ、そうだ。丸山眞男の『日本政治思想史研究』を読みに軽井沢まで行ったよね。

栗原　ゼミや勉強会終了後の飲み会で白井さんが喋っていたことが、ずっと印象に残っていますよ。大体、二次会を高田馬場の「わっしょい」という、二〇〇〇円くらいで朝までいられたところでやっていたのですが、そこで白井さんと安藤丈将さんという社会運動の研究をしている先輩が異様に盛り上がった。僕の『はたらかないで、たらふく食べたい』の最初の文章は「キリギリスとアリ」という題ですが、そこに出て来る先輩とは、実は白井さんのことです。

白井　忘却の彼方になっているなあ。

栗原　「アリとキリギリス」は労働倫理、遊んでいる人間は死んでしまうぞと訴える話ですが、それを逆転させた物語を即興で作り始めた。最後はキリギリスがぶち切れて「革命だー！」と言ってアリを食べ、蓄えた資産を皆で分配するという（笑）。キリギリスのように生きていきたい、そう思うようになったきっかけは、そこだったのではないかと思ったんです。

白井　我ながら良い話を（笑）。

生の拡充で奴隷制をぶっ飛ばせ

栗原　『現代暴力論』のサブタイトルに「「あばれる力」を取り戻す」と付けてみました。僕は大正時代のアナキスト・大杉栄を研究していまして、大杉の〝生の拡充〟という考え方に基づいて、力や暴れるということを表現してみました。

大杉は、生とは自我だと言います。自我とはなにか、それは力だと。まとめると、自分が生きる力のことを生と呼びましょう、ということです。「生きたい！」と思う力は、どんな力にも広がりゆくものだ、初めからそこに縛りはなく、無数に色々な方向に広がっていく。それが、生きる力と言えるものだと。

どういうことか。人が生きることには、そもそも縛りや尺度は存在しないということです。初めから、ある基準に従って生きることは、生きるとは言えない。何かの基準に従って生きるということは、〝生かされている〟。何かのために生きるのではなく、自分が「ちょっと面白いからやってみよう」と、どんな形でも良いからやってみる。そういった力の充実感を味わっていくことが生きることなのです。

「こうやって生きてみたい」「ああやって生きてみたい」ということは色々あると思います。僕なら本が読みたいとか、面白い文章を書いてみたいとか、好きな子と付き合ってみたいとか。「こういうことをやってみたい」というのには、もともと尺度や基準はありません。今は、大学で勉強するというと、本を読むのにも縛りができてしまっています。「就職するために学ぶんだ、だから、こんな本を読むべきだ」と。

白井　僕らの勉強会は就活には役立たなかったね。

栗原　まったく。全然役に立たないかもしれないけど、面白そうだから読んでみよう。ただ、それだけで読んでみても良いのです。自分から言っちゃいけない、やっちゃいけないことは存在しない。自由奔放に好きにやっていいんだ、というのが〝生の拡充〟。

そういった「あばれる力」こそが大事だし、本来は、そのような生き方をすることが、人としては普通なのではないかと。実は、白井さんの卒論発表時のコメンテーターを僕がしていたのですが……。

白井　思い出したけど、僕は栗原くんのコメンテーターだったね。

栗原　そうです、僕の卒論は大杉栄でした。白井さんの卒論で面白かったのは、ホッブズをかなりアナキズム的に読み解いていたことです。

国家がやることは何かというと、大杉栄曰く、奴隷制をつくること。戦争捕虜や借金漬けにして、奴隷にしてしまう。古代の戦争捕虜は、いつ切り殺されても仕方ないわけです。圧倒的な死の恐怖に人を晒す。ホッブズの、国家をつくらなくてはいけないというときの恐怖はこれと同様ではないでしょうか。そういう状態にさらされると、人間は無力になります。奴隷とは、人間なのにモノと同じになることです。モノと同じように交換可能になってしまう。

白井　賃金労働の起源が奴隷制だと言われたりもしますね。

栗原　そうですね。交換可能になった奴隷が何をやらされるかというと、公共事業や土木工事、田畑の開墾です。その見返りとして生かされているんだぞ、と言われる。

恐ろしいのは、奴隷の状態にされていたら普通だったら反抗していてもおかしくないのですが、それができないところです。仕事ができると主人が褒めてくれたり、ご褒美をくれたりする。もちろんそれができなかったりすると罰せられたり叱られたりするんですが、これが繰り返されると、「ご主人さまに奉仕することは良い事なんだ。しないのは悪いことなんだ。だから主人に仕えないのは悪い事だ」と、負い目を持って主人に仕えようとしてしまうのです。大杉栄は、これを奴隷根性と言いました。

僕は、生きることに負い目を感じて、支配者や社会ルールに従ってしまうことを、この奴隷根性を踏まえて〝生の負債化〟と表現してみました。奴隷根性を一度植え付けられてしまうと、一つの社会、システムが成り立ってしまいます。

今は「お金を稼ぐことは良い事だ」になっていますが、そうすることが人間としての価値観を高めることだと思ってしまう。そうしないのは悪い人間だ、悪い人間だから排除してもいい、バカにしてもいいという発想が生まれることとなり、そこから抜け出せなくなっていくことが恐ろしいのです。大杉は、奴隷であっても生きる力は備わっている、だから、もう一回生きる力を爆発させて、自分が奴隷として囲い込まれている枠組みをぶち壊していくべきじゃないかという。

僕は、大杉の指摘する奴隷制の問題は、極めて現代の問題でもある、と考えています。

「生き延びる」ではなく、「生きる」

白井　栗原くんが先ほど指摘した、奴隷の価値観を内面化してしまうという問題はたいへん重要だと思います。現代の問題である、というのは同感です。

僕が思ったのは、原発事故が起こったときの日本社会の反応です。大きなデモも行われるようになりましたが、それでも少なすぎると思っています。東京で、一応日常生活はできていますが、たまたま運が良かっただけの話です。我々は、半ば殺されかけたのです。にもかかわらず、そういう状態をつくられたことに対する抗議に数万人や一〇万人くらいしか行かない。五〇〇万人くらい集まっても当たり前だと思いますが、生存本能が相当壊れてきてしまっているのではないか。だからサバイブする気がないのではないかと。

原発が爆発するということは、今までのルールからすると考えられない想定外の事態が起こってしまったということです。想定外のことが起こったら、行動を変えなくてはならない。政府や電力会社に抗議をすることかもしれないし、電気の不買運動をすることかもしれない、あるいはNHKに抗議することかもしれない。いずれにせよ、それまでとは違った行動を取らなければいけない。

栗原　しかし、ほとんどそういった行動は取られませんでした。

白井　そう。これまで続いてきた日常生活、日常的社会の構造の中でのサバイブだけを考えてきたから、ゲームの内容が根本的に変わったのに、行動を変えることができなかった。

そうなってくると〝生き延びる〟ことさえできなくなっているのでは？　このような状況を栗原くんはどうしたらいいのかと考えてきたんじゃないかと思う。

栗原くんは、今日はこういう席にいるから結構喋っていますが、普段は寡黙なんだよね。そのうえ、ヒョロってしているから弱そうに見える。しかし、大学時代から今日に至るまでの彼を知っている身としては、ここまで頑固で強い人間はいない。普通、大杉栄研究で就職ができるかと言ったら、なかなかできないですよ。普通の人間なら妥協を考えます。もっと流行に妥協した研究をした方が良いのではとか、いわゆる思想史的研究、大杉栄のこういう部分は誰の影響で、といったことをやる。でも、そういうのは興味ないでしょう?

栗原　興味ありません（笑）。

白井　業界受けするアカデミックな論文にはならないよね。大概の人間はそこで挫けていくものです。私は挫けた人間を沢山見てきました。大概、挫けた人間の方が良い所に就職したりするのですが、しばらくぶりに会うとがっかりする。結構、頭が切れて良い視点も持っていて、一目置いていたのに、肩書は偉そうになってはいるけど、中身がなくなっている。

栗原くんは妥協しない。俺は生き延びるなんてつまらないことを考えない。生きたいように生きるだけだと言ってやってきた。多くの人は、なかなかそこまで強くなれないんですよ。

栗原　周りの友達にも頑固者だねって言われます。ゼミの先生にも迷惑をかけました。師匠だった梅森先生にも「書誌研究です」と持って行ったりはしたのですが、そうは書いていない（笑）。「お前ビラ書いてんじゃねーぞ」と三、四回は言われている内に、「そうか、僕が書きたいのはビラなんだ」と、一時期ビラを書くのに凝っていました。

白井　論文ではなく、ビラに走った。

「根拠なき世界への信頼」の価値

栗原　デモに行くたび、A4一枚に六〇〇〇字くらい書きましたよ。おかげで誰も読めない（笑）。しかも誰に配るわけでもない。それでやっていければいいんですけど、下手をすると死にかねない。実際、今でも大学の仕事は全然もらえていませんし、『大杉栄伝』を書く直前は、本当にどん底でした。博論通れば何とかなるから、とウソをついたりして粘っていたんですけど彼女にも振られましたし。

でも、頑固にやり続けていれば助けてくれる人はいるんですよ。仏っているかもしれないって思いました。

白井　何があったの？

栗原　『大杉栄伝』の版元、夜光社の川人さんが「うちで本書いてみますか」と言ってくれたんですね。もともと、研究論文博士論文では大杉栄そのものを扱っていた訳ではなかったのですが、「栗原くんが書きたいのは大杉栄でしょ。じゃあ、ちょっと評伝で好き勝手書いてみないか」と。それを言われた瞬間に体がポーンと、軽くなった気がした。しかも「大杉栄の本を出しても売れませんよ」と言ったら、「売れなくても良いんで、もう出しましょう」と。そんな出版社ないですよ。ただ、その直後に「ちょっとごめん。三〇〇〇部は売りたい」と言われましたが（笑）。

白井　わかる、わかる。そうだよね、強いから粘れる、我を通せる、妥協できずにやれるということでもないんだな。

僕もレーニンの研究を大学院で始めたから……しかもその内容たるや、「レーニンは素晴らしい」「レーニンはとにかく凄い」というもの。ゼミで発表すると、僕の師匠の加藤哲郎先生は「面白いけど就職はないぜ」と苦笑していた。苦笑する先生を見て、「中身が良ければ絶対に大丈夫だ。あんなこと言ってるけど、今に見ておれ」と思っていたんですよ。でも、博士課程にまで進むと加藤先生の言葉の意味がよく分かってきた。

どうしたものかと思っていたときに、『情況』という雑誌を出している社長さんが気に入ってくれて、ヒョイと拾ってくれた。訳の分からない若造が「レーニンはすばらしい」とか書いている文章を分量無制限で載せるなんて、普通の雑誌ではあり得ない。変な人が仏みたいな感じでひょっと出てきて、助けてくれるということがあるんですよね。そう考えると「助けてもらえるだろう」という、世界に対する根拠のない信頼が必要なのかな。

栗原　根拠なき信頼、というのは資本主義の貸し借りという関係から逸脱した、良い言葉ですよね。

真実を突きつける才能

白井　さて、僕らは自分のやりたいことしかやらないぞという、その頑固さにかけては自信があるんですが、僕にはなくて栗原くんにある資質として、これは凄いことだなと思っているものがある。それは、人にこの世界の恐ろしい真実を告げさせてしまうこと。

先ほどどん底の時期の話を聞いたけど、『はたらかないで、たらふく食べたい』のなかで紹介されている彼女に振られた時の話が凄いんだよね。デートでショッピングモールに行ったけれども、栗原くんは金がないから何も買わない。彼女に「たまには何か買ったらどうよ」と言われて「お金ないから」と返す。なぜならそれは働いてないからですね。「なんでもっと働かないのよ」「働きたいと思わないから」。埒のあかないことになって、彼女が切れるわけです。「なんでお前は何か買いたいと思わないのか」と。

栗原　「僕はそんなこと思わないんだけど」と言いました。

白井　この栗原くんの回答に、彼女は言います。「私みたいな月給取りがなんのために働いているのか。それは、ここに来て買い物をして憂さを晴らすためなんだ。そのためにこそ、働いているんだ！」と。

恐ろしい真実を自らの口から出してしまった。働いている本当の意味は何か？　誰しも自分の仕事に対してやりがいを感じたい、社会的な意義があるんだ、世の中のためにやっているんだ、そこから自分も満足を得ているんだという意識を持ちたいものです。それがないと辛い。しかし、この消費社会のなかで突き詰めていくと、彼女は買い物というストレス発散のために働いていた。何の意義も感じられない労働をしており、生きている感触を取り戻すのはショッピングモールで金を使うことにしかなかった。こんな恐ろしい真実は、誰も認めたくないわけです。それを栗原くんと対峙したことで、突きつけられてしまったのです。

栗原くんが結婚までしようと思った女の子は、あまりにも普通すぎたのではないかと……。僕は、その子のような本音を持っている人と、深く話す仲にもなれたことがないのですが、なぜ栗原くんは接近できるのだろうか？

栗原　好きになっちゃうんですよね……。だいたい合コンで知り合うことが多い、ということもあるのかもしれませんね。「合コンに行きたい」と文章に書いて友達に苦笑されたりもしていますが。彼女に白井さんが言っていた恐怖の言葉を言わせてしまったとき、僕には誘導する意識はなかったんですよ。

白井　それはそうだと思うよ。彼女だって、そんなことを意識的に考えたことはなかったと思う。君と付き合うことによって、そういうことを言わされちゃったんだよ（笑）。恐ろしい真実に彼女は向き合い、それを口に出す羽目になってしまった。これは凄い。

「消費する私」の呪縛

栗原　考えてみると、今でこそ労働で自己実現みたいなことが言われるようになりましたが、とはいえ仕事は働くために無理矢理頑張ってやっているものだ、自己実現として消費はある、という縛りは未だに強いですよね。消費は自分が選んでものを買い、身に付ける。それによって自分の個性を身に付けていくことでもあるから、消費によって自分自身の個性、社会的価値を示すことが出来ると。

白井　そのような意識の衣を日常ではまとって、真実と向き合うのを避けたいんだよね。

栗原　先日、大阪でトークイベントをしてきた際のことです。客層はだいたい二〇代、三〇代。僕が「三六歳にして年金生活者です」と言ってみたら、パーッと俺も、私もって手が上がったんです。自己実現する金すらない状態に多くの人がなってきている。でもだからこそ、なのですが、自分はそうならないようにしなくてはという強迫観念も出てきて、減っているお金でもいかに自分をよく見せるか、良い消費ができるかと考えてしまう。

フランスの思想家集団・TIQQUNは、「ヤングガール」といういい方で、このような消費する身体へのプレッシャーを表しています。つき合っていた彼女は、それを内面化してしまっていたのかもしれません。

白井 我々の同業者には、不安定層ってたくさんいて、その多くがパートナーを似たような業界で見つけるよね。学術界隈や社会運動界隈や出版界隈が多い。その場合、価値観は共有しやすい。ところが、栗原くんは合コンに走った。まったく文脈・価値観の異なる方向に行った。自分と価値観の交わらないと思われる人にまで伝わってこそ本当の思想だ、くらいの意気込みがあったのかな？

栗原 全然ありません（笑）。初めは、そういうことは意識していません。でも、別れる直前になってくると、意識はしてきました。口が達者なのはこちらじゃないですか、「この状況は、これこれこうだ」と分析してしまう。恐らく、一番やってはいけないこと……。

白井 向こうはますます腹を立てるね、「こいつ、金はないくせに」って（笑）。

栗原 偉そうにしやがってと。

白井　最近何件か、僕にとって興味深いことを聞いたんだ。たとえば、知り合いの若い女性からの相談で、付き合っている彼氏が非常に保守的であるというもの。いろんな保守派があるけれど、官僚主義的保守主義。まあ、僕の一番苦手なタイプなんですが。明らかに、相談者の女の子とは価値観が離れていたから、「そういうケースは長期的にみて上手くいかないのでは」と言ったし、他の人も同じこと言ったようなんだが、「でも、やっぱり好きなんですよね」と。それから、ある大学で教えた子からは、お母さんが共産党でお父さんが自民党だという話を聞いた。

栗原　どうやって生活していくんですか（笑）。

白井　想像がつかないんだけど、イデオロギーの違いがあっても、経済状態の違いが無ければ、それなりに折り合っていけるんじゃないかと思った。イデオロギーが異なるうえに、経済格差が大きいと上手くいかないのではないかと。そうなると「金がない、稼げていない奴が偉そうなことを言うな！稼げている奴の言うことを聞け」となってしまう。マルクス＝エンゲルスが言った「支配階級の思想は、支配的思想である」っていう原理は、カップルのようなミクロな社会でも成り立つんだろうね。

「金がない」と言ったときに、栗原くんは「お前が働く意志が弱いからないんだろう」と攻められたわけですよね。ただ働けば良いわけではないでしょう、と栗原くんの論考は言っているわけだけども、現場ではどう言っていたのかな？

栗原　向こうの怒りを煽るだけになってしまうので、だいたいヘラヘラしていました（笑）。

白井　それは火に油を注いだんじゃないの（笑）。

栗原　ヘラヘラしているのも怒りを誘うんですよ、残念ながら。「なにも考えてないのか」と。

社会的にサバイブ＝生、と認識されてしまっているため、僕が生を放棄していると思われてしまったのではないかと。彼女は小学校で保健の先生をしていました。子供の命がかかっている大変な仕事ですよね。ストレスを抱えながら、お金を稼いでいる。頑張って稼いだお金で自分を綺麗に見せて、あとは良い彼氏を見つけて……と思っていたのに、僕が稼ごうとしていない。経済的な事情も異なる。そうすると、自分がバカにされているという気になってくるのでしょう。稼いだお金でカッコ良く見せようとしない、個性ある生き方を見せて私を魅了しようとしないのは、失礼なことだと思ったのではないでしょうか。

白井　栗原くんは、かなり個性ある生き方をしているとは思うけどね。でも、思想や歴史に興味がある人でないと何をやっているのか分からないだろうな。大杉栄は何者か説明したの？

栗原　付き合いたての時は何度かしてみたんですけど「ふーん」で終わりましたね。まあ、「何していた人なの？」と聞かれても、大杉栄も働いていない人ですからね（笑）。

白井　なるほど。しかし、栗原くんの希有な能力だと思うよ、人を恐ろしい真実に直面させるのは。

みんな直面しないで生きている。直面しないように生きているわけだから。しかし、直面してもらわないと困るので、その仕事を栗原くんにしてもらいたい。どうやっていくかだね。

栗原　身をもって（笑）。そのつもりで異性とつき合うわけではないですが、つき合うと常にぶつかる壁だと思いますし、人間、壁にぶつかると良く考えるのは確かなので、さらに思考を深めていく契機にもなるかもしれません。

白井　期待しているよ！

（2015年9月13日、紀伊国屋書店新宿南店）

〈対話者〉内田　樹

IX　この危機に臨んで人文学にできること

内田樹（うちだ・たつる）
一九五〇年、東京都生まれ。東京大学文学部仏文科卒業、東京都立大学大学院人文科学研究科博士課程中退。専門はフランス現代思想、武道論、教育論など。合気道凱風館師範。『私家版・ユダヤ文化論』（文春新書）で第六回小林秀雄賞、『日本辺境論』（新潮新書）で新書大賞二〇一〇受賞。第三回伊丹十三賞受賞。著書に『ためらいの倫理学』（冬弓舎）、『寝ながら学べる構造主義』（文春新書）、『「おじさん」的思考』（晶文社）、『街場の文体論』（ミシマ社）、『憲法の「空語」を充たすために』（かもがわ出版）、『もういちど村上春樹にご用心』（アルテスパブリッシング）、『武道的思考』（筑摩選書）、『街場のマンガ論』（小学館）、『街場のメディア論』（光文社新書）など。

この対談は、二〇一五年九月一九日に成立した新安保法制を契機に企画されました。立憲デモクラシーという政体の根幹が崩れ、経済も、医療も、メディアも、日本のあらゆる仕組みが制度疲労で限界に達している今、大学や教育も例外ではなく、人文学はとりわけ強い逆風にさらされています。この状況を生き延びるために何ができるか。人文学の知見をどう活かすべきか。京都精華大学の二人の論客が語り合いました。

「株式会社化」する大学

白井　いま大学で進行している危機を考えていくと、安倍政権の危うさと深いところでつながっていくと思うのですが、まず大学の現状を内田さんはどう見ていますか。

内田　大学で今進んでいる危機を端的に言えば「株式会社化」です。あらゆる社会制度が株式会社という組織をモデルに作り替えられていくなか、教育や医療や司法といった惰性の強い、つまり政治・経済や歴史的条件が変わっても軽々には変化しない、変えてはいけない仕組みがいちばん集中的に攻撃されている。

たとえば、トップへの権限集中。かつては、教授会が教学内容や時間配分、人事や経営についても大きな決定権をもちましたが、それは会社の論理で言えば、労働組合が経営方針を決めていくようなもので、「民間ではあり得ない」と。で、権限をトップに集中させ、教員を一年や数年単位の契約で査定していく仕組みを作る。大学自体の評価は「定員充足率」と「就職率」という二つの指標で数値的に測られます。数値の高い大学は、市場のニーズに応えているが、そうでないところは淘汰されて市場から粛々と退場するべきだ、と。そういう発想が最も合理的なんだと、かなり多くの人が同意してしまっている。

これは根本的な間違いです。教育や学校には何千年もの歴史がある。次の世代を教え、育てていかないと共同体が存続できないという人類学的な要請で生まれた仕組みなんですよ。これに対して、株式会社はたかだか一八世紀の終わりごろにできた資金集めの仕組みであって、存続なんて考えていない。その時その時に儲けが出て株主に配当できればいい。株式会社の平均寿命は五年ですよ。そんな組織をモデルに、人類学的な仕組みである学校を変えようなんて狂気の沙汰なんですが、これが日本だけでなく、世界中で進行している。だから、いまは世界中が「集団的な発狂」状態にあると言っていいんじゃないでしょうか。

白井　この二〇年ぐらい「大学改革」が叫ばれ続け、さまざまな改革が行われましたが、その多くはやらない方がマシだったんじゃないか、というものでした。しかし官僚支配が強まり、文部科学省が各大学の取り組みを査定してお金の分配に傾斜を付けはじめたために、嫌でも何かやらないといけない。その結果、現場は会議、会議、書類、書類……に追われ、本来やるべき教育や研究活動にしわ寄せが出ています。この一〇年ぐらい日本の研究者の論文生産本数は減ってるんですよ。アメリカやドイツ、中国などは伸びているなかで。

「イノベーション」という言葉の軽さ

白井　こうした文教政策の「改革」は安倍政権で加速しています。それは内田さんが株式会社化と言われたように、要は「大学も儲けなきゃいかん。儲けに直接つながらなきゃいかん」という発想。儲かりそうなところには予算を重点的に配分し、儲からなさそうなところはもういいでしょう、と。人文学部は、儲からなさそうなものの筆頭ですが（笑）、儲かるものはというと――ここが敗戦国の哀しさですが――テクノロジーだ、科学技術立国だという話にすぐなる。確かに科学技術が戦後日本の経済成長を支えた面は大きいですが、その成功体験のせいで、成長が鈍化するほどに「技術革新が必要だ」という考えへの執着が強まっていく。

一九九〇年代から異様に流行りはじめたのが「イノベーション」という言葉です。私が修了した一橋大学にも「イノベーション研究センター」というのができまして、そんな恥ずかしい言葉使うかねと思ったものですが。だいたい、お金さえかければイノベーションが起こると考えるのは科学をなめすぎですよね。

内田　ほんと、イノベーションって言葉は死語になってほしい。ある大手電機メーカーにいた人に聞いた話ですけど、彼は現役時代に「半年に一回のイノベーション」と「間断なきコストカット」を義務付けられていたというんです。いや、イノベーションというのは予見不能なものであって、それが起こると、これまで使っていたシステムやロジックが全部吹き飛んで、何万人何十万人が失業してしまうんです。そんなことが半年に一回起こったら大変なことになる（笑）。

アメリカ人の医療経済学者に聞いた話ですが、ある時、東大で「医療におけるイノベーション」ということで、創薬をどう促進するかという研究者たちの議論を聞いていたそうです。話が「製薬会社の法人税をカットしよう、そうすれば研究費が増えて開発が進むだろう」という結論になったところで、彼がたまりかねて割って入った。「いや、アメリカでは五年前からそれをやってるけど、ただの一件も成果が出てないですよ」って。日本のトップの頭脳が集まった東大でさえ、自分たちがやろうとする制度改革について、統計やエビデンスを調べてないんですよ。語っているのは願望だけ、というね。

知性も教育も「集団的に発動する」もの

内田　僕が大学の教務部長だった時、文科省から、シラバス（授業計画の大要）をちゃんと書くよう

に と指導があったんですけど、僕は教授会で「こんなの意味ないから書かなくていい」と言ったんです(笑)。というのも、その前に取ったアンケートでわかってたんです。教員がシラバスをきちんと書いているかどうかと学生の授業満足度は何の相関関係もない、と(笑)。エビデンスに基づいて判断したわけです。ところが次の年、文科省から補助金を減額されてしまった。彼らは「意味があろうがなかろうが、とにかく命令に従え」と言ってるわけです。そんなのは知性と呼ばない。しかも、シラバスを書くべき理由を示すのではなく、金で締め付けてくる。大学人は金で動く、人間は金で適否を判断するという、とんでもなく貧しい人間観をもった人たちが教育行政を預かっているということですよ。

白井 シラバスで一五回分の授業内容を書く時に、最後の回は「まとめ」とする教員が多いんです。授業を進めるうちに話が脱線したり、時間が足りなくなったり、どうなるかわからないから。すると、数年前にすごい通達が文科省から来たんですよ。「シラバスの一五回目に『まとめ』と書いてはいけない」と(笑)。いや、高級官僚ってのはなんてヒマな仕事なんだと思いました。

内田 文科省の人たちも個人的に話せばいい人たちですし、こんなものが教育の成果と何の関係もないことはわかってると思うんです。問題は政治家と財界。彼らがいろいろ言ってくるから、ある程度言うこと聞かなきゃしょうがないというのもあるんでしょう。

だけど大学っていうのは基本的に管理しちゃいけない。何をやってるかわからないマッド・サイエンティストみたいな人がたくさんいて（笑）、その中の一人が何かのきっかけで大化けしてすごいイノベーションを起こす。一〇〇人に一人ぐらいの確率かもしれないけど、それぐらいの歩留まりでがまんしないと。キャンパスっていうのは、そういう人たちがたくさんいて、異分野の人が出会ったり、互いの知見に触れたりすることでケミストリーを起こす、そのための場所なんですよ。

白井　大学というのは共同して知の発展を作り出していく場なんだという空気が、たぶん私ぐらいの年代を最後にどんどんなくなってますよね。大学の株式会社化が進むと、教員も個人プレー、個人の業績だけが大事だという志向になり、議論や意見交換をしたり、異分野から思わぬ示唆を得たりということがなくなってくる。競争が激しくなるほど、「自分のアイデアが盗まれて他人の業績になったら嫌だ」と考える人も増えるからです。

私たちのころはまだ、大学は知の共同の場でした。大学院の先輩が総出で後輩の修士論文を清書してやる。その時に論文の不備を見つけて勝手に書き足したり、参考文献も加えておいたりするなんていう話もあった。その部分を口頭試問で聞かれたりして、後輩は戸惑うんですけど（笑）、そういう経験によって、自分の研究に何が足りないか気づかされ、一人前の研究者とはどういう水準かを教えられる。一般の人から見ると、なんていい加減なことだと思われるかもしれませんが、大学人の感覚でいえば、これってすごくいい話ですよね。

内田　知性というのは集団的に発動するもの。個人の業績や利益に還元されるものじゃない。教育もそうで、教員個人ではなく、ファカルティ＝教員団としてやるものです。学風とか研究室の風儀とか言いますけど、それは僕らが名前も知らない先生たちが三〇年前や五〇年前から教えてきたことの結果としてあるわけです。研究成果だって、九九％は先人からの贈り物なのであって、個人のオリジナリティなんてせいぜい一％ですよ。だから、お互いに刺激し合ったり、支援し合ったりして、知性を集団的に発動させる環境をどう作っていくか。それが大学において、いちばん大切なことなんです。

多様性が学びの可能性を広げる

白井　それこそが人文学的な発想なんですけども、現実問題として志願者数が減ってるじゃないかと言われるわけで、私も日々どうすればいいのか考えているんですけども……。

内田　志願者数の変遷なんて、一〇年単位ぐらいで見ていかないとしょうがないんじゃないですか。エマニュエル・トッドという人が先日、これからの世界はドイツが支配するという本（『「ドイツ帝国」が世界を破滅させる　日本人への警告』文春新書）を書いていて、すごくおもしろかったんですけども、いま日本でドイツの政治・経済や歴史・文化を研究してる人なんてほとんどいないんですよね。僕らが学生だったころの一〇分の一ぐらいじゃないかな。ドイツ語ができる人も当然激減しているなかで、「これからはドイツが世界標準になる」という話が出てきた。ほら見たことか、ですよ。大学に多様性が必要だというのは、知的生産性を上げるのと同時に、リスクヘッジでもあるんです。どういう学問がいつ必要になるかわからないから、いちおう何でもやっておこう、という姿勢が大事なんですよ。

白井　私もヨーロッパへ旅行した時に、東欧諸国から来た人がドイツ語を学び、ドイツで仕事をしているケースが想像以上に多いことを感じました。日本では、グローバル化のなかで英語だ英語だと盛んに言われ、大学でもドイツ語なんかいらないという風潮になっていますが、日本で思われてるよりも、世界でははるかにドイツ語のプレゼンスは大きいんですよね。

内田　三〇年後や五〇年後に世界がどうなっているかなんてわからないんですよ。たとえば、いまシリア情勢が大変危機的な状況ですけども、日本に中東問題の専門家がどれだけいるか。僕の友人に中田考先生や内藤正典先生がいますけども、彼らぐらいです。アラビア語ができて、現地の人たちとも交流があって、きちんと解説できる専門家というのは。国が制度的にそういう人を作ってこなかったんですから。他の学問分野も同じで、フランス文学なんか、いま翻訳してるのは野崎歓さんだけ。英語が大事だとみんな言うけど、じゃあ誰がアメリカ文学の翻訳をやってるかといえば、柴田元幸さんだけ。ほとんど柴田研究室の人がやってるような状況なんですよ。その柴田さんは東大を辞めちゃいましたけどね。それこそ、会議や書類が多過ぎて、落ち着いて翻訳もやってられないって。

人文学は乱世にこそ光る

白井　国の支援がまともにないなかで、個人の努力によって研究を続けてこられたわけですよね。よくやられたと思いますよ。

で、今なぜ人文学がこんなに軽視され、攻撃を受けるのかということを私なりに考えてみると、一つは先ほどからの「儲からない」という話ですけども、もう一つは、このあいだの新安保法制に抗議した学者の会もそうでしたが、昔から人文学系の学者というのは政府のやることをうるさく批判してきたわけです。昔の政治家には、それでも押さえつけてはいけないというコモンセンスがあった。だけど、安倍さんやその周囲の勢力は、露骨に「うるさい」という態度で黙らせようとする。その背景には、社会の根底的なルールが変わってしまったことがあると思うんです。

人文学的な知に対して、昔はまあ儲かりはしないまでも、ある種のリスペクトを抱くべきという雰囲気があった。ところがこの二〇年ぐらい、グローバリゼーションがやかましく言われはじめてからだと思いますが、文化的な地殻変動が起きて、「金にならない＝役に立たない」ということを公言してもいい、恥ずかしくないんだという空気ができてしまっている。

内田　本当にイノベーションを起こそうと思えば、多様性を確保しなきゃいけないんですけどね。スティーブ・ジョブズが大学を中退した後に、なぜかカリグラフィー――いわゆる習字ですね――の授業に興味を持ち、潜り込んで聴いていたという話があります。なんでそんなものに興味があったのか自分でもわからなかったんだけども、その後何年か経ってマッキントッシュのコンピューターを作る時に、彼はフォントを選べることを標準仕様にしようと思いつく。それと、きれいに見えるように字間を調整しよう、と。それが大きなきっかけとなってアップルは世界的な企業に成長していくわけですが、その時になってようやく、ジョブズは自分があの授業を受けた意味に気づくんです。

学ぶことの本質とはそういうものなんです。学びはじめる前の段階で、学ぶことの有用性や価値はわからない。なぜかわからないけど、自分はやりたい。そうして学んだことが五年や一〇年経った時にはじめて外形的な意味をもつ。今の実学みたいに「これを学ぶと、こんないいことがある」という目的が最初からわかっていると、人間はどうなるか。いかに少ない努力で目的を達成するかを考えますよ。「費用対効果」を求め始めるんです。僕らがやってる教育というのは、マーケットに並べて売る商品とは違う。その時点では、どう役に立つかわからない、いわば謎の商品です。それを身につけた人が、何年か経って事後的にその意味を理解する。そうやって事後的に発動するのが学びなんです。何でも市場を中心に考える人たちには、そのことがまったくわかっていない。

白井　ここまでの話からも、昨今の人文学軽視や、人文学系学部の不要論が破綻しているのは明らかだと思うんですけれども、ただこういう風潮は、世論の大きな後押しがあってできてきたということも、また確かだと思うんですね。ある週刊誌に、政府が方針を打ち出した人文学系学部削減についての記事がありました。「もっとやれやれ」という内容です。「どうせ大学なんて何をやってるかわからない、役に立たないところなんだから」と。これがいまの世間一般、日本の大衆の平均点なんだな、と思います。こうした見方が何に依拠しているのかということを、われわれは今後も考えていかなければならないと思うんですが。

内田　実学というのは平時の学問だと思うんです。これを入力すれば、こんな出力があるという相関関係が予測できる平時の仕組みにおいて、最も効率よく利益を上げるにはどうすればいいかを考える。これに対して、人文学というのは基本的に非常時の学問です。足元が崩れていく移行期的混乱のなかにおいて、それも生き延びてゆく制度や知恵というのは何なのか、一〇〇年、五〇〇年、千年という時間軸で人類の歴史の中から見つけてゆく。

僕は六五年生きてきましたが、人文学が光った時代は乱世なんです。僕が高校生のころ、一九六〇年代には、哲学や歴史学、社会学、精神分析学といった人文学が輝いていました。長いスパンで見れば、実学と人文学というのは補完・協力し合う関係にあるんだと思う。排除し合うものじゃない。いま明らかに、われわれの社会は崩壊過程に入っています。この移行期的混乱はしばらく続くでしょうが、そのなかで人文学が再び脚光を浴びる時が必ず来ます。そのために、できるだけ広い視野をもち、長いスパンで物事を見られる知性を身に着けた人を育てていかないといけません。

（まとめ：松本創、２０１５年12月３日）

X　国家の自殺をくい止められるか

〈対話者〉島田　雅彦

島田雅彦（しまだ・まさひこ）
一九六一年、東京生まれ。東京外国語大学ロシア語学科卒。小説家、法政大学国際文化学部教授、俳優。在学中の一九八三年「優しいサヨクのための嬉遊曲」を発表し注目される。『夢遊王国のための音楽』で野間文芸新人賞、『彼岸先生』で泉鏡花文学賞、『退廃姉妹』で伊藤整文学賞、『カオスの娘』で芸術選奨文部科学大臣賞、『虚人の星』で毎日出版文化賞をそれぞれ受賞。著書に『天国が降ってくる』（福武書店）、『僕は模造人間』、『彗星の住人』『美しい魂』『エトロフの恋』『ニッチを探して』『カタストロフ・マニア』（以上、新潮社）、『徒然王子』（朝日新聞出版）、『悪貨』（講談社）、『傾国子女』（文藝春秋）、など。

総理の無意識を読む

島田　本日は『虚人の星』刊行記念、白井聡さんとのトークイベントにお越しいただきありがとうございます。白井さんは、いまの政治の劣化した状況には義憤をかなり抱いていらっしゃるでしょうから、まずはそのあたりから伺いたいと思います。

白井　おっしゃるとおり、基本の基本を確認しなければいけないような危機的状況になっています。下っ端の自民党員の劣化が激しいのは勿論、閣僚クラスからも垂れ流し的にどうしようもない発言が出続けています。例えば中谷元防衛大臣が「憲法を法律に合わせるんだ」といったり、安倍首相が「ポツダム宣言を詳らかに読んでいない」と言ったりと、普通に考えれば一発で政治生命を失うようなことが平気でまかり通っている、恐ろしい世の中になってしまいました。政治の劣化というのは昔から言われてきましたが、これまでとは全然レベルが違う何かが起こっているのは確かです。そんな状況で、「立憲主義というのは基礎の基礎なので守ってもらわないと困りますよ」という話をいろいろな学者がしているのですが、僕としてはその中でも、政治のリビドー分析のようなことが自分の仕事だと考えています。

「政治」という言葉で多くの人がまずイメージするのは、自己利益をどう拡大するかということです。自己利益の最大化を目指しつつ妥協すべきところでは妥協するということで、利害の計算があってもろもろの決定がなされる、それが政治の基本だと思われています。仮に政治がそれに尽きるとすれば、政治ってそんなに難しいものじゃないし、戦争も起きずに済むわけです。ところが現実の政治はもっと複雑なもので、当然利害の計算はしますが、計算を突き動かしている、より原初的な欲望というものがある。ただ、それはどういう欲望なのかは当人にもよくわからない。このようなメカニズムを先駆的に指摘したのが、ジークムント・フロイトで、それを彼はリビドーと呼んだわけです。要するに人間が意識化できることは氷山の一角で、その下の部分は全然わからない。そのわけのわからないものに突き動かされて人間は動いているのだと。この見方を政治に当てはめると、政治を突き動かしているのは、そのわけのわからない部分で、それが大きくて強力なんだと思うんですね。僕としてはそこを読むということを、政治学者としての自分に課しています。

例えば、政府が発表する、あるいは安倍晋三が総理大臣として発表する言葉、言葉遣いを読んでいく。その具体的な内容よりも、言葉の端々に表れる、おそらくは本人ですら気づいていない欲望の表れみたいなものを読んでいくんです。実はその欲望というのが、今の政治の在り方、動き、方向性というものを根本的に動機付けているものなんじゃないかというのが僕の見方です。そう考えると、少し文学者の仕事に近いものがあるのではないかと思ったりもします。今回の島田さんの新作『虚人の星』は、安倍首相の無意識を読むようなところを意図されているようにお見受けしたのですが、いかがでしょうか。

島田　この小説は二人の人物の一人称で書かれていますが、一人称はその人が抱え込んでいる欲望や無意識を一番さらけ出しやすい。何しろその人物に憑依して、洗いざらいぶちまけさせるのだから、小説家は他人の無意識に入り込むスパイみたいなものです。これまでの日本では大人の保守というものが機能していて、「それを言っちゃおしまい」ということはなかなか口にしませんでした。本音と建前を使い分けて、心の深いところでは大きな野望や欲望があっても、おくびにも出さずに表面的には世論をちゃんと観察して、今ここでやりすぎると支持率が落ちるから抑えておく、という自己抑制が働いていたんですね。ところが今は誰もが「右翼小児病」で、みんな大人であることを積極的にやめようとしていて、ものすごくシンプルに欲望をさらけ出しています。まだ辛うじて一部のマスメディアやSNSも機能していますから、身もふたもないことを言った時にはみんなで責めるんですけどね。でも言った本人はもともとずっとそう思っているので、「何が悪いの」という感じで、自分の言葉がどう受け止められるかということの認識すらない状態です。ですからある意味ものすごくわかりやすい。乱暴だけどシンプルでわかりやすい言葉は、あまりものを考えないで暮らしているような人々には妙に受けますからね。そういう極端な存在というのは過去にもいたし、もっと右翼的な欲望をモロに言うことを芸風とする人たちもいました。

そういう欲望の発揮の仕方がストレートすぎると左翼が怒るわけですけど、左翼の側に弱さもあって、彼らは常に有権者の側にいるというスタンスを取るんですが、その分、権力欲が弱い。一方右翼の方は、すごくわかりやすく権力欲に凝り固まっている。もともと自民党というのは地方のボスの集まりで、全国区である自民党内で重要なポストを占めることができれば、彼らの権力欲、自己実現は達成されるので、そこに向けて努力する。そのためにとりあえず誰もが安倍首相率いる政権の中で、安保法制を通すことに全面的に協力して、そこで何らかの功績が認められれば今のポストを続けられるし次もあるという、ほとんど近視眼的な野望が行動になって表れています。

白井　小選挙区制になって権力が党中央に集中するようになったという事情もあるんですけど、制度論だけではつまらないし、結局は制度がどうであろうが、最終的には人の根性の問題なんです。要するに、こんなものすごく近視眼的な状況でいいんでしょうか、ということですね。

野党の方はどうなのかというと、島田さんは彼らの権力欲が弱いとおっしゃいましたが、僕はどうもセコいと感じます。

最近、原彬久さんという戦後日本政治史を研究されてきた先生が書いた、『戦後史のなかの日本社会党』（中公新書）を読みました。社会党が社民党に党名変更をして議席を大幅に減らしていって、今日につながる没落期に入った時代に書かれた本です。これを読んで、僕は自民党は大嫌いですけど、社会党も別な形でダメであるという感想を持ちました。それは何故かというと、高度成長期にいわゆるマルクス主義の古典的な理論が通用しなくなってくる。例えば、古典的理論の命題の一つに、資本主義社会が発展すればするほど労働者階級が貧乏になり、一部に富が集中していくという「窮乏化法則」があります。高度成長期になると、この命題は明らかに現実と合致せず、みんな豊かになってきたという実感が広がってきます。そういう中で、どうしたらいいのかと。当然社会党の中でも考え方を変えるべきだという意見が出てくる。古典的理論の命題のいくつかを見直して、労働者階級の政党ではなく大衆政党へと方向転換しなければいけない、と構造改革派と呼ばれた人たちが言い出すわけです。

その筆頭が江田五月さんのお父さんの江田三郎さんだったわけですけど、何がひどいかというと、党内では江田理論が正しいことをみんな納得していたというのです。しかし実際には絶対に江田三郎を党首（委員長）にさせなかった。原因は派閥対立で、過去の因縁や経緯から絶対に江田三郎を担ぎたくないという人がたくさんいたために、党の基本方針の転換ができず、実は誰も信じていない古典的マルクス主義に固執することになった。このことは、日本における社会主義がほとんど死んでしまったことの原因のひとつです。

天下を取るためなら、正しい考え方に乗るべきなのに、党内でそれぞれの子飼い勢力を抑えているプチボスが、自分たちの立場をまず維持したい。そのためには正しいとわかっている事でも反対すると、こういうセコい発想ですね。実は自民党側でも、田中角栄なんかは「江田がもし社会党を掌握したら、自民党政権は危ういかもしれない」と一番恐れていたと言われています。日本の政治家たちの欲望の矮小さに、本当にうんざりするんですね。

島田　もともと社会党と自民党が大きな対立の構図を作って政治をやっていた一九八〇年代くらいまでは、自民党の中にもちゃんと派閥があって、自民党内に政治的なオルタナティブも確保されていた。保守本流と非主流派、護憲派と改憲派、ハト派とタカ派というように。それで自民党内でも政権交代がある。社会党はその補完的な役割ということで、たとえば反安保闘争をやったときに、野党の最たる社会党がデモを盛り上げると、国内でこんなに反対世論が高まっていますから、と言ってアメリカの要求を多少はマケてもらえる。そうした与野党がタッグを組んでの寝技が成立していた。自民党の中に社会党と通じている左派、社会党の中に自民党に通じている右派がいたわけです。それが今は民主党にスライドしていて、民主党政権の時代もそうだったように共産党との選挙協力などあり得ないと、プチ自民をやろうとする。一応左派の旧社会党の議員がいても民主党内で軋轢が生じて、セコい権利闘争で空中分解して今日に至っています。

反自民の野党勢力の結集というのは、大変ハードルが高いのだけれども、今まで共産党が唯我独尊でやってきたのをちょっと譲歩しようとしていることは、微妙に今までとは違うのかもしれません。本当に自民党の政権が危険すぎるので、ない袖はふれない状態の中でやれることは何かというと、ベルルスコーニを絶対に首相に返り咲かせるなという方式の、イタリアにおける中道左派連合を日本に実現させるしかないということになっていると思います。

「プロレス政治」の自立性

白井　いわゆる五五年体制の政治というのは、冷戦構造のミニチュア版だと言われますが、談合政治というか、プロレスだったんですね。象徴的なのは、自民党が結党された時はＣＩＡからの巨額の工作資金が入っていて、ある意味アメリカの出先機関であるという性格を持っていた。では社会党はどうだったかというと、こちらも元々は反ソだったわけですね。ソ連万歳、ソ連べったりの共産党とは違って、あくまでソ連に対しては批判的なんだ、自分たち独自のやり方で社会主義の道を切り開いていくんだという考え方だったのが、ソ連と日本共産党の仲が途中で悪くなっていくなかで、いつの間にかソ連に接近していって、中国共産党にも接近していく。こういうわけですから、冷戦構造の中で、自民党はアメリカの、社会党はソ連や中国の出先機関で、一体どこに自立性があるんだというような状況だった。ですが、これが不思議なことにマイナスとマイナスをかけるとプラスになるみたいな話で、こういうプロレス構造だったからこそ実は相対的に自立性があった。ポイントは傀儡でも、「ゆるい傀儡」だということなんですね。

島田さんがおっしゃったように、アメリカから日本に対して、「こうやれ」という要求があったときに、これは呑めないなということに関しては、自民党は伝家の宝刀を抜くことができた。平和憲法と社会党が強力で、「親分のおおせ付けに従いたいのは山々なんですけど、国内でうるさいのがいまして……」と最高の言い訳として使える。他方、社会党はソ連から強い影響を受けているとはいえ、ソ連が社会党に、日本で共産主義革命を起こさせてソ連の衛星国にしようとしたかというとそんな要求はなくて、これも傀儡関係が緩かった。緩い傀儡同士の二つの党が、「大体この辺が日本の国益だよね」という落としどころを見出すことができて、自立性がそれなりに担保される、マイナス×マイナスはプラスになる、そういう状況だった。

面白いのは、ねじれ国会が問題になった時に森喜朗さんが、昔はよかったという話をしていたんです。五五年体制の頃は話が決まっていたと。当時はイデオロギーの対立の時代だったから、我々政府与党としては法案を出す、それに対して社会党は批判をしてくる。ある程度の時間をかけて批判をさせると、むこうとしてもメンツが立って、この辺が落としどころだよねというところで可決させてくれると。どうしても納得いかないというなら、官房機密費から金を出して握らせることで話をつけていたんだと。まさにプロレス政治ですね。

ところが今は決まらなくなった。なぜかというと、イデオロギーがなくなったからだと森さんは言うんです。イデオロギーがなくなったら、争いは思想闘争じゃなく純粋に物取り競争になる。純粋に物取り競争になると妥協ができなくなり、喧嘩が永遠に続いて何も決まらない。実に嘆かわしい、イデオロギーは必要であると、あの森喜朗さんがイデオロギーの重要性を言っている。そういう奇妙な状況が展開されているんですが、日本の政治の構造が本当のところどうなっていたのかが、今日の視点から見るとすごくよくわかるようになってきた。では今その対立はどういう形でスライドしてきているかというと、民主党内のある一部は自民党の別動隊なんです。この人たちを民主党が切れるかどうか。そこまでの腹が岡田党首にあるか、どうもそこが怪しいのですが、我々としてはそうなるように岡田さんを追い込んでいくしかないのかと思っています。

それにしても苛立たしいのは、沖縄などとは違って、国政では本当の形での政治的対立の構造がちゃんと形成されないことです。わけのわからない形で雑多なものが並立してしまう。島田さんが『虚人の星』で、七つの人格をもつ人格分裂の人物を出されているのは、そういう状況を意識されているのでしょうか。

島田　政界再編とか言われていたころに、自民党と民主党でトランプのカードのシャッフルみたいにかなりの人員の入れ替わりがあったわけですね。だから今の自民党は表面的には一枚岩みたいに見えていても、こんな法案を強引に成立させて、ずっとアホの首相の顔色をみながらやっていくことは憂鬱でたまらないという自民党員もいるはずです。現に公明党にはいるわけですね。そうした中で劇的なシャッフルが起きる可能性も、無きにしも非ずかなと。十数年前、小泉純一郎総理をかついで自民党が奇跡の復活を遂げたということがあって、実は当時、変人・小泉は自民党の中でもてあまされていたから、民主党の方に小泉を引きずり込んで、彼をかついで選挙に勝とうというアイディアを持っている人もいたようですが、それは実現せず自民に先を越されたわけです。あの変人を担ぎ上げたことによって、自民の長期政権ができた。今はその息子が自民の支持率を高くしている陰の功労者で、今回は自民党執行部を批判していたから閣僚になっていないけど、次期もしくは次々期閣僚と言われているでしょう。だからこういうカードを取っちゃえばいいんですよ。権力を奪取することができないなら、そのくらいの寝技を使えよ、と言いたいところです。逆に、自民党のスパイみたいな民主党員は、自民党に放せばいい。

でも基本的に、イデオロギー闘争を終えた後の日本の政治家は数合わせの要員でしかないので、ご都合主義を徹底できるわけです。しかも彼らはそれを悪いとは全く思わないし罪悪感も抱かない。これは一種の天才だと思うけど、あるいはそういう人格解離を政治という生々しい現場で思いっきり活用しているようにも見えます。

自立できない「のび太」＝日本

島田　今回の小説は、七つの人格を使い分けるスパイと、それから自身の中に交代人格を抱え込んでしまった総理大臣の一人称の交互の語りにしました。総理大臣の方は、自分自身に近い「のび太」と、それに対して、右翼の政治家としては対米従属が一応原則だからアメリカの言いなりになっているんだけど、時にアメリカの注文よりも先走って追従しようとするキャラクターとしての「ドラえもん」と、二つの人格の間で悩んでいる設定です。

これはすなわち、日本とアメリカの関係なんですね。従来「ドラえもん」の比喩で言えば、日本がのび太でアメリカがジャイアンでしたが、ここはずらして、日本の対米従属、対米依存は、のび太がドラえもんへの依存から自立できない状態だと設定してみると、より現状に近いのかなと思ったんです。

「本当に自立したいのか」と、常に自民党の人には問いただしたい。一応対米従属をやりながら、一方で右翼的にアジアに強く出て、戦前回帰のポーズをとることも許してもらえる、という形の自立であったら、それは偽自立です。米軍基地をグアムにでもどこにでも移して、それで本当に自主防衛を狙うならまだ分かりますけど、それを全部放棄して、対米従属の方針だけは徹底させながらなおかつ自立を唱えるこの矛盾を、どうしてくれるのか。自立を目指すのであれば、対米従属を改めて、なおかつ国民の支持を得つつ、しかも国際政治の場においてそれなりのプレゼンスを発揮できるスタンスを選ばなくてはならない。

しかしその方法は、消去法で行くと、とりあえずは憲法を守ることでしょう。勿論、憲法九条に矛盾はありますし、現状の安全保障上、憲法九条が機能しうるかと言えば難しいところがあるでしょうが、政治原則において自立ということを唱えるのであれば、より憲法に忠実な方がよほど理にかなっていると思います。

ただ長年、護憲というと左派の方はものすごい頑固な保守だったわけですよ。いつしか護憲というものがほとんど絶滅危惧種的な扱いになって、政治的な効力を失ってしまった。その中で改憲を唱えれば、少なくともそれは改革ではあるのだから、新しいプログラムを志向していると見せかけることはできた。しかしこの間の強引な憲法解釈、これによって逆に護憲が息を吹き返した感じがするんです。そこは楽観しているんですよ。元々自民党の悲願は改憲であり、自主憲法制定ですが、ひどい改悪案なうえに、特に安保法案はあまりにもアクロバティックな憲法解釈だったので、これは危険だというふうにみんなが目覚めてしまった。だから今後、強引な改憲の方向には行きにくくなっただろうと思いますけどね。

白井　だといいんですけどね。現在の状況は、護憲が息を吹き返すと同時に、今まで言われていた、いわゆる改憲論というものが実はほとんど何の意味もないことが分かったということだと思うんです。

改憲派は押し付け憲法を捨て去って、自分たちの憲法を自分たちで制定して自主性を回復するんだと言ってきたわけです。今回ある意味で非常に創造的な解釈を施して集団的自衛権を認めるよう解釈変更したわけですから、事実上改憲したに等しいわけですけども、それで自主性を回復できたかというと、とてもそうは見えないわけですよね。ますます軍事的な意味での対米従属、要はアメリカがやる戦争にお付き合いをしなければいけないということになる。これまでは九条のおかげで従属にも歯止めがあったわけで、これを無効化すれば従属がより一層深まって全然自主にならないことがわかってしまった。ただ、こういった理解がちゃんと広まるだろうかというのが大きな問題です。

僕は「ドラえもん」に喩えると、日本の立ち位置は、スネ夫だと思うんです。つまりジャイアンの子分なわけですよね。スネ夫はひょっとすると一対一でけんかをしたら、腕力はのび太にすら劣るかもしれない。でも、ジャイアンにうまく取り入っているということと、家が金持ちであるということでもって、のび太より優位に立っていたわけなんですね。つまりジャイアン＝アメリカ、スネ夫＝日本、のび太＝アジア諸国ですね。アメリカに取り入るということと、アジアに対して傲慢な態度を取るというのがコインの表裏になっているわけです。これが戦後レジームの基本構造であり、非常に病んだ構造なんですが、それでもやってこられたのはスネ夫の家がお金持ちだったからです。ところが今何が起きているかというと、スネ夫のお父さんが破産して、貧乏になってしまったんですね。これは厳しいですよ。骨川家が貧乏になったらスネ夫のアイデンティティはどうなってしまうのか。「僕のうち金持ちだから」っていうのが、のび太に対する優位性の根拠だったし、「新しいおもちゃだよ」とジャイアンに遊ばせてご機嫌をとるのに役に立ったわけですから、金がなくなったらスネ夫は終わりですよ。だから経済大国の地位が危うくなってきて多くの日本人が今発狂しかけている状態にあるんだろうと、そういうふうに見ているんです。

「人格解離」という対処法

白井　人格解離といえば、内田樹さんとの対談本（『日本戦後史論』）の中で、内田さんが安倍晋三を人格解離していると評しているんですね。おそらく生身の安倍さんというのは悪い人じゃなくて、付き合うと結構いいおじさんなんじゃないかと。しかしながら政治家一家に生まれて、家業としての政治家業を継がなければいけないという運命を背負わされて、しかもその家業は相当傾いている。それこそ岸信介というのは戦後レジームを作った人ですから、安倍さんはおじいちゃんが建てた建物の中で生まれ育ってきたわけです。安倍さんにとって困ったことには、その建物は冷戦構造の崩壊と同時に柱が抜けた建物になってしまった。これを維持するのは不可能な状況になっているのですが、彼はその建物の中以外の環境を知りませんから、仮に本当は「なんだか居心地が悪いな」と薄々感じていたとしても「この建物はもうダメだから壊そう」と言えない。そういう、生身の人間では処理できないような矛盾を抱え込んでいるから、ある種解離した別人格を作って、それがいわば腹話術的に喋って、戦後のレジームを無理やり保たせようとしている、人格解離によって矛盾の厳しさに対処しているんじゃないか、というのが内田さんの見立てです。

安倍さんは、田舎の旅館の三代目とも喩えられます。地方の過疎化した観光地で、寂れて閑古鳥が鳴いているような旅館の跡取りになった。もう一度盛り立てるのは無理という絶望的状態でも、とりあえず継がないといけないから継いだと。そういう人たちがどういうふるまいをするか。

これは過疎化問題に悩む地方の実態に詳しい人からよく聞く話なんですけど、新しい農作物の栽培に成功したとか、新しい観光スポットを立ち上げて、いわゆる村おこし、地域おこしのスターとして脚光を浴びる人たちというのは、おしなべて地元では評判が悪い。その原因は大概、嫉妬なんです。あいつばかり目立ちやがってという不毛な感情です。前途が絶望的な旅館の三代目などの役回りを引き受けさせられた人は、無意識のレベルで、「こんなの持続できないんだから、つぶれちゃえばいい」と思っている。そこに、「もう一回、地域を盛り立てられますよ」と言う人が現れると迷惑で、このまま安楽死させようと思っていたのに余計なことをするなと。だから反動的にふるまって彼らをいじめたりするんだというんです。

今の保守政治家って、様々な戦後日本の矛盾を集約的に引き受けさせられているともいえるんですね。嫌ならやめればいいわけですが、とにかく本人としてはそういう役回りになってしまったと思っていて、それに対処するのに生身の人間では無理なので、ある種人格解離を起こしちゃう。この見立ては、なるほど、今の情勢を見るに際しては有力な視点なのかなという気がしたんですね。

島田　アメリカの傀儡であったり、あるいはアメリカと結びついている官僚とか企業家とか、いわゆるアメリカンスクールの方々、アメリカの利害を日本においてうまく発揮できるように調整する人々は、外務省にも防衛省にもいっぱいいます。実際そういう人たちが対米従属を推し進めて、アメリカにとっての日本利権をハンドリングしている。彼らから見ると、多分安倍さんは、御しやすいのだろうと思いますね。首相なんていうのは一種象徴的な存在でよい、血筋がいいに越したことはない、そのほうが自民党内の調整もつけやすいと。さらに岸の孫ということであれば、岸流の政治プログラムを反復するという物語はできやすい。非常にわかりやすいプログラムを作ったうえで、首相はなるたけナポレオン三世みたいに凡庸な人間の方が好ましいわけです。自分なりの、より良い政治プログラムを提案するようなタイプだと官僚と対立するかもしれない。そもそもこういう人格解離状態を特に問題視しないような鈍さというのが、うってつけだったんでしょうね。

たとえば国会の答弁を聞いていると、首相が毎度毎度名前を呼ばれるのと同じくらいの頻度で中谷元防衛大臣が答弁に立つ。そこで共産党の議員の厳しい追及があると、中谷大臣は赤面するんですね。明らかにあれは相当に困惑しているし、恥ずかしいと思っているんじゃないか。自分の答弁が矛盾に満ちているという自覚はあると思う。そういう含羞がにじみ出ているんですよ。それに対して、安倍さんは何もないね。

白井　確かに。

島田　何も恥じることもないし、はぐらかしてはいるんだけど、そうとしか答えられないみたいな感じで。この間、国連で「難民問題についてどう思いますか」と聞かれて、「日本には別の問題があります」って、まったく関係ないことを言っていて、それで恥じないというのは、すごいかもしれない、ある意味で。

白井　今回も安倍さんはニューヨークに行って、結局オバマ大統領と会えなかったですよね。あれほどの貢物というか、アメリカのために強引なことをやったのに、会ってもくれないと。僕だったら死にたくなると思うんですけど、彼は全然へっちゃらみたいです。鈍感で恥知らずな人間は強いんだなということがよくわかりました。アメリカにとっても、日本の首相は凡庸なくらいがいいとはいえ、ここまで低劣だとは誤算だったと思う。オバマは嫌悪の情を隠しすらしていない。

島田　しかし一方で、アメリカも民主党と共和党の大きな政治方針の違いがあるし、同じ民主党内でもオバマとヒラリーは微妙に違いますし、さらにそこに軍産複合体の利害があって、これが錯綜している中である種のパワーゲームを繰り返しているわけですが、政権がアメリカで替わったとしても軍産複合体自体の影響力は変わらないので、そこがっちりと日本の尻尾をつかんでいる。歴代首相は勿論のこと、野党のアメリカンスクールまでも鵜飼の鵜みたいに全部束ねているところがあって。そんな中で、仮に対米従属を改めて自立に向かうために中国やロシアとも多極的な安全保障を構築するというオルタナティブを画策しても、まずは政府機関内に深くまで入り込んでいるアメリカのスパイどもに全部邪魔されるでしょう。

白井　それが象徴的に示された事件はやっぱり鈴木宗男・佐藤優事件だったと思います。佐藤優さんの『国家の罠』は何度読み返しても面白い本ですが、それによると、外務省の中に当時三つの派閥、アメリカンスクールとチャイナスクールと地政学派とがあった。地政学派というのはその時々に応じて組むべき相手を臨機応変に変えていく立場で、鈴木・佐藤ラインは地政学派だったわけですね。あの一連の外務省内の騒乱を通じて何が起きたかというと、地政学派がつぶされ、チャイナスクールもつぶされて、つまりアメリカンスクールだけになってしまうという状況が作られた。それがあの事件の本質だったというんですね。その結果が、今こういう形で非常にわかりやすく出てきているわけです。

本来なら冷戦構造が終わった後、対米従属を続ける合理的な理由はなくなったんですよね。このことは、今の日本のナショナリズムの歪みとも関係しています。そもそも戦後日本の保守の主流は、親米保守と言われる異様なものです。どこの国だって保守、ナショナリストというのは、たとえばフランスだったら親仏保守でしょうし、韓国だったら親韓保守のはずなのに、日本だけは親米保守なる奇怪な立場がナショナリストを名乗ることができた。それでも、冷戦時代は一応言い訳ができた。何せソ連という悪いやつがいると。だからアメリカだって本当は嫌なんだけど、ソ連の力が伸びてきてそれに取り込まれることだけは絶対に避けなければならないので、当座はアメリカと組んでおこうという立場が愛国的なのだと。しかし、この言い訳が、ソ連が崩壊することによって、もう全然成り立たなくなった。だから九〇年代を通じて軌道修正をするための具体的な画策があったわけですけど、結局それらは全部つぶされていくわけです。場合によっては検察の力まで動員される形でつぶされていった。対米従属をする合理的理由がなくなった時代にこそ、ますます対米従属が強まるという、そういう異様な時代になってしまいました。

三〇年後を議論する政治

島田　もうちょっと政治を長いスパンで見ようと思った場合、今は過渡期ではあると思います。アメリカの支配が終わって、世界的な影響力が低下して、代わりに中国が台頭してきているという中で、そろそろ日本の外交方針を改めないとならないわけです。東アジア・太平洋地域におけるアメリカの軍事プレゼンスは依然高いけれども、そうはいっても中東に駆り出されたり、世界の警察を辞めたくなってきている中で、今まで通り、アジア・太平洋地域を完全にアメリカのコントロール下に置くことは難しい。そこで、日本に戦費負担させたい。だから反中で世論を盛り上げておいて、日本国民全員が常にアメリカの方に味方する、友達みたいにみなし続けたまえという感じになっているわけですが、しかしそれで安全保障が成り立つと思えるのは、向こう五年とか十年に過ぎないのではないかと。

今回、『虚人の星』でそういうことを書いているんですけど、もうちょっと長い、三〇年くらいのスパンで未来を考えた時には、今の状況からは全く想像できない世界が出現しているはずです。ちなみに今から三〇年前の中国を見て今の中国を想像できた人がいるかというと、ほとんどいないわけですね。そうすると三〇年後の世界は、いくら経済の不安定要素があるとはいえ、一人あたりのＧＤＰにおいて、中国が日本を超えてくる。人口十倍ですから、そのまま経済規模が日本の十倍ということになり、アメリカを凌いでしまう。それに軍事費が比例するとなれば、世界で最大の軍事大国になる。海軍が弱いというところはあるけども、これもすぐに逆転するでしょう。なぜならば、今はウクライナから買った中古の空母が一艘しかなくて、アメリカとの対比でいうと、三対一くらいだけど、もし台湾を領有することになれば、台湾は空母二〇艘分と言われていますからね。台湾を領有したら、尖閣なんかどうでもよくなるでしょう。太平洋に対する中国軍のプレゼンスは圧倒的に高まります。それも時間の問題だと考えた場合、今から、それにどう対応するのかという布石を打っておかないといけない。現時点で中国の属国になりたくないという思いが保守は強いでしょうし、正直私も沖縄に米軍の代わりに人民解放軍が来るだけだと言われても、なんか嫌な感じがしますよね。でも三〇年スパンで見ると、それを受け入れざるを得ない状況が来るかもしれない。しかし、そういう三〇年後の話の議論は、普通の政治家は取り合わないというか、そういうことを考えること自体を放棄していますす。

白井　沖縄に米軍基地の代わりに中国軍基地があるという状況は、今と同等か今よりも悪夢かもしれないという話ですね。要はそういうことが起こらないように、中国の発展の仕方がどうあるべきかを考えてください、かつて中国を苦しめた帝国主義列強が追求した覇権主義はよくありませんよ、ということを説いていくしか基本的にはないと思います。

ちなみに、保守は沖縄で中国脅威論をふりまきたがるわけですけど、これ全くの逆効果だと思います。沖縄の人の目で歴史を振り返ってみると、日本人にやられたという記憶はあるし、アメリカ人にやられた記憶もある。しかし中国人に暴力によって支配されたという記憶はないわけですね。彼らにとっては中国脅威論はまったくの大ウソじゃないかということがリアルにわかるわけです。中国脅威論というけれど、実際中国から日本が侵略を受けたのは、元寇くらいしかない。ただしもちろん近代世界の原理の中で大国化していくと当然違った方向へ行くことも考えられるので安易な楽観視はできないことですけど、しかしながら当然上手いつき合い方はある。

島田　沖縄から見れば、中国との朝貢関係、貢物をやって非常に安定的な外交関係を作るのはある意味自然だし、中国にしてみれば先の戦争における復讐は形だけでもしたいでしょうが、その復讐をなるべく軽く済ませる。そのうえで、中国が常に理性的にふるまえるような助言をする友人的な立場ということを目指すしかない。実際アメリカが対外的にやってきたことのアコギさと中国がやってきたことを比べた場合、アメリカの方が悪かろうと思います。

白井　遥かにアコギです。アメリカが悪いことをやった時にはそれは十分の一くらいに希釈されて伝えられるのに対して、中国のそれは十倍にして伝えられるという感じがありますね。

島田　メディア戦略などもあって我々はなんとなく「アメリカの方が理があるんじゃないか」と錯覚

させられているだけで、そのうちそれも変わって行くのではないかと、希望的なことを言っておきましょう。

最後に、今回私は今の道義的に不愉快な政治状況の中でこのような小説を書きましたが、本来はこんな正論を吐く人間ではなく、もっと退廃的に楽しく生きていきたいと思っています。それにもかかわらず、このような正論を唱えなければならない状況になっていることを、ぜひご理解いただきたいです。

（2015年10月9日、紀伊國屋書店新宿本店にて）

XI　裁判で社会を変える

――福島生業訴訟が問うもの

〈対話者〉馬奈木　厳太郎

馬奈木厳太郎（まなぎ・いずたろう）
一九七五年、福岡県生まれ。弁護士。自由法曹団、全国公害弁護団連絡会議事務局次長。福島第一原発事故後、原告約四千名が国と東京電力を被告として起こした、〝原状回復〟・〝被害の全体救済〟・〝脱原発〟を求める「生業を返せ、地域を返せ！」福島原発訴訟（「生業訴訟」）の弁護団事務局長を務めている。著書（共著）に、『あなたの福島原発訴訟』『国と東電の罪を問う』『福島を切り捨てるのですか』（以上、かもがわ出版）など。福島原発事故後自死された農家を描いたドキュメンタリー映画『大地を受け継ぐ』（井上淳一監督）の企画も務めた。

生業訴訟が問うもの

白井　二〇一一年三月一一日の東日本大震災から五年が経とうとしています。福島第一原発事故はいまだに多くの人々を苦しめており、さらには被害者たちを切り捨てる施策が着々と進められていますが、他方で、東京電力や日本政府を相手にした被害者の闘いも粘り強く進められています。今日はそのなかでも非常に重要な意味をもつと考えられる『「生業を返せ、地域を返せ！」福島原発訴訟』（生業訴訟）の弁護団事務局長である馬奈木厳太郎さんをお迎えして、この訴訟の意義を考えてみたいと思います。

私と生業訴訟との関係について、最初に述べておきます。

馬奈木さんや原告団の人と知り合うようになったきっかけは、二〇一五年五月に講演依頼を受けたことです。裁判と講演とはいっけん関係がないように見えますが、そうではないところに生業訴訟の画期性が垣間見えるのです。というのはまず、この訴訟は原告団が四〇〇〇人以上もいる、福島原発事故関連訴訟のなかでも突出して巨大なものだという事実があります。そうなると、裁判の開廷日（期日）には数百人の原告が福島地裁に詰めかけてくることになって、傍聴席に入ることができない人が大量に生まれてしまいます。この人たちは原告だけれど裁判に参加できないから、法廷が終わるまで手持ちぶさたになってしまうわけです。しかし、せっかく原告が集まっているのだから、時間を無駄にしてはいけない。そこで、この訴訟が日本社会にどのような問いを投げかけ、いかなる役割を果たしているのか、といったことについて、毎回講師を呼んでお話をしている、というのです。これまでの講師のなかには、内田樹氏や浜矩子氏、藻谷浩介氏といった著名な学者だけでなく、ミュージシャンの大友良英氏もいます。その一環で、私も呼ばれてお話をさせていただいたわけです。

私はそこで、『永続敗戦論』で提示した理論図式にもとづき、なぜ福島原発事故が起き、さらにはその後の政府や東電の不誠実な対応はどうして生まれたのかを話しました。事故は偶然の産物ではなく、制度疲労の極致にある戦後レジームの表れにほかならないということです。非常にわかりやすいかたちで、その劣化具合が露呈してしまった。あの戦争の責任をまともに追及することなくいつの間にか「豊かな国」になってしまった戦後日本が、九〇年代以降停滞から抜け出せないなかであの事故は起こりました。そのとき、表面上の豊かさによって覆い隠されてきたこの国の「地金」が姿を現したのです。不都合な真実を否認し、空気と権威に盲従する「無責任の体系」（丸山眞男）こそ、その「地金」です。それに巻き込まれた不運な人々は、虫けらのようにすり潰されてしまう。原発事故によって、この病理が戦後の歩みにおいて全く克服されていなかったことが、明るみに出てしまった。

そして、生業訴訟の意味はこの視角から見えてきます。訴訟に勝利し、国や東電の責任を根本から認めさせることは、日本国家や社会に対して革命的な変革を要求することになるのです。結局のところ、国家のために国民がいるのか、国民のために国家があるのか。大日本帝国は、前者でした。戦後民主主義改革を通して後者の在り方に変わった、と公式にはされてきましたが、現実は違う。大日本帝国はその意味で生き延びている。だから、私たちは、本当の意味での主権在民の国家・社会を獲得しなければならない。そうした非常に重要な闘争に原告の方々は立ち上がったのだということを、そのときはお話ししてきました。

そして、講演のあともさまざまな会合や期日に参加し、馬奈木さんと対話を重ねてきました。この訴訟の意義や戦術をさまざまに説明してもらったことで、単に一度講演するだけでなく、腰を据えて応援しなければならないという思いを持つに至りました。そこでまずは、馬奈木さんや弁護団の方々がどういった過程を経て訴訟に踏み切ったのかを伺いたいのですが。

馬奈木　生業訴訟は二〇一三年三月一一日、八〇〇名の原告団によって福島地裁に最初の提訴を行いました。その後、現在までに四次の追加提訴があり、当初の五倍、四〇〇〇名の原告が参加しています。被告は国と東電です。

原発事故の直後から、福島県内では法律相談会が開催されていましたが、そこには私のような首都圏の弁護士も多数参加していました。事故当時、福島県には一五〇名ほどの弁護士が登録していましたが、県民二〇〇万人に対しては明らかに少ないうえに、弁護士もまた被災者であり、十分な活動ができなかったからです。私自身が初めて参加したのは、一一年のゴールデンウィークのことでした。

県民の方々からは、さまざまな相談を受けました。県内避難をした方からの生活相談、事業の継続が困難になった方からの賠償の見通しの相談、さらにはそもそも避難をさせるべきかどうかの相談も数多く受けました。

こうした問題に接するなかで、いずれ大きな裁判となることを意識していましたから、私たちは弁護団の組織を始めました。事故に対して責任をとるべき国と東電から発せられたのは「想定外だった」という言葉だけで、誰一人として責任をとろうとはしませんでしたから、両者への裁判をたたかわざるを得ないことは明らかでした。私たちは弁護団を結成し、その後で原告を募ることを始めました。

お気づきのように、これは通常の裁判とは逆の順番になっています。通常であれば、病気にかかったとか、身内が亡くなった方が弁護士に相談をすることから訴訟は始まります。つまり原告が動いてから、弁護士が動くということですね。

ところが原発事故では、被害者の方が生活を立て直し、責任追及の姿勢をとるのを待っていては遅いし、被害が深刻化してしまうおそれがありました。そこで弁護士のほうから動き出し、被害者の方々に、たたかいの枠組みを提示し、原告になってもらったのです。

私たちがこの訴訟で目標としていることは複数あります。一つ目は、国と東電の責任を明らかにするということです。福島原発を操業していた東電だけでなく、国の責任もはっきりさせなければいけないと考えています。

交通事故に遭って家族を失った方がまず思うことは、「金を払え」ではなく、「家族を返せ」でしょう。この感情を法的に表現すれば、原状回復を図れということです。近代法の制定以降、不法行為に対する原則的な対応は、この原状回復をさせることでした。それができない場合に、初めて「せめて賠償せよ」というかたちで金銭賠償という選択肢が提示されます。

では、実際の国や東電の事故後の対応はどうだったでしょうか。最初に両者が行ったことは、原発を中心に同心円を引くことでした。二〇キロ圏内、三〇キロ圏内といった線引きをして、避難の対象かどうかを判断したわけですが、それは被害者かそうでないかの選別にも使われました。つまり、まず初めに被害者とそうでない人を区別した。

次に行ったことは、被害の話を賠償金の話に矮小化させたことです。原状回復の原則をふまえれば、これがいかにおかしな話かは明らかでしょう。譬えるならば、バスが追突事故にあった際、追突した車に乗っていた人間が、バスの右側座席の乗客は被害者だが、左側座席はそうでないと決め、さらに右側のなかでも不動産の賠償の有る無しや、低額の慰謝料の支払いのみといった選別をするようなものです。つまり、事故を起こし被害を与えた側が、誰が被害者か、何が被害かを決め、それに対していくら払うかまでを決めているのです。これがこの五年の間になされてきたことの実態です。これを許していいのでしょうか。

もし許さないとすれば、この土俵に、私たちは上がってはならない。加害者がその責任もとらず、ただ被害者の範囲を定め、問題を賠償額の多寡だけに矮小化させている。そのために、福島の人々の間では、本来共通の敵である国と東電に対して怒りが向くべきところが、誰がどれだけの賠償金をもらったかで感情が引き裂かれている。そして、こうした分裂を喜ぶのは国と東電なのです。

もちろん、賠償は当然払わせなければなりません。しかし、ただ金を払うだけで解決したことにはさせない。そのために、第一の要求が原状回復となったのです。これは、私たちが今回の事故の性格について、公害だととらえていることの証左でもあります。ただ、ここで注意していただきたいのは、「原状」は二〇一一年三月一〇日の状態を指すわけではないということです。それでは、ただ事故が起きていないだけで、その原因となった原発は存在しています。私たちが「原状回復」という言葉に込めているのは、原発事故の被害をふまえ、被害が出ない、被害を生み出すことがないような状態に戻せということです。これを「原発もない、放射能もない地域を創ろう！」というスローガンにしています。損害賠償には止まらない訴えであるということを、強調したいと思います。

では、賠償だけの問題ではないことは、裁判のなかでどのように位置づけられるでしょうか。原発による被害に関しては、原子力損害賠償法（原賠法）という法律が存在します。国や東電はこの法律が適用されると繰り返してきました。この原賠法は、何か損害が出て、原発事故との間に因果関係があれば、電力事業者が賠償を払うという建てつけになっています。一般的な民法では、損害が出て、因果関係があるだけでは訴えは認められません。そこに故意または過失があったと認められなければならないのですが、この原賠法には過失が要件として存在しないのです。これを「無過失責任」と呼びます。無過失責任は、過失の立証をしなくてすむことから、被害者にやさしいようにも見えますが、この法律に関してはそうではありません。原賠法第一条の「目的」には、「被害者の保護」と「原子力事業の健全な発達」が謳われています。つまり、金を払うから原発を続けさせろという目的をもった法律なのです。ですから、この枠組みのなかで救済を求めることは、私たちの本意ではありません。原賠法を乗り越えたところでの救済を求めなければならない。これが過失という責任を問う私たちの裁判の特徴の一つだと言えるでしょう。

さらには、通常の裁判では訴えた原告の訴えが認められるかどうかが問題とされます。貸した金を返還させることとか、離婚を成立させるとか、すべて原告と被告の間の問題で、そこに当事者以外の第三者は関係がありません。しかし、私たちの原告団は、自分たちだけを救済してほしいという話はしていません。原告以外にも被害者がいるからです。そこで、「被害の全体救済」という救済の制度化を求めています。

それに加えて原告団は、自分たちのような被害はもう起こさないでほしいとも訴えています。つまり、救済の制度化だけでなく、被害の根絶も求めているのです。これを突き詰めれば、エネルギーとしての原子力をどうするのかという問題に行きつかざるを得ません。

したがって、私たちは、(一)原状回復、(二)被害の全体救済、(三)脱原発という三つの目標を、裁判を通じて目指しているのです。

二〇一六年三月で、裁判は三年目に入りました。昨年で国と東電の過失責任の立証はほぼ終わり、三月には裁判所が被害の実態を現地検証するという段階に入ります。この現地検証は、現在全国で三〇件近くの原発事故の訴訟がたたかわれていますが、初めてのこととなります。それを経て、来年にかけて、裁判は結審し判決を迎える予定になっています。

一緒にたたかう

白井　原賠法に乗らないという選択をされたということですね。この点が決定的に重要なので、強調しておきたいと思います。馬奈木さんが簡潔に定義されたように、原賠法の目的は、原子力事故が起きた際には、四の五の言わずに賠償金を払うことで原発推進政策を維持するという点にあります。まさに、原子力利用を続けるための法律、原発推進の国策を支える法律なのです。ですから、原賠法を前提に訴訟を起こすのでは、仮にそこで大勝利をおさめたとしても、国家の大方針に関しては指一本触れることができません。そのために、敢えて民法をベースにしてたたかい、原賠法自体の問題も明らかにするという戦術をとられたわけですね。

原発事故の後、政治的に大きな重要性を持つ裁判、言い換えれば、原発推進という国策の妥当性を問う法廷闘争が、今後多数行われるだろうと私は予想していました。ところが、どうやらそういった裁判は実は数少ないようです。もちろん、避難者に対する援助を減額するといった一方的な政策に対して、その不当性を明らかにすることや、賠償の不十分さを指摘し増額を求めることには大きな意義があります。しかし、いまのお話のように、原賠法をベースにしている限りでは、政治的な重要性はもち得ません。その意味で、生業訴訟が占める位置は、いま全国で繰り広げられている原発訴訟のなかでも際立っているのではないでしょうか。そして、そうだからこそ、絶対に勝たなければならない裁判でもあるわけです。

さて、お話のなかで、まず馬奈木さんたちが弁護団をつくられ、それから原告を募られたという経緯がありました。これはおそらく、政治的な意味をもつ訴訟を起こすために、戦略的に選択されたことではないかと思います。被害者が自然発生的に集まる訴訟ではなく、政治的な役割を持つ裁判の必要性が最初から視野に入れられていたということです。

ただ、そこにはいろいろな困難もあったのではないでしょうか。私は福島で、福島県農民連会長の根本敬さんからお話を伺ったことがあるのですが、彼ははじめのころは生業裁判に反発していたと話されていました。いまでは原告団のなかでも欠かせない存在となった根本さんですが、弁護団が先にあって、「上から」原告が形成されることに対して、少なからず違和感があったということです。ただ、その後の丹念な話し合いのなかで、そうしたわだかまりは解消された、と。馬奈木さんたちは原告とはどのようなプロセスを踏んで、同じ目的を共有するようになったのでしょうか。

馬奈木　たしかに、現在に至るまでに難しい局面はいくつかありましたね。

一つには、当たり前のことですが、被害者の方々はそれぞれに多様な想いを抱えています。賠償金の問題ではないという姿勢を打ち出すにしても、実際の問題としては、日々の生活がありますから、カネはどうでもいいということにはなりません。だから、裁判の趣旨には賛同してもらっても、具体的に何をどこまで求めるべきなのかという点については、なかなか意見は一致しませんでした。生業訴訟では、原状回復とあわせて、原状回復されるまでの間の慰謝料も請求していますが、原告団を一つにまとめるためにも請求額を一律としました。戦略としては、例えば居住地域の空間線量によって、賠償額に差をつけるといった方法もあったかもしれません。国や東電のほうから、すでにそうした差がつけられているわけですから。しかし、私たちはさまざまな違いではなく、被害者の被害の共通性を強調することにこだわって、できるだけ多くの人にまとまってもらうことを当初から目指していました。そこで、原告となる方々とも議論を重ねて、あえて一律の賠償額を求めることにしました。また、私たちの間では問題になりませんでしたが、他の裁判もみると、国を相手に裁判をするということを戸惑うところもあったようです。東電を訴えることについては異論がないのでしょうが、国も被告にするのかどうかについては、意見が分かれています。他の裁判では、国を被告にしていないものもあります。

さらに、福島にいまも居住している人たちと、そこから避難している人では、やはり温度差があります。私たちの原告団は、地元と避難先とが一緒になってたたかわなければとの考えから、両者で一つの原告団を構成していますが、それは全国でもこの訴訟だけです。現実には、福島と避難先とでは、なかなか被害者が一つにまとまれないという事情があります。いまの福島についてどうとらえるのか、意見の隔たりがあるわけです。

私たちの原告団には、いまも福島で農業を営む農家の方も数多く加わっています。生活の必要から、あるいは代々継いできた土地を守るために作物をつくり続けているわけですが、避難した人たちのなかには、まだ生産を続けているのかという声もあります。

本来、農家の方々であれば、自分のつくった作物がいかに美味しいかを多くの人に伝えたいはずです。しかし、現在は「未検出だから」といった枕詞を言わなければならない。どうして農家がそんな言葉を言わなければならないのか、誰が農家にそんな言葉を言わせているのか、そのことがまず問われなければならないはずです。安全性についてさまざまな意見があることはもちろん承知しています。でも、例えば生産者対消費者、あるいは福島の現地対避難者といった対立を乗り越えて、一つのまとまりになって国と東電に向き合わなければいけないのです。

水俣病のときは、「もやい直し」という言葉が使われました。ばらばらになった人々の心をもう一度つなぎ合わすという意味ですが、分裂した人間関係やコミュニティを再構築していくスローガンでした。私たちも、原発事故で引き裂かれた被害者の方々の感情や関係をいかに再構築していくかは、今後の課題になると考えています。こうした理解を広め、想いを共有するプロセスに終わりはありません。これからも議論を重ね、できるだけ相互の気持ちを理解できるよう努力を続けていきたいと思っています。

それから、白井さんがおっしゃったように、弁護士たちから持ち込まれたたたかいだと感じる被害者の方がいたのも確かです。根本さんなどはまさにそのお一人でした。ただ、福島の人にとって原発事故は初めての体験です。多くの方々は政治や社会運動にかかわったことすらないのに、突然被害を受け、何をどうすればいいかもわからないという状況でもありました。他方、弁護団のメンバーには、公害事件に取り組んできた弁護士も多くいましたから、こうした事故の被害について、対応法がいくつか提起ができました。そして、とくに重要なのは、そうした提起を行った際、裁判とは弁護士が担うものではなく、当事者である原告が主役であり主体的に担うものだということもあわせて訴えたことです。弁護士任せのたたかいではないということ、どんなことを目的にたたかうのかということ、そうしたことについての意見交換を深めるなかで、信頼関係が築かれていきました。

ただ、いまでも苦労はありますよ。例えば、現在、四〇〇〇名の原告団となって、福島県の歴史上最大の裁判となっているわけですが、一方で、二〇〇万の県民のなかで四〇〇〇名というのは、まだ多数派とは呼べないわけです。原告団を今後どう大きくし、福島や全国の人々のなかでどれだけ支持と共感を得られるのか、課題は尽きないというのが率直なところです。

できるだけ多くの声を

白井　原告団長の中島孝さんは、相馬市の出身で、現在も住まわれています。家業としてスーパーマーケットを経営されていて、自身で大変な被害にあわれたという方ですが、やはり四〇〇〇人では少なすぎると仰っていました。かなり増えはしたけれど、本来であればもっともっと多くの人がこのたたかいに加わるべきなのに、そうなっていない。この現状はもどかしい、と。

そこには、やはり分断の問題が存在します。賠償金をめぐって、「あそこはたくさんもらったのに、自分のところは少ない」といった嫉妬や羨望がつくり出されることもありますし、より深刻な対立となっているのが、避難した人と留まった人のあいだの軋轢です。留まった人は、「あいつら逃げ出した」と思い、避難した人たちは「子どもたちを殺すつもりなのか」と思っている。本当に辛い話です。

実は、こうした分断は福島ではじまったことではなく、この国の問題が凝縮する場所で繰り返されてきました。例えば、沖縄県の翁長雄志知事は著書（『戦う民意』）のなかで自らの来歴を書いています。彼は政治家一家に生まれ、幼いころから沖縄県政における保革の対立を見てきました。革新陣営が「金をもらって沖縄の魂を売るのか」と批判すれば、保守陣営は「困窮する同胞を見捨てるのか」と返す。

この応酬が辛いのは、それぞれ一理あるだけに、お互いをひどく傷つけ合うものであることです。ただ、翁長氏はそれに心を痛めながら、つねに違和感も感じていたと言います。互いを引き裂く対立が維持され、県民同士が傷つけ合っている状況を、上から眺めて笑っている奴らがいる。それが東京の日本政府であり、日本政府を支持している本土の日本国民なのです。これが本当の敵なのではないか、と。非常に思うところが多い記述でしたが、こうした構図が福島でも繰り返されています。

分断によって互いが互いを酷く傷つけ合っているのだけれど、その背後には高見の見物を決め込んで笑っている奴がいる。生業訴訟が問うているのは、何が本当の敵なのかということだと思います。それは、引き裂かれてしまった同郷人ではありません。もっと遠くにいる、本当の敵を見据えなければならない。その思いが原告団を支えているのではないでしょうか。

もちろん、生活の厳しさという問題は常に重くのしかかります。その厳しさは想像を絶するものがあると思いますが、それでも原告団長の中島さんの嘆きからは、福島人同士の分断を乗り越えて、お互いにとっての真の敵へと向き合おうという強い思いを感じます。その思いが、もっともっと多くの人に届かなければいけないのでしょう。

ただ、生業訴訟の提起したこのような本質的問題は、原告団以外の人々にはどれくらい理解され、共有されているのでしょうか。例えば、いま各地で闘われている原発訴訟のなかで、生業訴訟はどのような位置を占めているのでしょうか。また、互いに連携があることが望ましいのでしょうが、そうしたつながりはどこまで構築されているのでしょうか。

馬奈木　今回の原発事故を、かつての公害事件と比べてみると、被害者の数が圧倒的に多いこと、被害の表れが非常に多様であり、また広範な地域にわたっているという特徴が挙げられます。ですから、被害に対する反応についても、さまざまなかたちがあってもおかしくありません。

例えば、「法的責任」を追及するといっても、民事・刑事の両面があります。民事については生業訴訟も含めた全国各地の訴訟があり、刑事についても二度の検察審査会を経て、今年から東電幹部などが被告となった刑事裁判がスタートします。

また、そうした裁判に加えて、現在では原子力損害賠償紛争解決センター（ＡＤＲ）という制度もできています。ＡＤＲは原賠法を適用し、東電に賠償を請求する制度ですが、例えば事業をやっていて、事故による「逸失利益」、つまり営業損害を求めようとしたとき、ＡＤＲを用いる人は多いです。さらには、東電が自ら認める賠償額が低すぎるため、上積みを求めてＡＤＲを利用する動きも生まれています。

ＡＤＲが裁判と違うのは、「仲裁」ではなく「和解の斡旋」であるという点です。仲裁であれば、被害者も東電も仲裁案によって拘束されますが、和解の斡旋の場合、東電が和解案を拒否すれば交渉は不調に終わってしまいます。ただ、ＡＤＲであれば申立費用がかかりませんし、営業損害のようにある程度の資料が存在するような場合には、早期の和解の可能性もありますので裁判よりも早く解決できるメリットもあります。

もう一つ、ＡＤＲの特徴として、国を相手にすることができず、金銭賠償しか求めることができないという点もあります。あくまで、東電を相手として賠償金を支払わせる制度だということです。

裁判に目を移すと、現在では全国で三〇件近い民事訴訟が起こされています。札幌から福岡まで、避難者の住む地域の地裁で争われており、原告の総数は一万人に達します。東電だけを訴えている訴訟もあれば、国も含めている訴訟もありますが、多くは損害賠償を請求するというもので、個別救済を求めるタイプということになります。

私たちは、生業訴訟の射程は判決で勝訴を勝ち取ることに留まらないと考えています。むしろ、その先を見ていると言ってもいい。二〇年後、三〇年後の福島をどうするのかが、真の意味での争点になるということです。そのために、損害賠償だけではなく、原状回復や地域の再生ということを重視しているわけです。

賠償を得ることで、原発事故の問題が解決したとされてしまうのはどう考えてもおかしな話です。現在は原発再稼働の流れにありますが、こうした流れに対して異議を唱えられる権利が誰よりもあるのは、事故の被害者の人たちではありませんか。国の責任を追及し、事故や被害そのものを無視するかのような再稼働の流れに抗していかなければなりませんし、各地で争われている訴訟の原告の方々も、気持ちは同じだと確信しています。ですから、この思いをどんどん広げていって、各地の訴訟が連携し、さらには原発差止を求める訴訟の方々や脱原発を求める人々とも協働しながら国を追い詰めていけたらと考えています。

ただ、かつての公害訴訟と比べてみると、やはり明確に声を挙げている人の数、端的に言えば、原告団の人数が課題となります。かつての公害訴訟では、健康被害が被害の一つの核でしたが、そうした患者さんの多数が原告団に参加しました。そうなると原告団が被害者代表という意味合いをもつようになります。そうした被害者代表的な色彩をもつ原告団が裁判で勝訴すれば、国の側も、原告団と話をつけなければ、問題が解決したとは言えないと認識せざるをえないわけです。

ところが今回の場合は、被害者数がこれまでよりも圧倒的に多く、福島県に限っても二〇〇万の県民がいます。それに対して各地の原告を合わせても一万人しかいないとなると、現状では原告が被害者代表とは到底言えない。ですから、原告団の横のつながりも大事ですが、被害者の方たちがもっともっと声を挙げていくことが何より重要ですし、声を挙げることを後押しし、支援するような世論がますます大事になってくるのです。

裁判を最初は八〇〇名から始めたという話をしましたが、私たちはいまのような意識をもって原告団の拡大に努めてきました。そのことで、いまでは福島県内の五九市町村のすべてに原告の方がいます。また、放射性物質は県境で止まらないことを象徴的に表すために、宮城や栃木、茨城といった隣県の方も原告に入っています。

それだけではありません。今年は第二弾を提起することを予定していて、さらに原告団を大きくすることにしています。裁判所にも、四〇〇〇名で終わりだと思ってもらっては困りますし、まだまだ被害は終わっていませんし、被害者は声を上げ続けるぞということを示さなければいけないと考えています。

社会を巻き込む

白井　今のお話によって、生業訴訟の運動論としての側面が見えてきたと思います。裁判闘争という言葉が昔からありますが、生業訴訟もまた、その系譜に位置づけられるたたかいだということです。裁判闘争にはさまざまな戦術の蓄積があって、馬奈木さんたちはそれをよく研究し、踏まえたうえで方針を決めている。私がこの訴訟が重要だと思い、また深い関心を寄せる所以です。

最初に講演に呼ばれたことをお話ししましたが、何も傍聴席に入れない原告を退屈させないために話していたわけではないんです（笑）。原告に参加したのは普通の人たちというか、農業、畜産、あるいは自営といった生業をもった市井の人々で、その多くは最初から政治的な意識を強くもっていたわけではありません。そういった人たちに対して、いま何を経験しているのか、何のためにたたかっているのかということを、私なりの視点から説明するための講演だったのです。裁判のもつ意味を明確に認識することで、原告の方々の闘争心を掻き立て、今後のアイディアへと繋げていく。そういった機会をつくっていることも、生業訴訟の重要な一面ではないでしょうか。

もう一つ感銘を受けたのは、馬奈木さんが記者への事前レクチャー（記者レク）を期日の前に毎回開催していることです。法廷が開かれる前夜に、全国紙、地元紙記者やテレビ関係者を集めて、翌日の争点と見どころを解説するわけですね。予想される相手側の主張と、それに対する原告側の反論の要旨も伝えておく。そうすると、毎回だいたい同じ記者が参加しますから、彼らはこの訴訟の重要性を理解するようになりますし、理解が深まれば深まるほどぜひ原告に勝って欲しいと思うようになる。好意的な記事も増えるでしょう。

つまり、裁判は法廷だけで完結するものではないという考えに基づいて行動をされている。これは非常に重要な点だと思います。そのなかで、判決が出た後の行動についても、すでに計画をされているようですね。

二〇一四年の大飯原発運転差し止め訴訟で、福井地裁は非常に画期的な判決を下しました。電力の価格維持と、生活が根底的に破壊されるかもしれない危険性を比較すること自体が間違っているという理由で、差し止めを求めた原告住民の訴えを認めた。まさに正論という素晴らしい判決でした。ただ、その判決がどれだけ社会的インパクトをもったかを振り返えると、原発問題に関心を抱き続けてきた人々を驚かせましたが、それ以上の広がりはありませんでした。馬奈木さんはあのとき、後悔と課題が残ったと仰っていましたね。

馬奈木　福井地裁の判決が出た翌日のお昼のトップニュースは、勝訴した原告団と弁護団の代表が、関西電力本社を訪れて控訴しないよう申し入れたというものでした。その次の二番目のニュースは、午前中に関西電力が控訴したと伝えるものでした。控訴によって、判決の寿命は半日で終わってしまいました。

判決を下した裁判官は、当然ながら職責を果たすべく真摯に双方の主張に向き合って判決文を書いたと思います。ですから、この虎の子の判決をどう守り活かすのかが、とても重要なことになります。控訴されると、残念ながらどれだけ良い内容の判決であっても、効力をもたないものになってしまうのです。ですから控訴させないこと、あるいは結果的にされるとしても、それまでに被告側とどれだけの綱引きをし、できるだけ優位な社会的状況をつくり出せるのかが重要です。過去の多くの裁判では、判決が出たらすぐに上京して、企業であれば本社を訪れたり、国であれば官邸や省庁を訪れたりして、控訴しないよう申し入れたり、支援の方々などとも一緒に座り込みを行ったり、国会議員の事務所を一斉に回って支援を呼びかけたり、集会を開いたり、テレビ局のニュース番組に出演したりと、ありとあらゆる方法で判決や原告の求めの道理を主張し、早期解決を訴えたりしてきました。こうした判決後の行動は判決行動と呼ばれますが、判決後直ちにどれだけのことができるのか、そのために事前にどれだけの準備をするのか。これも裁判闘争では重要なポイントになります。大飯原発の差止判決については、原発事故の被害救済に取り組んでいる私たちとしても、もっとかかわりかたがあったのではないかという意味で、後悔し反省しているところです。

白井　どれだけ社会を巻き込んでたたかえるかということですね。法理の世界で完結して競うのではなく、原告団が絶対に勝つべきだ。勝たなければおかしいという雰囲気が社会一般に拡がることで、司法機関にもプレッシャーをかけることができる。逆に言えば、原発訴訟はそれくらいしなければ勝てないたたかいなのだとも思います。日本国家が全力を挙げて推し進めてきた方針に逆らおうというのですから。

馬奈木　この裁判は福島地方裁判所の法廷が舞台になっていますが、福島という地域限定のローカルな議論をしているつもりはありません。つまり、このたたかいを福島の人たちだけに背負わせるつもりですか、と全国の人には問いたいのです。この訴訟が問うている問題は、私たちの誰ひとりとして無関係ではありません。そうした理解が広まり、原告以外の人々の共感や支持が高まっていくことも大切なのです。

ただ、こうした話をすると、では社会を巻き込めば裁判の目的は達せられるのだなと思われるかもしれません。そうではないです。私たちはあくまで裁判という方法でたたかっているのであって、法廷のなかで絶対に負けるわけにはいかないのです。裁判を勝ちきるということが、当然の前提となりますし、基本となります。

裁判を通じた取り組みが他の社会運動と違うのは、勝訴と敗訴という明確な結果があり、敗訴のときの負のインパクトも想定しなければいけないということです。「残念でした」では終われないのです。福島県の被害者が地元の福島地裁で国を訴えて、国に責任はないという判決が出ようものなら、被害者全体にどれだけのマイナスがあるかを想像してみてください。

裁判を勝ちきったうえで、さらに国と東電を追い詰めていくためにも、法廷のなかだけではなく、法廷の外でのたたかいも重要だということなのです。

この点で、最近感じていることを一つ加えるならば、被害の実態や裁判の存在を広く伝えていくうえで、文化人のような方の役割が重要だということです。福島ではかつて松川事件がありましたが、あのときは広津和郎さんが被告のために尽力しました。水俣では石牟礼道子さんのような存在もありました。大きな事件では、必ず事件とともに語られる人物がいたりするものです。しかし、今回は、その悲惨さや非道さを訴える作家や写真家、文化人といった方を、まだ私たちはもてていません。そのことを私個人としては、残念に思っていますし、そうした方の存在の大きさを改めて感じているところです。

白井　はい。ただ、生業訴訟はその面でも布石を打ってはいますよね。例えば、劇団の東京演劇アンサンブルの面々が応援団に加わっている。役者さんたちが毎回裁判の度に福島に来ています。応援の気持ちを込めて原告団向けに公演をしたりとか。漫才師のおしどりマコ・ケンさんも応援に駆けつけてくる。それから、映画監督の井上淳一さんが、『大地を受け継ぐ』という映画を撮りました。これはドキュメンタリー映画で、事故発生直後に自ら命を絶った福島の農家の樽川久志さんのご遺族を取材したものですが、私も少々お手伝をさせていただきました。ご遺族は、生業訴訟の原告でもあります。こういう具合に多方面の人々を巻き込んで、訴訟を一種の文化運動にまで発展させようという試みになっていますが、もっと展開したいところですよね。

公害訴訟はなにを勝ち取ってきたか

白井　戦後の歴史のなかで、原発訴訟は各地でたたかわれてきました。しかしその勝率は、残念ながら非常に低い。日本の司法の独立性は極めて怪しいものですからね。しかし、それでもまったく勝てていないわけでもない。立地を阻止した実績もあります。さらに原発を公害の一形態として捉えれば、公害訴訟、なかでも四大公害訴訟では大変な時間をかけながらもすべて勝利を掴んでいます。当該企業と国にはっきりと責任を認めさせていますし、その過程で経済発展のためなら公害が出るのも仕方がないというかつての社会常識も打ち崩しました。こうした裁判闘争の系譜のなかで、今回の生業訴訟はどのように位置づけられるのでしょうか

馬奈木　団塊の世代を中心とする、戦後日本社会を主流となって構成してきた人たちは、国勢レヴェ

ルで物事を変えるようなたたかいには勝ったことがないというか、成功体験や勝利体験をもっていないのではないでしょうか。韓国のように、民主化闘争によって軍事政権をひっくり返したわけでもありませんし、ドイツのように第二次大戦の責任について長年にわたって取り組んできたということもありません。敗戦後に牢獄につながれていた政治犯を解放したのは、日本国民ではなくGHQでした。最初に白井さん体制を主体的に転換した経験もなければ、責任を追及してきたこともないわけです。最初に白井さんが言われたように、「無責任の体系」ということになるでしょう
ただ、そうしたなかで司法という分野では、とくに公害などの問題においては、かなり大きな転換や前進と評価できる成果を生み出してきました。確かに、裁判には時間がかかりますし、一〇〇点満点の判決ということもなかなかありません。しかしそれでも、平場の力関係では負けている国に対して、重要な勝利を収めてきました。
そこにやはり、司法の場の論理というものが作用していると思います。国会が多数決の原理で動くアリーナだとすれば、司法は法の原理で動きますから、そこには正義の観念が一応妥当しています。だから国会で負けていたとしても、原理を異にする司法の世界で打開するという道が模索されてきたのです。
その歴史を少し振り返ってみましょう。私たちのような問題意識を有して訴訟に取り組む人間が教訓とすべきものの一つは、一九五七年に提訴された朝日訴訟です。生活保護の水準が、憲法第二五条

の生存権、つまり人間らしい文化的で最低限度の生活すら送れないことを問題として、朝日茂さんが提起した訴訟です。人間裁判と呼ばれ、著名な裁判でもありますが、同時に私たちのような人間にとっては、貴重な教訓をもたらした裁判でもありました。

ここで問題にしたいのは、なぜこの訴訟を朝日茂さんお一人にたたかわせてしまったのかということです。朝日さんのように困っていた方は当時全国に何千、何万といたはずです。そうであるなら、この問題は朝日さん個人の問題ではなく国民的な課題でもあったはずです。朝日さんは決して自分勝手なことを求めているわけではないということ、生活保護を受けている方全体の状況が改善させるべきだということを求めるのであれば、原告の数が一人でいいのかどうか、答えは明らかだと思います。

弁護士は依頼者からの依頼を受けて、目の前の依頼者の問題を解決することが基本です。そのときに、目の前の依頼者の後ろに何千、何万と同じ問題に苦しんでいる人がいると想像できるか。目の前の依頼者の問題を抜本的に解決するためには、どういうたたかいかたが適当なのか。おそらく朝日訴訟でもさまざまな限界や制約から、朝日さん一人でたたかわざるを得なかったのでしょう。朝日さんは大変な勇気をもって立ち上がった巨人ですが、制度を変えさせるときには、やはり一人では難しいという限界も存在します。制度を変える、世のなかの矛盾を明らかにするたたかいにおいては、数が力となることもあるのです。

それが教訓となって、四大公害訴訟などを通じて、大原告団、大弁護団、全国提訴という流れが確立されていきました。いまの大気汚染訴訟やアスベスト訴訟、B型肝炎などの薬害訴訟もそうした流れに位置づけられます。国民的課題であることを、国民にも裁判所にも明確に示すということです。単に正義を語れば良いということではなく、数が力となること、そして力のある正義でなければならないということ。これらが公害訴訟などを通じて得られた貴重な教訓です。

それから、裁判闘争の話をすると、一審で勝訴したとしても、国や企業は必ず控訴や上告をするだろうから、一〇年も二〇年もかかるのではないかと言われることもあります。確かに、いまと比べると、かつての裁判というのは、大変長い時間を要するものでした。じん肺訴訟では、国が最高裁まで争った結果、最高裁判決が出たときには原告の方の多くが亡くなってしまっており、生きているうちの救済という点では課題を残したこともありました。しかし、すべての訴訟が最高裁まで持ち込まれるわけではありません。控訴を断念させる、上告を断念させるというたたかいはあるのであり、ここでも力関係が重要になってきます。

最近の有名な事例としては、二〇〇一年のハンセン病訴訟熊本判決で、このときは小泉首相でしたが、国は控訴できませんでした。小泉氏独特のパフォーマンス的な面もあったとも言われますが、原告勝訴の判決が出た当日から、原告や支援の方たちが熊本をはじめ各地から大量に上京し、官邸前や議員会館前に座り込んだり、控訴しないよう要請したりしました。そうした働きかけがあり、厚労大臣との面談も実現させ、結果として、控訴断念の決断がなされたのでした。勝訴のニュースとともに、座り込みや面談のことが報道され、それまでハンセン病に関心を抱かなかった人々の間にも、原告の方々に共感する世論や雰囲気が生まれて、このタイミングで解決させなければならないと国に決断させることになったのです。

もう一つ、諫早湾での干拓で排水門を閉め切ったことから開門を求める裁判がなされていたのですが、福岡高裁判決で開門を命じる判決が出たとき、当時の菅直人首相は上告を断念しています。これもそこまで国を追い込んだからです。判決をどの水準で勝ちきったのかということも前提にはなりますが、原告団の力量、原告を支援する方々の共感や支持の強さ、メディアの報道のありかた、そういったものを総合して、判決内容を確定させることが重要だということです。

こうした経験や方法論の蓄積は、いろいろな成果を生み出してきました。その財産は今後も最大限活用していかなければなりません。東京で言えば、二〇〇三年に施行されたディーゼル車の排ガス規制があります。当時の石原都知事によるペットボトルのパフォーマンスが目立ちましたが、施行の前年には大気汚染による喘息の患者さんたちが起こした裁判の判決が出ていて、そうしたことが大きく影響しています。裁判がなければ、あれほど早くに条例が制定されることはなかったと思います。

このように、制度を変更させたり、監督省庁をつくらせたり、規制を強化させることにつながった裁判は、実は枚挙に暇がありません。戦後日本のなかで、さまざまな人たちがいろいろな分野で取り組み、確実に現状を動かしてきた歴史があります。とくに公害訴訟は、社会変革のための運動という観点からも、重要な一分野であったと評価されていいと思います。

変革の手段としての裁判、昔から言われてきた言葉では、「大衆的裁判闘争」というものは、例えばデモなどと比べれば知名度はありませんし、裁判なので敷居が高いと思われがちですが、当事者になった方々や私たちのような法曹関係者は、裁判と社会が結びつくことによって変革をもたらしうることを知っていますので、「社会は変わるし、変えられる」という確信をもっています。

ただ、裁判闘争を考えるうえで誤解してはならないのは、国会で数が負けているからといって、どんなテーマであれ法廷に持ち込むのが運動かといえば、そうではないということです。そこは司法制度の役割と限界を押さえることが必要ですし、運動の側が正義を語れば裁判所はわかってくれるはずだと素朴に考えているとすれば、そんなに単純ではないと思います。

プロジェクトとしての生業訴訟

白井　生業訴訟の現状と課題を伺いたいと思います。判決の見通しまで含めて、お考えを伺えますか。
馬奈木　楽観はできませんね。国も必死ですから、厳しいたたかいです。それでも、先に述べたように、この裁判は勝ちきることが大前提です。そのうえで、国や東電に控訴させないという流れをつくり、あわせて控訴も見越しつつ、法廷の外も巻き込んだ長いたたかいに備える必要があります。

さらに言えば、一つ裁判で勝っただけで状況がひっくり返るほど日本は甘い国ではありません。ですから、社会運動における裁判闘争の理解も拡げつつ、「大衆的裁判闘争」というものを、現代的な意味で、社会や人々との結びつきを図っていくことが肝心です。

例えば、官邸前で抗議している人のなかに、生業訴訟をご存じの方がどれくらいいるか。逆に福島などから避難した人たちのなかに、避難先で脱原発をはじめとする政治課題にかかわっている人がどれくらいいるか、こういうことも一つの指摘になると思います。原発に未来はないという人たちと、原発で被害を受けた人たちとの結びつきというのも、いっそう強めていく必要があります。

それから、原発事故やその被害が、国民一人ひとりにとってどのような意味をもつのかということをより明確化し、その意味をもっと打ち出していかなければいけないと感じています。事故から五年が経ち「風化」が言われるなか、被害者が求めているのは救済といった単純な話ではないということが、どれだけ理解されているでしょうか。

原告団に加わった方々は、被害者ですが、被害者のままでは終わろうとせず立ち上がりました。その想いに呼応する動きは、現段階では社会運動という次元には達していないと思います。原発問題は、安保法制と同様に、今の日本の矛盾を象徴しているのですから、安保法制であれだけの動きをつくれたのですし、ぜひ原発でもと思っています。そういう問題関心のクロスオーバーや大きくするための仕掛けが必要ですね。

白井　ただ、司法の世界はややこしいというイメージもありますよね。私自身、そういうイメージをもっていました。

馬奈木　そこには私たちの責任もあるでしょう。裁判をもう少し開かれた運動にすることは今後の課題です。しかし、裁判であれデモであれ、肝心なのは変えられるんだという気持ちではないでしょうか。変えられるし、絶対に変えなければいけないという確信をどれだけ拡げられるかということです。

去年の安保法制に対する抗議では、その想いが強烈に表現され共有されたから、あれだけの盛り上がりが生まれたのでしょうし、それは強行採決の後にも途絶えていません。それは私たち原発問題に取り組む者をも大いに勇気づけるものですし、法廷のなかにも同じ想いがあることを、みなさんにも知ってほしいです。

――生業訴訟が今後いっそう社会の目を引き付けていくために、何が重要になっていくでしょうか。

馬奈木　そこにはおそらく二つのレヴェルがあります。

一つには、裁判そのものの過程を通して、私たちの訴えを多くの人に正確に理解してもらいたいと思っています。まずは裁判自体の存在を周知させることでしょうが、世論の後押しを得ていく必要があります。

もう一つは、原告として立ち上がった方々、あるいは支援者としてかかわるようになった方々の主体的な変化が大切だと思っています。講演会の意味もそこにあります。被害者で終わろうとしなかった人たちは、立ち上がって終わりになることもないのです。私たちはたたかいながら変わっていくのです。弁護団もそうです。このように、主体的に変わっていく人たちをどれだけ増やせるかということだと思います。

生業訴訟が一つのプロジェクトだとすれば、このプロジェクトによって生まれ変わった人がどれだけ現れるかに、その成否はかかっています。それはとりもなおさず、日本の民主主義がどれだけ前進したかをも示しています。おそらく、これが生業訴訟の目指す、もっとも遠いところにある、最終的な目標と言えるかもしれません。逆に言えば、わたしたちは声を上げたときから半分は勝ったようなものです。すでに一石を投じているわけですから、これをどこまで拡げられるかだと思います。

誰が主権者か

――白井さんの問うてきた永続敗戦レジームのなかで、生業訴訟はどのような意味をもつのでしょうか。

白井　先に述べたことに関わりますが、三・一一のあと危機的なかたちで露呈してきたのは、民主主義の危機という事態です。戦後日本は民主主義国家だという建前できたけれども、それが「怪しい」どころではなく、まったくの虚構だったのではないかという疑念が、三・一一によって劇的なかたちで露わになったのです。そして、いまでは権力の側が、そこに開き直っているのです。安倍首相の改憲志向は、ＧＨＱによる民主化改革の成果をすべて破壊し元に戻したいという願望の政策的な表現にほかなりません。

ここにおいて、原発問題とは戦後民主主義の虚構性のシンボルだということができるでしょう。先ほども話題に出ましたが、丸山の「無責任の体系」そのものだということです。戦後日本では、権力者も庶民も口を開けば大戦への後悔や反省を語ってきました。ですが、もし本当に反省をしているのであれば、大戦へと突き進んだシステム自体を克服・清算していなければなりませんでした。ところが現実は真逆で、そのシステムは社会のど真ん中に位置し続けてきた。それが原発であり、事故によってその事実が明らかになってしまった。

福島原発事故の模様を見て私が直観的に思ったことは、これは見たことがあるということでした。大戦時の日本にそっくりだったということです。もちろん直に体験したわけではありませんが、文学・映像作品や歴史記述を通して理解してきた大戦時の日本とまったく同じで、何も清算できていないと感じました。

清算ができていないことは、例えば国家として脱原発へ舵を切る決断をしないことにも表れています。なぜ脱原発が選択されないかと言えば、端的に、民衆が脱原発を望んでいるからです。それは、この国の根本的なことを誰が決めるのか、主権者は誰かという問題であり、国民が主権者であるなどという事態を断固として認めないという意志が、いまだにこの国を支配してきた人間たちの総意としてあるのです。

原発は続けたほうがいいか、やめたほうがいいかという世論調査をやったとしますよね。〇対一〇〇でやめたほうがいいという結論が出たとして、また官僚たちも原発はやめたほうがいいと頭ではわかっていたとしても、彼らはそれを実行しません。国民の意見を尊重したら、実質的な主権者であるという彼らの立場が揺らいでしまうからです。官僚だってバカではありませんから、内心では原発に未来はないと理解しているのですが、そうした普通の合理的判断よりも、「ゲームのルール」の維持のほうがはるかに重要だということでしょう。経産官僚の若杉冽さんがその行き着く先を小説の形で描き出していますが（『東京ブラックアウト』）、それは戦慄すべきものです。どんな犠牲が出ようとも、彼らは彼らの「ゲームのルール」を死守するのだというわけです。

こうした意味において、原発とはまさに民主主義の根幹に関わる問題なのです。そして三・一一のあと、さまざまなかたちで、本来の主権者である国民が、原発をやめさせるという意志を国家に対して強要しようとしている。その力についに国家や官僚が屈する日が来れば、これは革命的なことです。明治以来、どれほど合理的な反対や批判がなされても、この国の権力を握った人間たちの重要な決定は覆されることはありませんでした。ですから、原発政策の転換が起これば、近代日本において、国民が主権者としてその意志を貫く初めての出来事になるのです。

この革命的な出来事の成否をめぐって鬩ぎ合っているのが、いまの闘争の構図だと思います。絶対に国民に主権を与えないのが永続敗戦レジームの本質です。そこに風穴をあけることはいかに可能か。この困難に取り組む生業訴訟から声を掛けてもらったことは大変な名誉ですし、応援したいという気持ちをもっています。

馬奈木　司法という場を通じて風穴をあけることには意味がありますが、その後には国会という場でのたたかいとも連携して、行政に圧力をかけていくという道のりが待っています。国会で負けているときに、数の論理では完結しない司法の世界で持ちこたえ、拠点を築き、反撃していく必要があるということです。いずれにせよ、ありとあらゆるリソースを動員していくことが求められます。

白井さんからは、主権者は誰かというお話がありました。先ほど私は、「放射能のない、原発のない地域を創ろう！」というスローガンを紹介しましたが、「創ろう！」という言葉が重要で、そこには意志が込められています。原発がつくられた地域では、民意がコントロールされたり歪められたりしてきたわけですから、そこから自由になるということは、地域のことは自分たちで決めるという実践によってのみ可能になるはずです。地域を自分たちで「創って」いくことが必要なのです。

それは、被害者として終わらないということでもあります。被害者であることを超えて、主権者として当然の声を上げ始めた人たちを、どれだけ多くの国民が受けとめるか。お題目を唱えるだけに留まらない、民主主義の実践が始められなければなりません。私たちの権利は憲法の条文に書いてあるから守られるのではなく、実践によって維持され拡げられもすれば、縮められもするのです。

辺野古のゲート前に座り込んでいる人たちも同じ気持ちでいると思います。辺野古のゲート前で挨拶をする機会を何度かいただいたのですが、お互いに共感するところが多かったです。座り込みか、原告になるかという違いはあっても、自分たちが主権者であることを示す実践ということに変わりはありません。民主主義は東京の永田町を中心に動いているわけでは必ずしもありませんし、変革は地方からも起きているのです。とくに沖縄や福島はいま、焦眉の場所になっているところなのです。

最後は総力戦になります。国と、経団連の歴代会長を輩出している東電を相手にたたかいを挑んでいるわけです。しかも、国は原子力というエネルギーを維持するとしているわけですから、生半可な話ではありません。そうしたたたかいを、福島から声を上げてやっています。私たちからすれば、これに関心をもたないでどうするんですか、と言いたいくらいです。白井さんもそうでしょうが、私たちは敵の大きさに慄きながらも、内心わくわくもしているんです。

裁判を通した社会運動

馬奈木　現在の社会運動のなかで生業訴訟や脱原発の取り組みが果たしうる役割についてですが、ポスト三・一一の時代は、一人ひとりの生き方が問われる時代です。そこでは、どのような価値観をもち、社会に対していかにコミットしていくかが問われています。

それはまた、社会運動のありかたについての問いでもありました。いま官邸前抗議に集まっている人たちは、事故前から原発建設反対に取り組んでいた人たちだけではありません。子どもを連れた母親も、仕事帰りのサラリーマンも、高校生も参加しています。組織や党派性をもたない人たちが、次々と声を上げているわけです。

この流れを定着させるためには、旧来の運動の側が新しい人に合わせていかなければいけないのではないでしょうか。昔から取り組んできた人たちの役割が終わったとか、意味がなかったと言うつもりはありません。逆に、いまの状態に見合ったかたちに変貌する機会を迎えていると思うのです。いままでの枠組みにとらわれないような取り組みを模索しなければ、運動が衰退するだけでなく、それを可能にしている基盤自体が掘り崩されていくかもしれない。それくらいの危機感をもったほうがいいと思います。生業訴訟でも、福島県内でどれだけの共感と支持を得られるのかを系統的に追求していますが、そうした流れをますます取り込んでいかなければならないと思っています。

白井　三・一一の後で、反原発運動から安保法制反対運動へとつながる社会運動の大きなうねりが生まれました。それは戦後日本の歴史のなかでも絶えて久しかった動きですが、海外に目を転じると、現在のアメリカにも並行するような動きが展開しています。今年の末に行われる大統領選挙に向けて、民主党ではバニー・サンダース候補が旋風を巻き起こしているわけです。社会主義者を名乗り、革命をすると明言している候補者が、元国務長官のヒラリー・クリントン候補を上回るような支持を集めている。しかし突飛に見える彼の主張の根幹にあるのは、ごく少数の人間が社会の富の大多数を独占している状況を正すという、じつは極めて真っ当なものです。それを、オバマ大統領の「Change」では変えられなかったから、今度は「Revolution」で成し遂げると言っているだけなのです。

この当然の主張が、アメリカでもついに広範な支持を獲得するようになった。二〇一二年にあったオキュパイ・ウォールストリート運動（ＯＷＳ）が、この流れの発端となったことは明らかです。サンダースの政治活動を支えているのは、ＯＷＳの参加者であった人たちだそうです。社会運動を見ると冷笑したがる連中から、ＯＷＳは失敗したと言われてきました。具体的な成果を何も生まなかった、ウォール街の金融資本の行動様式を変えることはできなかった、だから無意味だと。しかしそんなことは最初からわかっていたのであって、どれだけ多くの人が集まろうとも、経済権力や政治権力の実質を握っている勢力をすぐさま追いだすことはできません。ズコッティ公園に抗議者がたくさん集まったからといって、行動様式を変化させるほどウォール街の住人が良心的であったならば、そもそもこんな運動自体必要にならずに済んでいたでしょう。だから、こうした行動が直接に変化をもたらさないのは当たり前ですよね。しかし、運動はもっと大きな変化を参加した個々人にもたらします。馬奈木さんは主体の形成とおっしゃいましたが、人は運動に参加することによって主権者としての自覚をもち、闘う主体になっていくのです。その貴重な経験があったからこそ、今度は大統領選挙というかたちで、アメリカに新たなうねりが生まれているのです。

日本に再び目を転じれば、反原発運動も、反安保法制も、結果だけを見れば勝ってはいません。しかしそこでは、他では得難い経験が未来へ向けて蓄積されています。ですから、いまの日本は非常に重要な局面にさしかかっていると言えます。積み重ねてきた経験を、本当の意味で実効性のある力、勝つ力に転換しうるか。私たちはいま、そこを問われているのだと思うのです。

そこで障害となるのは、野党や労働組合の指導者といった、既存のリーダーたちの思考様式です。今夏の参議院選挙における候補者の統一すら遅々として進まないという状況がその証しです。新潟で森裕子さんを野党統一候補にできなかった経緯など、もうこれは度し難い。

ただし、端的に言って、最大のネックは日本共産党に対するアレルギーの存在でしょう。安倍政権と共産党を比べて後者のほうが危険だ、言い換えれば、どっちと組むのかとなったら安倍政権と組むべきと思うのであれば、それはそれで一つの考え方なので仕方がありませんが、そう判断するならば、新安保法制反対とか脱原発とか辺野古の基地建設反対などというのは寝言に過ぎないのだから、一切口にしないでいただきたい。

この問題になると、とかく過去の経緯が持ち出されがちです。それは誠意をもって振り返り、克服のための努力をしなければなりません。共産党の関係者も、「なぜ自分たちはこれほど警戒されるのか」と真摯に自問する必要があるのではないですか。それから、共産党の人たちは、党外の人ともっと一緒に飯を食ったり酒を飲んだりしたほうがよいと思います。これは冗談ではなくて真剣な提案です。実はそこにこそ問題の根源があるのだと、私は思っています。

不毛な争いを止め、真の敵に対して協働して向き合うことができれば、必ず成果は生まれますし、その過程で相互信頼も芽生えてくるはずです。翁長知事を生み出した沖縄はそのことを示しています。

馬奈木　いまのお話を福島に引きつけると、敵がはっきりすればするほど、味方はまとまるということです。原発からまき散らされた放射性物質は、共産党支持者の上にも、自民党支持者の上にも等しく降り注ぎましたよね。だから保守的な人であれなんであれ、放射性物質をまき散らしたのは誰かという問題が認識できれば、その一点でまとまる条件ができるのです。その条件を一点でなくどれだけ増やしていけるのか、この点はたたかいの構えにかかわる大事な問題だと思います。

また、主体について言えば、サンダースの活躍と軌を同じくして、イギリスでもジェレミー・コービンが労働党の党首となり、スペインでも新政党ポデモスが躍進しています。世界各地でラディカルな動きが高まるなかで、日本だけが例外でいられるはずはありません。さらには白井さんが言われるように、若い人たちには、社共の争いも東西冷戦も関係がないですし、「反共って何?」って感じなのです。

オール沖縄という一つの成果があるわけで、そこに学びながら、オール福島を目指すことも大事です。一つの指標となり得るのは、福島県知事が、全世界の原発を廃炉にすべきだと言えるかどうかだと思います。現在の知事は、県内全基廃炉は言いますが、県外については知事の権限ではないとして逃げています。この理屈で言えば、広島や長崎の市長は無責任だということになります。しかし、市長が、世界中から核兵器をなくすべきだと言わないとしたら、世界中から失望され、市民からもリコールされるでしょう。ですから、知事が脱原発を言わないで誰が言うのかということですし、県民が知事にそれを言わせないままでどうする、ということでもあるのです。あるいは、福島選出の国会議員が、沖縄の小選挙区選出の議員らのように、真に地元のことを考え、原発に反対し、中央と対峙できるのか。こうした動きをつくることができれば、自公政権や官僚たちにNOを突き付けることも可能になるでしょうし、地域が抱える問題に対して一致してたたかう人々が各地に増えれば、中央を包囲することもできるでしょう。野党同士の関係も変わっていくはずです。そのためにどれだけの智恵を絞れるかだと思います。オール沖縄の良い面に倣って、オール福島をつくりたいですし、オール日本にしたいところです。

白井　永続敗戦レジームを潰す力を、各地域からどれだけ掘り起こしていけるかということですね。中央政界のリーダーシップには残念ながら期待できないことが明らかになりつつあります。私たちにできることは、ひとりひとりがいる現場から、勝手に動きはじめていくことだと思います。選挙に関して言えば、レジームを壊すだけの意志と力量をもった候補を運動側からつくり出していくことです。そうすれば、既存のリーダーたちも認めざるを得なくなるはずです。「これが民主主義だ」という実質を見せつけるのです。
この間社会運動に携わってきた人たちは、そうしたことができるはずだという確信をいま胸のなかに秘めているはずです。それは、このまま手をこまねいていては社会の破綻しかないという危機感に裏打ちされた確信です。次のステップは、その確信を行動に移すことだけです。まずは生業訴訟に勝訴して、みんなで乾杯をしたいですね（笑）。

（２０１６年2月6日収録）

XII 日米外交を変える！

〈対話者〉猿田　佐世

猿田佐世（さるた・さよ）
一九七七年、東京生まれ。新外交イニシアティブ（ＶＤ）事務局長、弁護士。早稲田大学法学部卒業後、タンザニア難民キャンプでのＮＧＯ活動などを経て、日本にて弁護士登録。コロンビア大学ロースクールにて法学修士号取得。アメリカ・ニューヨーク州弁護士登録。アメリカン大学国際関係学部にて国際政治・国際紛争解決学修士号取得。外交・政治分野において、米議会などでロビー活動を行うほか、日本の国会議員らの訪米活動をサポートする。著書に、『新しい日米外交を切り拓く』（集英社クリエイティブ）、『自発的対米従属─知られざる「ワシントン拡声器」』（角川新書）、共著に『虚像の抑止力─沖縄・東京・ワシントン発 安全保障政策の新機軸』（旬報社）など。

沖縄の声をはじめ、従来日本政府・外務省が届けてこなかった多様な声をアメリカ政治の中枢ワシントンに届けるために精力的にロビイング（政策提言）などを行う猿田佐世と、戦後の日米関係を思想史的に捉え、対米従属による利権共同体を批判する白井聡。新しい外交の実践者と気鋭の政治学者が現在の偏った日米関係を斬る。

『永続敗戦論』が示した戦後日米関係の見取り図

猿田　白井さんとは、一度お会いしてお話ししたいと思っていました。

私はこれまで、「目の前の具体的問題の解決を」との視点で、様々な日本の声をアメリカに運んできました。たとえば、米軍基地に苦しむ沖縄の人たちの声をワシントンにいるアメリカの議員や米国務省・国防総省などに伝えるために、自らロビイングをしたり沖縄の方々の対米活動をサポートしたりしてきたのです。白井さんの『永続敗戦論』（太田出版）を読んで、自分が取り組んできた問題の根本原因が見えた気がしました。

私が日々取り組み、走り回っている問題のバックグラウンドに、白井さんがあの本でおっしゃっている構造があることを改めて認識しました。なぜ自分がこの活動を続けていかねばならないのか、その理由をご説明いただいたように感じました。

白井　猿田さんの活動はまさに典型ですが、あの本を書いたとき、それがなんらかのかたちで現実への取り組みに繋がり、展開してゆくことを望んでいましたから、そう言っていただくと著者冥利に尽きるというか、本当にうれしいですね。

あの『永続敗戦論』は今の日本が直面している「領土問題」「原発問題」「沖縄の問題」などが、結局は全部一つの構造の中で起きているということを「敗戦の否認にもとづく永続敗戦状態」というかたちで提示したものですが、私自身はもともと思想史の研究者であって外交や領土問題の専門家でもなんでもない。

そんな私が、わりと一般的な本を読んで、ある意味、論理を組み合わせただけでたどり着いた「見取り図」でもある。それが、猿田さんのように、外交の現場で具体的な問題に取り組まれている方から「思考のガイド」として役に立つと感じていただけたのなら名誉なことだと思います。

猿田　そう！　まさに「思考のガイド」という感じでしたね。

白井　そういえば、猿田さんは私とほぼ同世代で、同じ早稲田大学のご出身ですよね？　猿田さんはいつごろからワシントンでロビイングをされているのですか。

猿田　七年目になります。早稲田の法学部を出て日本で弁護士になり、米コロンビア大学に留学してニューヨーク州の弁護士資格を取得。その後、ワシントンにあるアメリカン大学の大学院で国際政治学と紛争解決学を学んでいたのですが、世界政治の中心、ワシントンという街はあまりに興味深く……。

ちょうどそのころ、日本では民主党・鳩山由紀夫政権が沖縄の米軍・普天間基地の「国外、最低でも沖縄県外移設」を訴えていた時期だったので、なんとしても鳩山首相や沖縄の人たちの声を直接、ワシントンに伝えなければ……と考え、ロビイングを始めました。

白井　日本からアメリカに留学する人で、猿田さんのように、リベラルな立場からワシントンに声を伝えようとする人って珍しいというか、ほとんどいないですよね。

猿田　いないですね。ワシントンにいる日本人は、大使館員や大手企業の駐在員、大手メディアの現地特派員などが主ですが、そうした日本人コミュニティの価値観は、いわゆる「保守本流」から、今の「安倍路線」あたりまでが、一種のデフォルトです。したがって、ワシントンで語られる「日本」は、非常に「一面的」なものになってしまっています。

白井　そんななか、猿田さんはたった一人でロビイング活動をされていたということですが、大変な困難を抱えてこられたのではないですか。

猿田　手伝ってくれるアメリカ人の仲間は何人もいました。日本では単純に「アメリカ」としてひと括りにしてしまいがちですが、実際にその中で暮らしてみると、アメリカの社会や政治は、多くの日本人が想像しているよりもはるかに多様です。

それでも、個人でやれることには限界があると考え、様々な方に参加いただいて、帰国後の二〇一三年にシンクタンク「新外交イニシアティブ」（ＮＤ）を設立。ＮＤはロビイングに加えて、研究やシンポジウム開催なども行いながら三周年を迎えました。

対米従属の裏側で機能する「ワシントン拡声器」の声

猿田　白井さんは『永続敗戦論』の中で、日本は単にアメリカの言うことに従属している、あるいは「アメリカはこう望んでいるにちがいない」と、自らアメリカの要求を「忖度《そんたく》」して行動しているだけではなく、日本側が主体的に「従属」を選択していると指摘されていましたが、それは私自身の認識とも重なります。

つまり、アメリカに言われて、その圧力に耐えられずに従っているのではなく、そうした一見「可哀そう」に見える立場を利用しながら、実は自分たちがやりたいことを自ら選んでやっている。この私の現場での発見は、白井さんの考えと一致しています。これは、これまでの日米関係についての一般的な考え方とは違う、新しさであった気がします。

白井　そうですね。「日本政府はアメリカの傀儡《かいらい》である」という捉え方はある意味、間違いではない。しかし、それだけでは事態を単純化しすぎてしまうのでしょう。

単に「アメリカに従属させられている」というのであれば、そのくびきから逃れる方法を真剣に考えればいいのですが、現実にはその「従属状態」を自己利益に繋げている人たちがいて、傀儡的構造を巧妙に隠してきた。

私はこれを「対米従属利権共同体」と呼んでいるのですが、こうした利権共同体が政・官・学・メディアのすべてに幅広く形成されているので、そう簡単に変わらない。

猿田　私はそれを理論で考える前に自分の目の前の「現実」として見てきました。たとえば集団的自衛権の行使容認にしても、日本ではアメリカが「やれやれ」と圧力をかけ要求しているように報じられている。

でも、実際には日本の国会議員などがわざわざワシントンまで、アメリカの知日派などに会いにいって「日本も集団的自衛権の行使ができるようにしようと思うんだけど」って伝えるわけです。その面談相手のアメリカ人が「それはいいですね」と答えると、ワシントン発というかたちで「〝アメリカ〟が日本の集団的自衛権行使容認を望むと発言した」と日本で報道される。その報道を流したがっているのはアメリカではなく日本です。

白井　そうやって日本側の意図を「ワシントン経由」で外圧に見せかけて拡大する。鳩山政権が打ち出した米軍基地の「県外移設」という方針を日本の外務省が「アメリカからの意向」というかたちで潰したときにも、この手法が機能しましたが、それがまさに、猿田さんが以前から指摘されている「ワシントン拡声器」という仕組みですね。

猿田　そのとおりです。そうやって「ワシントン拡声器」を利用するにはお金がかかる。アメリカのロビイストを雇うにもシンクタンクに寄付をする場合にも、日本政府や日本企業は年間数百万円から時には億単位の資金を提供しています。ワシントンに企業の事務所を設けるにも費用がかかるため、実際にワシントンに直接声が運べるのは政府や大企業に限られ、そこには、原発関連産業、武器貿易産業なども含まれます。

白井　確かにワシントンに直接働きかけられる企業は限られていると思いますが、そうした力のある企業の下には、通常、多くの下請けがぶら下がるというのが、日本の産業構造ですから、結局、それに従うしかないのでしょうね。

日本経済の夕暮れとともに劣化する日米外交チャンネル

白井　ところで、そうした「対米従属利権」の構造や「ワシントン拡声器」の利用がこれほど露骨になったのはいつごろからなのでしょう。私はやはり、自民党・小泉純一郎政権の時代、郵政改革のあたりからではないかと思っているのですが。

我々の世代で、最初に思い出す日米の利害対立というと、八〇年代の日米貿易摩擦というのがあって、日本メーカーの輸出攻勢に激怒したアメリカ人が、日本車を叩き壊しているシーンなんかをニュースで見て憶えていますよね。

猿田　そうそう、逆にアメリカ産の牛肉とかオレンジの輸入自由化交渉なんかもありましたね。

白井　少なくとも経済に関しては、あの時代まで日米の利害対立というものが「当たり前のもの」として存在することが認識されていた。同時に、日本はアメリカにとって「脅威」でもあった。それが冷戦終結以降、徐々に変わってしまった。対立をあたかも存在しないかのように取り扱っています。その結果、今のような異様な対米従属構造が定着したのではないかと思うんです。

猿田　やはり、日本の経済力が落ちてゆく九四、九五年あたりからその兆候はあったんじゃないでしょうか。しかし、経済と安全保障は分けて考える必要がある。経済に関して言えば、アメリカは今でも日本と対立する可能性があるとの慎重姿勢で臨んでいるように思います。安保ではそうではない。

白井　そのとおりだと思います。変化したのは、抵抗する姿勢すらも失われたことなのです。たとえば、TPP（環太平洋経済連携協定）なんかにしても、日本の交渉主体が自国の国益を本気で守ろうとしているようには思えない。

私は、TPPの本質とはアメリカを本拠とする場合の多い多国籍資本に対して国富を売り渡す枠組みを作ることだと思っているのですが、日本の経済産業官僚たちは、それを承知であえてやっているのか、それとも、彼らは本気で日本のためになると思ってやっているのか……。

猿田　後者じゃないでしょうか。私自身がワシントンで過ごした実感として、彼らは本気でTPPを日本のためになると信じていると思います。

日本では自分の価値観と近い人たちと一緒に過ごすことが多いのですが、ワシントンでは自分と異なる価値観の人たちと接することも多かったので、とても勉強になりました。

私がワシントンで出会った日米外交のまさに最前線にいる日本の人たちは、みんなエリート中のエリートで、頭もいいし、誠実に働いていて、多くの場合彼らは本気で「日本のためになる」と信じて行動しています。

TPPの問題も同じで、理由は「経済効果が上がる」から「日本はアメリカに頼って生きてゆくしかない」まで様々ですが、正しい選択肢と考えており、アメリカに請われて「バスに乗り遅れるな！」と、TPPというバスに飛び乗りました。

ところが、そのアメリカでは、たとえば大統領選挙では予備選の段階から主要候補者すべてがTPPに反対か、少なくとも懸念を表明している状態でした。必死でバスに飛び乗ったら、運転手がいなかった……という状態です（笑）。

白井 うーん、本気で信じているとなると、これはやっかいですね。そうなるともう人を変えるしかない。

猿田 つい先日も、あるテレビ番組で元外務省の方とご一緒する機会があったのですが、その中で二〇〇四年の沖縄国際大学への米軍ヘリ墜落事件の話になりました。

あのとき、ヘリが墜落した大学の敷地内への立ち入りを米軍が禁じたため、地元の消防や警察が現場に入れたのは事故後数日たってからのことでした……というのは、沖縄の人なら誰でも知っている事実ですが、その元外務省の方は平然と、そんなことはありません、事故直後に日米で共同調査を行っています、と言うのです。

白井　ものすごい色メガネだな。「対米従属メガネ」とでもいうか、ともかく都合の悪いモノは見ないようにするということですね……。

猿田　そんなことは客観的事実に反するのですが、自分の都合の良い情報を信じ、それに疑いを抱こうともしない。あまりに強く否定されたので、私は番組終了後、当時現地にいた関係者に電話して改めて事実確認までしてしまいました。私が正しかった。彼らは価値観の違いによる議論にたどり着くまでもなく、その前提である「実際に何が起きているか」も見ようともしないから、何を言っても通じないんですね。

白井　早い話が、地頭《じあたま》はバカということなんでしょう。自分の頭で判断しない習性が彼らの中に染みついているというか、もはや血肉になっていると言ってもいいかもしれませんね。ですから、彼らはこれが日本国のためだと本気で思い込んでいるのでしょう。私はこれを、日米外交の「接点」として長年機能してきたチャンネルの劣化、それも特に日本側のチャンネルの劣化だと見ています。

アーミテージは日本エキスパートではない

猿田　一方でアメリカ側に目を向けると、日米外交に影響力をもつ「知日派」と呼ばれる日本専門家の数はどんどん減っています。私の調査によれば、多く見積もっても三〇人ほど。本当に大きな影響力をもっているのは、おそらく五人ほどといった状態です。

八〇年代には、アメリカにもそれなりの数の日本専門家がいて、頻繁に日本に関係するシンポジウムや議会でのヒアリングが行われていたと聞きますが、近年では中国が大きく存在感を高めるなか、相対的にワシントンにおける日本の重要度は下がり続けているというのが現実です。

日本だけでは食っていけず、日本では「知日派」として知られる人、たとえば、政治学者のマイケル・グリーンさん……ちなみに、私は彼の教え子でもあるのですが、そのグリーン氏も最近は「アジアの専門家」という看板を掲げているほどです。

白井　六〇年代にアメリカが知日派の東洋史研究者でもあるエドウィン・O・ライシャワーを駐日大使にしたのは、六〇年安保の混乱を経験したアメリカが、日本の若年層や大衆を親米的にしてゆく必要を痛切に感じたからで、実際、ライシャワーの手腕は高かった。彼は、一九四二年の段階ですでに、戦後日本を天皇を傀儡とする親米国家に改造するというプランを発案した張本人でしたし。

しかし、今のように日米外交を担う日本側のチャンネルがこれほど劣化しているのなら、優秀な知日派や強力な「ジャパンハンドラー」も必要ないのかもしれませんね。

猿田　そうですね、元国務長官首席補佐官のローレンス・ウィルカーソン氏にお話を聞く機会がありましたが、日本専門家が少ないのは「日米関係は安定し、よく機能しているため、心配する必要はないと考えられているから」と言っていました。「知日派」の代名詞のように思われているリチャード・アーミテージ元国務副長官なんかは、そもそも「日本屋」ではないんです。国務副長官は地球全体を見ているわけで、日本だけでなく、アフガニスタンについても話すし、ミャンマーについても話す……。もちろん彼自身も日本の専門家という認識はなかったでしょう。今は日本からのオファーが多いため「私はジャパンハンドラーと言われているんだがねぇー、ハッハッハッ！」なんて冗談を言っていると聞きますが（笑）。

新たな外交のチャンネルで固着した日米関係の壁に挑む

白井　日米外交の日本側のチャンネルは著しく劣化し、アメリカにとっての日本の重要度も低下。そんななか「対米従属利権共同体」は「ワシントン拡声器」を巧みに利用して「永続敗戦状態」を維持しようとしている……という、なんとも憂鬱な景色が見えてきます。

しかし、その一方で猿田さんが指摘されたように、その固着した日米外交チャンネルの向こう側にある「現実のアメリカ」は我々が想像しているよりもはるかに多様であるならば「対米従属利権共同体」によって支配された既存の日米外交チャンネルではなく、その後ろ側から、直接「アメリカの多様性」に働きかけることで、新たな可能性が生まれるかもしれない。

昨年、沖縄の翁長雄志《おながたけし》知事の随行訪米団とともに、アメリカ議会関係者を回り、沖縄の基地問題に関する実態を訴えるロビイングを展開されるなど、猿田さんの「新外交イニシアティブ」の取り組みは、固着した日米関係の壁に挑む、一つの大きな希望にも感じられます。

猿田　ありがとうございます。四年前、元農林水産大臣の山田正彦さんとワシントンでTPPに関してロビイングをしたときのことです。当時からアメリカ議会にはTPPに反対するグループがありましたが、それを話すと山田さんは「アメリカにもTPPに反対する議員がいるのか」と驚きました。他方、山田元大臣が訪米するとアメリカ議会関係者に話すと、「日本の議員でTPPに反対している人がいるんだ」とこちらもまた驚いていました。両者はお互いの存在すら知らなかった。

私たちはまだ、アメリカの多様性がもつ力を十分に活かし切っていません。もちろん、沖縄の基地問題は米国で不利益を受ける人が少ないのでTPPよりも難しい点も多いのですが、アメリカ議会の中には、たとえば「海洋生物の保護」に力を入れている議員もいれば、「軍の中における女性の人権保護」に取り組んでいる議員もいます。

彼らの多くは沖縄の基地問題についてまったく関心をもっていませんが、「辺野古の埋め立てによるジュゴンへの影響」や「米軍による女性に対する暴行」というテーマでアプローチすれば、沖縄の問題に関心をもつ可能性はある。

また、保守中の保守の議員でも「財政削減」に敏感なティーパーティ（茶会派）の人達は、沖縄の基地縮小による経費削減という観点で訴えれば「沖縄に基地はいらない」と考える人もいます。

白井　そういうかたちで既存の日本外交以外のチャンネルを増やしていくという猿田さんたち「新外交イニシアティブ」の取り組みは実に有望なものだと思います。重要なのは、猿田さんたちには信念があってやっているから、相手が「話を聞かなきゃいけない」という気持ちにさせられることです。粘り強くやることで相手側もそれ相応の対応をせねばならなくなる。対照的に、今の劣化した連中に対しては、相手もまともに対応するはずがない。インテグリティのない連中は適当にあしらっておけばよいのですから。

あとは、NDのようなチャンネルをどんどん増やして、増えたチャンネルが既存のワシントンの「日本共同体」を包囲・殲滅《せんめつ》できればいいのですが……。

猿田　私たちは日米の新しい外交チャンネルを作ってゆくための「第一歩」を踏み出したばかりです。この人とはどんなテーマで繋がりながら、どう人間関係を作っていくのかなどと考えながら、環境作りを進めています。

昨年の翁長知事の訪米についても「具体的な成果はなかった」といった内容の報道が多かったので

すが、もちろん、知事だって一度行ったくらいで具体的な成果が出るなどと考えて訪米してはいません。

それでも本来なら「沖縄県の立場を直接、米側の関係者に伝えたこと」、また「日米間に新しい風を吹き込むこと」といった点についての意味を日本の大手メディアは伝えるべきだと思います。何よりも重要なのは、新しい声を外交に届けるための環境作りであり、その一歩となったのが翁長知事の訪米です。しかし、事象の表面をなぞるだけの記事ではそういったことは伝えられません。日本の記者には、ぜひ日米外交の新しいチャンネルを築くことの意味を考えた報道をしてほしいものです。

（構成・文＝川喜田研　２０１６年秋）

【初出一覧】

孫崎享：暴力としてのアメリカ―ポスト「戦後」の針路を問う時代へ
『at プラス』16 号（太田出版）2013 年 5 月
水野和夫：資本主義の死の時代を生き抜く
『kotoba』（集英社クォータリー）2014 年春号
中島岳志：「戦後レジーム」をどう終わらせるか
『週刊金曜日』（金曜日）2014 年 1 月 10 日、17 日
中村文則：「戦後」を動かぬ日本に問う
『すばる』（集英社）2015 年 2 月号
信田さよ子：反知性主義の時代
『現代思想』（青土社）2015 年 2 月号
佐藤優：沖縄問題の淵源には「廃藩置県の失敗」がある
『世界』（岩波書店）2015 年 4 月：臨時増刊
岡野八代：日本国憲法体制と人権の危機
―歴史の岐路としての戦後 70 年
『女たちの 21 世紀』（アジア女性資料センター）2015 年 6 月号
栗原康：気分はもう、焼き打ち
『現代暴力論』（角川新書）刊行記念トークショー（2015 年 9 月 13 日、紀伊国屋書店新宿南店）、「cakes」2015 年 11 月 25 日
内田樹：この危機に臨んで人文学にできること
ウェブサイト「京都精華大学人文学部」2015 年 12 月 3 日
島田雅彦：国家の自殺をくい止められるか
『群像』（講談社）2015 年 12 月号
馬奈木厳太郎：裁判で社会を変える―福島生業訴訟が問うもの
『現代思想』（青土社）2016 年 3 月号
猿田佐世：日米外交を変える！
『kotoba』（集英社クォータリー）2016 年秋号

白井　聡（しらい・さとし）
政治学者。京都精華大学人文学部専任講師。1977年、東京都生まれ。早稲田大学政治経済学部政治学科卒業、一橋大学大学院社会学研究科博士後期課程単位取得退学。博士（社会学）。日本学術振興会特別研究員、文化学園大学助教などを経て現職。『永続敗戦論—戦後日本の核心』（太田出版）で第4回いける本大賞、第35回石橋湛山賞、第12回角川財団学芸賞を受賞。著書に、『未完のレーニン—〈力〉の思想を読む』（講談社選書メチエ）、『「物質」の蜂起をめざして—レーニン、〈力〉の思想』（作品社）、『「戦後」の墓碑銘』（金曜日）、『戦後政治を終わらせる』（NHK出版新書）など。

白井聡対話集　ポスト「戦後」の進路を問う

2018年2月1日　第1刷発行
2018年3月12日　第2刷発行

著　者　© 白井聡
発行者　竹村正治
発行所　株式会社かもがわ出版
〒602-8119　京都市上京区堀川通出水西入
TEL075-432-2868　FAX075-432-2869
振替 01010-5-12436
ホームページ http://www.kamogawa.co.jp
製　作　新日本プロセス株式会社
印　刷　シナノ書籍印刷株式会社

ISBN978-4-7803-0949-2 C0031